马克思主义研究文丛

马克思哲学思想发展史研究

历史唯物主义的精神实质及其方法论特质

（第二卷）

张一兵◎主编

中央编译出版社
Central Compilation & Translation Press

第二卷目录
CONTENTS No. 2

五大解读模式：从青年马克思到马克思主义
　　张一兵 ·············· 281

马克思理论写作中的三类文本及其哲学评估
　　张一兵 ·············· 290

马克思哲学思想发展中的三大理论制高点
　　张一兵 ·············· 296

马克思主义哲学的开放性与党性原则
　　孙伯鍨 ·············· 302

"人是马克思主义的出发点"的命题混淆了两种历史观的界限
　　孙伯鍨 ·············· 307

文献学与马克思主义基本理论研究的科学立场
　　——答鲁克俭和日本学者大村泉等人
　　张一兵 ·············· 337

作为方法的历史唯物主义
　　孙伯鍨 ·············· 357

再论马克思主义哲学的体系与方法
　　孙伯鍨 ·············· 366

历史唯物主义的方法论视角及学术意义
　　——从对西方学界的几种社会批判理论的批判入手

唐正东 …………………………………………………… *371*

先在的自然、基始的实践与第一级的物质生产

　　张一兵 …………………………………………………… *393*

马克思社会历史理论的深层内涵之我见

　　唐正东 …………………………………………………… *398*

关于马克思哲学逻辑转换中三个难题的深层解决

　　张一兵 …………………………………………………… *413*

"两种生产"与唯物史观的实践本质

　　——兼论"经济史观"和"人学史观"的错误

　　姚顺良 …………………………………………………… *423*

马克思对人类学唯物主义的超越及其理论意义

　　唐正东 …………………………………………………… *435*

马克思对历史经验论的超越及其当代意义

　　唐正东 …………………………………………………… *446*

马克思的思想史效应及其意义

　　胡大平 …………………………………………………… *459*

历史唯物主义视域中的马克思主义人类学

　　胡大平 …………………………………………………… *475*

人类学与马克思主义的形成

　　胡大平 …………………………………………………… *493*

超越个体性哲学原则：马克思哲学在思想史上的重要标志

　　唐正东 …………………………………………………… *502*

存在范畴与马克思主义哲学的本体论问题

　　孙伯鍨 …………………………………………………… *514*

本体论意识在历史唯物主义认识论中的消解与转型

　　唐正东 …………………………………………………… *526*

五大解读模式：
从青年马克思到马克思主义[①]

张一兵

当代马克思主义哲学研究中的一个重大问题，是对马克思主义哲学本质的理解。20世纪30年代以前，对于这一问题的回答固然也存在着很大的差异，但在不同的论者那里只有一种马克思主义的文本依据，这就是马克思恩格斯的成熟论著。在传统的马克思主义哲学研究框架中，那个时代留给我们的可能也有一个隐性的"凡是"逻辑：马克思恩格斯说的东西一定是真理。所以，一个马克思主义哲学的研究者，可以在他的论文中不加任何特设说明，就从《马克思恩格斯全集》的第一卷引述到第五十卷。这种状态在今天我们一些论者的研究中还时常能看到。大约在列宁去世以前，人们很少会想到马克思恩格斯的早期文本。可是，自20世纪30年代以后，主要是由于马克思一大批早期文本的发表，这一问题开始变得复杂起来。从国外到国内，各类论者对什么是马克思哲学的真谛的解读，呈现出众多不同甚至相反的理解语境。令人困窘的是，不同论者所依据的却都是马克思的第一手文本。特别是在我们国内这些年的马克思主义哲学研究中，以实践哲学、实践人道主义和价值主体哲学等命名而形成的各种非文本诠释，已经成为马克思主义哲学"改革"的一种显性思潮。依我之见，这是一场并未达及科学尺度的理论混战。因为，由于那条隐性的"凡是"逻辑，我们没有想到马克思恩格斯的早期论著中的语境未必都是科学的！

[①] 原载《马克思主义与现实》1996年第2期。

当我们立足于马克思的早期文本时，反倒对马克思主义哲学的科学文本产生了怀疑。更重要的是，当我们在列举某种理论逻辑时，并没有界说自身的理论支援背景，即20世纪30年代以后国内外讨论中已经出现过的各种解读语境。这就导致了我们在没有界定自己的理论边界时，就非法和轻易地说"我认为"。这种状况必然会导致科学讨论尺度的消失。

起码，在这一问题的当下讨论上，我们必须首先呈现已经发生了的对马克思哲学思想发展进行界说的逻辑域，即我称为五大解读模式的理论背景。然后，才有可能出现确属于我们自己的独立的清晰评论视界。我在《人学的青年马克思：一个过时了的神话》一文中，第一次指出了理解马克思哲学思想发展的五大模式问题：这就是西方马克思学的模式、西方马克思主义人本学的模式、前苏联学者的模式、阿尔都塞的模式和我国学者孙伯鍨教授的模式。① 在此，我再作一些进一步的阐释和补充。

第一个解读模式，是西方马克思学的两个马克思的神话。所谓"马克思学"，即并不信仰马克思主义，而只是将马克思的文献作为"客观的"历史文本对象的研究活动。固然，"马克思学"正式挂名于20世纪50年代末，但这种研究倾向在西方很早就出现了。② 众所周知，早在20世纪20年代以前，西方马克思学的学者就提出了青年马克思（《共产党宣言》）与老年马克思（《资本论》）的区别。而当1924—1932年，包括《德意志意识形态》在内的1845年以前一大批马克思早期论著（《中学作文》、《博士论文》的材料、柏林和克罗茨纳赫笔记、《黑格尔法哲学批判》手稿与《1844年经济学哲学手稿》）公开问世后，西方"马克思学"的学者立刻提出了一种新的理论：这就是《1844年经济学哲学手稿》中"新发现的马克思"，即人道主义的马克思是马克思学说中的最高峰（换句话说，叫最有价值的人学的青年马克思）；而《资本论》时期以后的马克思则是"停滞"与"衰退"的马克思（老年马克思），这也是从恩格斯一直到斯大林以后的所谓正统马克思主义论据。以他们之见，这两个马克思恰恰是

---

① 参见张一兵：《人学的青年马克思：一个过时了的神话》，载《求索》1995年第1、2期。
② "马克思学"（Marxologie）为法国当代学者吕贝尔（Maximiliem Rubel）首创。1959年，吕贝尔用"马克思学"这一术语命名由他创办并任主编的刊物——《马克思学研究》。

相互反对的。这就是当时很有名的所谓"两个马克思"的观点。具体分析,西方马克思学的这一观点也是十分复杂的。

著名的马克思学家吕贝尔的观点可以简要概括成一句话,即:"马克思批评马克思主义"。他根本就不承认马克思主义的合法性。依他之见,马克思本人从来就没有承认过什么"马克思主义"("我就不是马克思主义者")。因为这一术语最早是第一国际内的巴枯宁分子杜撰出来用以攻击马克思的。马克思去世之后,恩格斯开始也并不接受这一提法,后来才默认了这一不正确的命名。吕贝尔否认恩格斯后来概括的马克思的两大发现,因为这是后来马克思主义立论的根本。所以他主张将马克思的归结为18点。① 其中的要义是以早期马克思的人本主义思想为基点,进一步引发出来的所谓伟大的"乌托邦主义",即一种人道主义梦想的合理性。因此他说,马克思给人类留下的主要是一个响亮的道德呼唤。另一位西方马克思学学者费切尔也依循这一思路,公开提出要用早期的马克思人道主义批判精神反对马克思主义,特别是反对斯大林式的马克思主义。这里的主要观点是根本否定恩格斯以来的马克思主义,而推崇人道主义的青年马克思的思想。当然,在后来的一些西方马克思学者那里,他们的观点发生了一些变化,比如开始承认两种马克思主义,一是人道主义的马克思主义或者叫批判的马克思主义,一是正统的僵化的马克思主义。他们自然又是肯定前者而否定后者的。在后来受到西方马克思主义的影响之后,又开始提出将马克思的论著当作一部全集来读(阿温纳里),但这又是以马克思的早期著作来诠释其后期论著的。这种新的观点就与下面第二个解读模式有关了。

第二个解读模式,是西方马克思主义中人本主义的马克思主义的观点。这是与西方马克思学有联系又有一定区别的对马克思哲学思想的重要解读模式。我以为,对于中国理论界来说,界定这一模式是尤为关键的,这是因为我们的一些理论家正是在无意识地重复运演着这一解读方法。众所周知,早期的西方马克思主义学者卢卡奇、葛兰西和柯尔施等人,虽然

---

① [法] 吕贝尔:《吕贝尔论卡尔·马克思五篇论文》,剑桥大学出版社1981年版,第183页。

在其哲学理论重建中也隐性地确证主体性，但由于马克思的大量早期论著当时并没有出版，所以他们基本上还从马克思的成熟的文本出发的。如用总体性、物化、实践哲学和主客体辩证法等规定来张扬马克思主义哲学中的主体方面。甚至可以说，他们还没有意识到要区分青年马克思与成熟的马克思主义。而在 1932 年以后，随着马克思的早期论著陆续发表，也就形成了一种显性的人学的马克思主义。这主要是在第二代的西方马克思主义人学家（如早期的弗罗姆所著的《马克思的人的概念》，还有早期的马尔库塞、列斐弗尔与后期的萨特）那里实现的。依他们之见，并不存在着西方马克思学所说的两个完全对立的马克思。与前面的西方马克思学不同，他们自认为是真正的马克思主义者。可是，他们采取了用《1844 年经济学哲学手稿》来统摄全部马克思主义的逻辑：即只有一个马克思，这就是人本主义的马克思，也只有一个马克思主义，即以消除异化获得人的解放为最高目的的马克思主义。①

在他们的哲学思路中，马克思主义的确立是在《1844 年经济学哲学手稿》中实现的（他们并不重视 1843 年以前的青年马克思）。马克思那种先验的劳动异化史观的人本学逻辑，被直接指认为是真正代表了马克思主义真谛的根据。而后来 1845 年《关于费尔巴哈的提纲》中的"从主体出发"的实践（＝劳动）、《资本论》及其手稿中的人类的解放问题（特别是马克思 1857—1858 年经济学手稿"大纲"的发表，当时被称为继 1844 年"手稿"发表后的"第二冲击波"），甚至马克思晚年的人类学研究，都不过是原先人本学逻辑的展开。这样，他们必然指认恩格斯特别是第二国际以后的传统马克思主义，将马克思主义诠释成"无人"的经济决定论是非法的。②

这一解读模式，后来为东欧的"新马克思主义"所承袭（如南斯拉夫

---

① 参见复旦大学哲学系现代西方哲学研究室编译：《西方学者论〈1844 年经济学哲学手稿〉》，复旦大学出版社 1982 年版。
② 需要提出，西方马克思主义第二代的思想家，特别是在法兰克福学派发展的中后期（20 世纪 40 年代中期始），出现了我称之为"后人学"的逻辑转折。即以阿多诺为理论主线，后来又影响不少学者的反人本主义主体论和同一哲学的"否定的辩证法"。关于这一点，笔者将另撰文专述。

的"实践派"和波兰学者沙夫的晚期人学理论)。在我们国内20世纪80年代初的人道主义异化讨论中,包括今天我们一些论者的"实践哲学"和"实践人道主义"的文本中,都可以看到这一逻辑(并无思想史层级上理论新建树)的有意或无意的显露。

第三种解读模式,是西方马克思主义科学方法学派的所谓"断裂说"。质言之,也可以称之为对马克思哲学思想的意识形态与科学的异质论解读模式。这恰恰是在对前述第二种解读的理论反驳中形成的。对青年马克思的思想进程作断裂式的理解,最初是由1960年法国西方马克思主义者阿尔都塞提出的。在他非常著名的《保卫马克思》一书中,阿尔都塞以科学主义(主要是结构主义)方法重新分析了马克思思想发展进程。[1] 在这里,阿尔都塞没有从一般文本的语义层面出发,而是从马克思思想发展的不同深层理论结构("问题系",即提问的基本方法和逻辑结构)出发,指认了存在着以1845年4月马克思《关于费尔巴哈的提纲》为分界线的两个马克思:即处于人本主义意识形态逻辑框架中的青年马克思与创立了全新科学世界观的马克思主义者的马克思,他也只承认一个马克思主义,但这是科学的(恰恰是关于客观社会结构历史运动的)历史唯物主义,在其深层逻辑上马克思主义恰恰是"拒绝理论上的人本主义"的!在阿尔都塞的解读中,马克思的思想发展被绝对地一分为二,先前在人本主义意识形态构架中出现的理论主题("主体"、"劳动异化"与"人道主义"),在后一个科学构架中被完全地抛弃了。马克思是在一个全新的理论场地中建构其全新的历史科学——历史唯物主义的。在这里,历史恰恰是"无主体"的,那种在历史进程中扮演神(目的因)的"人"之异化与复归的整个先验逻辑都被清除了。对于前一个西方马克思主义人学解读模式来说,阿尔都塞的观点可谓釜底抽薪。

与此观点比较接近的还有日本马克思主义哲学家广松涉的论点:即1845年4月马克思从异化逻辑向物化论逻辑的转换。当然,广松涉的观点由于受到海德格尔和当代其他思潮的影响,这又是一个更为复杂的理论变体。[2]

---

[1] [法]路易·阿尔都塞:《保卫马克思》,顾良译,商务印书馆1984年版。
[2] 参见张一兵:《广松涉的马克思关系本体论》,载《马克思主义与现实》1994年第4期。

国内学者中受到阿尔都塞影响的有胡万福的《青年马克思》一书。①

第四种解读模式，是传统马克思主义哲学史研究中较为普遍的"进化说"。这是苏联（戈尔巴乔夫以前）特别是20世纪70—80年代初苏联学者解读马克思哲学的理论观点（需要特别指出的一点是，在70年代以前，苏联理论界对人的问题基本上是持否定态度的，并直接干预过东欧"新马克思主义"的人道主义倾向。而80年代戈尔巴乔夫上台以后，苏联学界实际上是回到了上述第二条思路，即人道主义的马克思主义。戈尔巴乔夫的"人类的利益高于阶级的利益"式的"新思维"的逻辑就是理想化的人本主义。这一自欺欺人的观点所造成的现实悲剧已是有目共睹的了）。由于他们限于列宁对马克思思想发展分期观点的框架（列宁没有看到后来发表的马克思早期论著），主张一种在理论逻辑上并不彻底的观点。他们指认1843年《巴黎笔记》以前的马克思为"仍然是受黑格尔唯心主义影响的"青年马克思，而宣称1843年夏天马克思已经开始了向唯物主义和共产主义的转变（但他们不敢确证这一转变并不是转向马克思主义）过程，这一进程一直到1845年4月的《关于费尔巴哈的提纲》和持续到1846年秋的《德意志意识形态》才告完成。这样，马克思主义的创立成了一个量的渐进过程，其中至多存在一种不断清除黑格尔和费尔巴哈哲学影响和走向成熟的理论表述的因素，在1843年夏天以后的众多青年马克思的文本中，马克思主义被到处地指认出来。②马克思后来称之为人体解剖是猴体解剖的钥匙的方法，在此却表现为猴体就是人体（这一观点是由我的一位研究生陈胜云在其一篇作业中最先提出的）。这样，1845年马克思主义哲学的方法论革命意义就被大大弱化了。面对1930年以后西方马克思主义将马克思主义哲学人本化的严重理论倒退，这一模式由于自身的混乱和矛盾而显得苍白无力。

令人遗憾的是，这一解读模式在相当长的一个历史时期内始终成为苏

---

① 参见胡万福：《青年马克思》，华中师范大学出版社1988年版。
② 苏联学者在这一方面比较重要的学术成果是拉宾的《马克思的青年时代》（南京大学外文系俄罗斯语言文学教研室翻译组译，生活·读书·新知三联书店1988年版）；巴加图利亚的《卡尔·马克思的经济学遗产》（莫斯科，1976年版）。并参见沈真编：《马克思恩格斯早期哲学思想研究》，中国社会科学出版社1982年版。

东马克思主义哲学研究的主导性模式,在人们进入马克思主义哲学史的研究时,这都是作为既定的前提来接受的。同样,我国国内传统的马克思主义哲学史研究中的不少论者,基本上都依循了这一进化论式的苏式研究思路。

第五种解读模式是由我的老师南京大学哲学系孙伯鍨教授在20世纪70年代末提出的。具体说,这就是马克思恩格斯思想的两次转变论和《1844年经济学哲学手稿》等早期文本中的两种理论逻辑相互消长的观点。① 在孙先生的研究中,青年马克思也被具体地一分为二,一是1837年加入到青年黑格尔哲学阵营一直到1843年夏天以前,青年马克思的哲学思想主要受到经过青年黑格尔改装过的黑格尔哲学的影响,这包括他的《博士论文》及《莱茵报》时期的一系列文章;二是在青年马克思思想在现实问题的困窘下,通过以法国大革命为重心的历史学研究,在魏特林、赫斯和青年恩格斯的影响下,发生了第一次(并不是自觉开始创立马克思主义)的重大思想转变:即从唯心主义转向费尔巴哈式的人本学唯物主义,从民主主义转向一般共产主义(不是科学社会主义)。这一时期包括青年马克思1843年夏天以后写下的《克罗茨纳赫笔记》、《德法年鉴》时期的文章、最初研究经济学的《巴黎笔记》及在这一过程中逐步完成的著名的《1844年经济学哲学手稿》、《神圣家族》、1845年3月写下的评李斯特经济学教科书的"札记"。而第二次转变则是在评李斯特一文中初见端倪,并发生于《关于费尔巴哈的提纲》、完成于《德意志意识形态》、《致安年柯夫》和《哲学的贫困》的真正自觉创立马克思主义的思想革命。这种转变是一次完形的整体转换,而不只是一个量的渐进过程。只是在这里,马克思恩格斯才第一次确立了实践的新唯物主义哲学视界,这不是什么哲学体系,而是一种活的科学立场观点方法,也是在此时,才创立了科学的社会主义。

更重要的理论进展是,孙先生第一次提出了在《1844年经济学哲学手稿》一类文本中,青年马克思虽然已经在哲学基本立场上转到了费尔巴

---

① 详见孙伯鍨:《探索者道路的探索》,安徽人民出版社1985年版。

哈式的一般唯物主义,但在其理论运演的深层,却出现了两种截然不同的理论逻辑:一是从工人的先验类本质——劳动出发,将社会历史(主要是现代工业文明)视为人的本质之异化和复归过程的人本主义隐性唯心主义历史观构架,这是此时支配第二时期青年马克思哲学的主导理论框架;二是在马克思真实地接触到无产阶级实践和经济学史实中,不自觉发生的一种新的从历史客观现实出发的理论逻辑(这也是在传统苏联马克思主义哲学史研究中被直接指认为就是马克思主义哲学发生的东西),但这并非马克思主义新世界观本身的确立,而不过是一种正在随着马克思对现实之深入进程中,不自觉地被动地对人本主义异化逻辑的偏离。这一理论逻辑是客观存在的,但对马克思的显性意识来说又是无意识的。在1844年到1845年3月间,这两条理论逻辑始终处于一种对立和动态的相互消长之中,但在青年马克思这时整体的理论运演中,居支配地位的还是费尔巴哈式的人学劳动异化史观。从理论深层来看,这种固然在为无产阶级革命说话的人本主义伦理价值批判,还没有根本上超出(德国)资产阶级意识形态。只是到1845年4月马克思写下的《关于费尔巴哈的提纲》,才真正发生了自觉的哲学革命,即原来在1844年"手稿"中那个人本学话语被彻底解构了,而新的以实践为入口的哲学新视界被突现出来(这一革命的完成,是通过在《德意志意识形态》中对包括费尔巴哈特别是赫斯和马克思恩格斯自己1845年3月以前观点的批判清算后才实现的)。与阿尔都塞的论断不同,马克思哲学思想的发展没有被形而上学地"断裂"为两个截然相悖的时期,而是一个复杂的有关联的动态矛盾运动和转化过程。马克思恩格斯也不是从此不再关心人、关心主体,而是在一个全新的历史唯物主义基础上确立了科学的人学。这种人学不是人本主义,而通过关注无产阶级革命这一具体社会主体向度,在19世纪以来大工业已经确立的人类解放的客观现实可能性上,展望了作为社会发展必然趋势和前景的共产主义航向。

对于这最后一种看法,特别是我们与阿尔都塞观点的原则差别,我在近著《马克思历史辩证法的主体向度》一书中作了进一步的显性系统确证。①

---

① 参见张一兵:《马克思历史辩证法的主体向度》,河南人民出版社1995年版。

特别是我觉得孙先生原来的一些表述由于传统的理论氛围的特殊作用，在某些论点的表述上还比较策略化，而这极易让读者在解读时与传统苏联的进化论模式相混淆。这也是我后来对这一时期马克思恩格斯列宁的哲学文本作重新解读的重要原因之一。

需要说明的一点是，我这里指认的所谓五大解读模式并没有一种时间先后顺序关联，它们基本上是共时性的。同时，这些模式只代表了这一理论思路中的典型范式，而不是绝对的覆盖模式。每一模式的存在的具体形态又是十分复杂和多变的。

最后还有一点题外话，即在对马克思的当代解读中所出现的、但已经是一种非肯定话语的所谓后马克思主义的观点，其理论逻辑实际上是从法兰克福学派中后期发端的。准确地说，这是由法兰克福学派主将霍克海默和阿多诺在《启蒙辩证法》一书中首开先河的。当然，这一逻辑思路的初始起点，是从卢卡奇在20世纪初将马克斯·韦伯的工具合理性与马克思的物化理论的嫁接中无意识地萌生的。这种批判意识不再仅仅批判资本主义的生产关系，而直接将逻辑之剑指向了工业文明的生产力，于是，人对自然的征服与控制都成了非法的奴役之源，马克思的"大写的人"也就作为"人类中心主义"成了被批评的对象。这一论点先是在阿多诺的《否定辩证法》一书对同一性逻辑的批判中达到最高点，进而在20世纪70年代的西方后现代思潮，特别是生态学的马克思主义和新女权主义的马克思主义得到全面论证。显然这一新的问题，已经远远超出我们这里所规定的对马克思的肯定性解读，对此，笔者准备另撰文详述。

马克思理论写作中的三类文本及其哲学评估[①]

张一兵

在国内马克思主义研究不断深入的进程中，一个问题逐渐地变得重要起来了，这就是马克思理论文献的文本分类学研究。认真反省一下过去的岁月，在传统理论教科书体系教学和学术探讨中，我们较多地关注马克思公开发表的理论文本，并将其视为马克思理论研究的主要文献依据。究其客观原因，是由于马克思的大量笔记和手稿只是在20世纪20年代到80年代才逐步问世（就中文版的文献来看，还有相当数量的文献没有翻译过来）；而更主要的因素是我们自己解读构架的错误引导机制，即总是认为在正式论著与笔记手稿之间，存在着简单的成熟与不成熟的界限。其实，这种看法本身倒真是不成熟的。以我之见，马克思理论写作中存在着三种不同的基本类型和具有各自意义和价值的文本：一是读书摘录笔记与记事笔记；二是未完成的手稿和书信；三是已经完成的论著和公开发表的文献。在我们以往的研究中，得到普遍重视和研究的往往多是第三类论著，第二类文献得到一定的关注，而第一类文本实际上还没有获得应有的解读和研究地位。而我认为，在一定的意义上恰恰是在第一、二类文献深入解读中，才可能发现马克思思想发展和变革的真实心路和缘起性语境。这一点，必须引起我们的足够重视。

第一类文本是马克思、恩格斯在学习和研究过程中，面对自己所进入

[①] 原载《马克思主义与现实》1997年第3期。

的新的学术领域或尚不熟悉的文本,有目的地读书摘录的心得笔记,这还包括马克思用作记录一些研究提纲、重要书目和随想心得的记事笔记。从目前已经发表和整理的文献情况看,这类笔记本约有 250 本,其中经过马克思、恩格斯标示和批注的内容达 6 万多页,约 160 个印张。20 世纪 20 年代末,这些笔记开始部分发表在《马克思恩格斯全集》文献第一版(简称 MEGA^1 版)第一部分,70 年代以后全部重新发表在 MEGA^2 的第四部分,约有 40 卷之多。现有文献显示,马克思是在大学学习期间(1836—1837 年之交)形成写读书笔记的习惯,此后这一做法贯穿他的全部学术生涯。从马克思大量笔记的内容来看,在早期,除去诗歌、文学内容,主要是哲学、艺术笔记,如 7 本《伊壁鸠鲁笔记》(1839 年,现有中译本)、8 本《柏林笔记》(1840—1841 年,无中译文)和 5 本有关《波恩笔记》(1842 年,无中译文)、5 本历史政治摘录的《克罗茨纳赫笔记》(1843 年,现有中译摘要)。而 1843 年以后,除去一些札记性记事笔记本(约有 17 本,其中重要的如《1843—1847 年记事笔记》,《关于费尔巴哈的提纲》等重要文本就写于这一笔记本)和中晚期的一些历史、人类学、自然科学和技术史笔记外,90%以上都是经济学笔记。比较重要的如 7 本《巴黎笔记》(1844 年,部分中文摘要)、《布鲁塞尔笔记》(1845 年,无中译文)、9 本《曼彻斯特笔记》(1845 年,无中译文)和 24 本《伦敦笔记》(1850—1853 年,约 100 印张,无中译文)等。

在我看来,这些笔记是我们了解马克思各种思想的原发因素。因为在这些笔记中,我们可以直接读到马克思恩格斯对一些学术观点摘录的特定意向性,最初的随机性评论和由议论产生的写作计划和构想,其中,我们能找到马克思各种思想最初形成的理论激活点和渊源性线索。这些重要的原发性理论边界,是我们在一般理论手稿和论著中无法获得的。更重要的是,这些笔记往往是理解第二类文本(手稿)的逻辑解读之钥匙。譬如,不研究《克罗茨纳赫笔记》中马克思对法国大革命为思考中轴的政治历史摘录,就无法完整理解马克思 1843 年《黑格尔法哲学批判手稿》中的第一个哲学转变,即向一般唯物主义的转变,也就可能出现传统研究中将青年马克思的哲学思想转变简单地视为对费尔巴哈的"拥护",而忽略马克思自己的独立思考；不研究 1844 年的《巴黎笔记》中马克思从萨伊、斯密、李嘉图到穆勒的经济学递升式理解逻辑及其深层转换，就不可能科学地解读同期同体写作的《1844 年经济学哲学手稿》的本真语境，从而失去对手稿理解评估的客观基础；不研究 1845 年的《布鲁塞尔笔记》与《曼彻斯特笔记》，就不可能真正读懂《关于费尔巴哈的提纲》、《德意志意识形态》和《致安年柯夫》，也就根本谈不上理解马克思、恩格斯的第二个伟大转变，即马克思主义哲学革命的本质；不研究 19 世纪 50 年代的《伦敦笔记》，就不会深入发掘出《1857—1858 年经济学手稿》的内在哲学逻辑，这也就自然会与马克思经济学语境中的重要哲学理论建树失之交臂，等等。再如马克思的《1844—1847 年记事笔记》，实际上也是马克思哲学变革时期真实思想历程的一种记载。除去著名的《关于费尔巴哈的提纲》，记事本上还有另外两个重要的思考提纲，即《黑格尔现象学的结构》和《札记》①。马克思在这一阶段的许多重要写作计划（现代国家问题的写作提纲、社会主义者丛书计划），以及一部分十分关键的读书摘要（汤普逊笔记和普鲁东《贫困的哲学》笔记），都出现在这一记事笔记本上。这一记事笔记成为研究马克思思想发展不少微观缺环的连接构件。

非常遗憾的是，到目前为止，我们对这一文本群的研究是十分不够的。而苏东学者在 20 世纪 20 年代末 MEGA¹ 出版部分笔记以后，特别是 80 年代开始出版 MEGA² 第四部分全部摘录记事笔记以来，已经产生了一批全新的极有价值的成果（苏联学者拉宾、巴加图利亚、马雷什，德国学者耶克等人的研究成果）。我国中央编译局的研究人员也在 80 年代以后介绍和编译了部分成果。但由于这部分文本的绝大多数笔记至今没有编译出版，所以研究工作在客观上是难以展开与深入的。由此我认为，在中文第二版《马克思恩格斯全集》的编译中，这一部分内容的出版是应该优先的。这是一个重要的理论研究战略问题。

第二类文本是马克思的每一理论创作前期所形成的手稿与有关理论研究的各类学术书信。这基本上是马克思理论创造的原始地平，因为这是马

---

① 参见张一兵：《马克思走向哲学革命的第三次非常性思想探索》，载《哲学研究》1996 年第 2 期。

克思自己弄懂问题，建构新理论的思想实验室。特别重要的是马克思一些未完成和主动放弃的理论手稿和文本初稿，如1843年的《黑格尔法哲学批判手稿》、1844年的《评穆勒手稿》和《1844年经济学哲学手稿》、1845年初的《评李斯特手稿》、19世纪50年代末的《1857—1858年经济学手稿》和1879—1880年的《评瓦格纳教科书手稿》等；还有马克思在一些重大理论创造进程的多重修改稿如《德意志意识形态》第一章的多重手稿、《资本论》的多重手稿和《致查苏里奇的信》的多重手稿。在马克思的书信中，特别是他与恩格斯等马克思主义理论家的有关思想探讨的私人通信也是极其重要的文本。比如19世纪40年代马克思与费尔巴哈、卢格等人的通信，1844年至1845年马克思与恩格斯的通信，1846年马克思致安年柯夫的信，19世纪50—80年代马克思与恩格斯关于《资本论》的通信。

在这些手稿和书信中，能最真切地看到马克思思想形成和建构进程中许多没有经过修饰的最真实的语境和发展过程。从研究和表述的差异性上说，有的手稿和书信的重要性在一定的意义上甚至超过后来公开发表的正式论著。比如马克思在1846年底修改《德意志意识形态》第一章过程中写给俄国理论家安年柯夫的信，就直接反映了他在理论思考中的一些新的观点，即将历史唯物主义与历史辩证法统一起来的"一定的"具体历史情境论①。再如马克思的《1857—1858年经济学手稿》，在传统的研究中（主要是经济学），学者们一般总将这一手稿仅仅作为经济学文本进行解读，并且以《资本论》的经济理论建构（剩余价值理论）的成熟度为评判尺度，甚至将这一手稿简单地判定为"《资本论》草稿"，这就极大地忽略了这一文本中丰富的哲学成果。而以我的观点，马克思正是在这一手稿中完成了马克思主义哲学的一个重要理论创造，即狭义的历史唯物主义理论的创立，这可以视为马克思哲学发展的第三次重要转变和飞跃。因此，这个手稿应该叫《1857—1858年经济学哲学手稿》。还有一个研究方法上的隐性制约方面，这就是在原来对这一类手稿的研究中，存在着一种

---

① 参见张一兵：《马克思致安年柯夫信解读》，载《江汉论坛》1997年第2期。

用马克思后来正式发表的论著来简单地评判手稿的非科学惯性思路，这让我们失去了很多重要的东西。为什么？我们在论及第三类手稿时再作进一步的分析。

这一部分文献，绝大多数都已经发表在 MEGA² 的第一至三部分上，其中重要的文本也都已经在第一版《马克思恩格斯全集》后 10 卷中译成中文。对这些文本的研究，自 20 世纪 30 年代以来，一直是国外马克思主义学术界关注的焦点，也陆续出现了一大批重要的理论成果。如西方马克思主义与西方马克思学学者在 20 世纪 30—40 年代对《1844 年经济学哲学手稿》的研究，60—80 年代苏东学者对《1857—1858 年经济学手稿》的研究（苏联学者维戈茨基、东德学者图赫舍雷尔等），日本学者 70—80 年代对马克思、恩格斯《德意志意识形态》第一章手稿的研究（广松涉等）。在国内理论界对这一新文献群的研究中只有马克思经济研究领域取得了较大的进展（主要是全国《资本论》研究会周围的一批专家及其成果，如汤在新的《马克思经济学手稿研究》等一批重要论著，还有张钟朴、顾海良、李建民、姚晓鹏等学者的一批较高质量的论文）。而对马克思哲学的研究，除去对《1844 年经济学哲学手稿》有所关注之外（其中多为无文本学语境的传统解读结果，许多论著作者连《巴黎笔记》都没有读过）。这不能不严重影响到我国马克思主义哲学研究的深度和全面性。更为严重的是，这一问题并没有引起大多数研究者的重视。

第三类是马克思意在出版而撰写完成的发表或未发表的各种论著。这是马克思在不同时期各种已经完成的思想的形式化表述的文本。对于这一类文本的研究，过去容易发生的问题有三：一是不能很好地区分 1845 年前后在马克思文献中非马克思主义与马克思主义文本的界限，比如马克思在早年尚在青年黑格尔自我意识构架中写下的一批文章（《莱茵报》时期的论文），马克思、恩格斯还处于新旧理论转轨中的《神圣家族》等论著，与 1845 年之后马克思主义科学文献的异质性；二是不能历史地界定马克思 1845 年以后不同时期论著的具体写作语境和不同成熟度问题；三是总去注意各种学术性较强的大部头专业论著，而忽略了马克思投身于现实社会政治斗争的各种政论性文章。在这最后一类问题中，如果说前者是理论研究，而后者却恰恰是各种理论在现实中的运用。而这一部分文本在马克思正式发表的文本中实际上占有更大的数量和分量。

相比较前两种文本，马克思的这类论著当然主要代表了他较为成熟的思想与观点，这自然应该成为我们理解马克思思想发展的主导性文献。像1847年以后发表的《哲学的贫困》、《共产党宣言》和《资本论》（第一卷）的科学理论地位是不容怀疑的。但还有一点应该注意的是，在一定的意义上，马克思在这种文本中考虑较多的已经不是理论逻辑本身的建构，而是实现的形式和体系化表述。如《德意志意识形态》第二卷的写作，由于被批评对象赫斯同时正参与该书的撰写，所以必然受到影响。再如由于各种现实因素导致原写作计划改变，在马克思《1857—1858年经济学手稿》与《资本论》四卷之间，未必就是后者在整体上为更成熟更全面的终极成果，因为前者包含的丰富内容（比如精深的历史哲学论见）的被选择与放弃并不是以科学性为尺度的，而有学科主导线索的制约因素。这些方面都是我们的研究必须全面注意的重要参照系数。我的一个观点是，离开了对前一、二类文本的认真理解和深入研究，对马克思的这些正式文献的研讨是不可能获得完整的科学的认知结果的。我不得不说，在这个意义上我们过去的不少研究都是严重无根的。这一点，尤其值得我们马克思主义哲学研究界注意。

除去以上的分析，我还有一个建议：即在我们的理论研究中，不能过分硬化马克思主义理论子系统之间的边界。也就是说，在马克思理论研究的真实进程中，他的哲学、经济学和社会历史现实批判（科学社会主义）是完整的始终没有分离的整体，各种理论研究相互之间是渗透和包容的关系。所以，我们对马克思的经济学研究，不理解马克思的哲学观点不行，哲学分析完全离开对马克思经济学的研究也同样不行，这两种研究脱离了马克思批判资本主义的现实目的更不行。从我自己的认识来说，研究马克思的哲学是一定要认真读懂马克思的经济学著作的。否则，难免会流于形而上学。

马克思哲学思想发展中的三大理论制高点[①]

张一兵

如果我们能够在研究中真实面对第一手文本，深入到一定的具体的理论情境中去，认真地考察马克思哲学思想发展的整体进程，就不难发现马克思的哲学建构历时性地存在着三个理论创造高峰期：一是1844年，其最重要的文本是青年马克思《巴黎笔记》中的《穆勒笔记》和《1844年经济学哲学手稿》；二是1845年1月到1846年12月，其最重要的文本是第一批马克思主义哲学文献，即创立广义历史唯物主义的《关于费尔巴哈的提纲》、《德意志意识形态》和《致安年柯夫》；三是1847年到1858年，其最重要的文本是包含着马克思主义狭义历史唯物主义学说的《哲学的贫困》和《1857—1858年经济学哲学手稿》。我也将这三个理论高峰称为马克思哲学思想进程中的三大转变和认识飞跃。

首先需要指明的一个被马克思主义哲学研究界忽略的关键问题，即马克思自己独立的哲学思想发展（1843年始）的真正支援性背景是他的经济学历史研究，甚至可以说，马克思哲学上取得的每次重大进步都与他的现实经济历史研究有关。所以，我们可以对列宁的一句话作一个补充性说明：如果说不读懂黑格尔的《逻辑学》，就不可能真正弄懂马克思的《资本论》；那么还需要翻转这一界说，即不真正理解马克思的经济学（社会历史）研究思路，也同样不可能完整地获得对马克思哲学内在进程的科学

[①] 原载《哲学动态》1997年第6期。

认识。

马克思哲学思想发展中的第一次重要转变，是从青年黑格尔的唯心主义转向一般唯物主义，从民主主义转向社会主义（共产主义）。我已经反复界说过，这第一次转变不是转向马克思主义。该转变始发于《克罗茨纳赫笔记》，经过《黑格尔法哲学批判》和《论犹太人问题》，在《1844年经济学哲学手稿》中达至最高点。马克思此时思想转变的现实基础是马克思的历史研究和与社会主义工人运动的实践接触，而这一阶段的后期马克思已经开始他最初的经济学研究。在这里我要提出的一个新看法是，如果将语境置于当时的欧洲思想史整体断面中，马克思的这一思想转变并不是一种简单的创新，而是在诸多背景因素的制约下发生的逻辑认同。这里需要指出的支援背景，除去已知的费尔巴哈的一般唯物主义前提，黑格尔的辩证法，还有舒尔茨的生产理论，青年恩格斯、赫斯和普鲁东立足于经济学哲学批判的立场和英法社会主义观点，更重要的是客观存在于马克思此时面对的古典经济学中的一般社会唯物主义思路与方法，而后者恰恰是此时还处于人本主义异化史观构架中的青年马克思拒绝和否定的方面。以我近期的研究心得来看，在古典经济学发生发展的现实理论运作中，一般社会唯物主义是其操作语境的必然前提，在斯密的现实社会经济结构和规律研究以及李嘉图对大工业物质生产的分析中，从客观经济现实出发的思路是最基本的理论要求，这一点在麦克库洛赫的政治经济学方法分析就有直接界定。甚至在西斯蒙第对工业文明的批判和李斯特为拒绝老牌资本主义经济入侵而对德国经济的个性分析中，我们还可以看到一种更加具体的现实历史分析（当然，由于资产阶级意识形态的本质，他们是不可能真正发现科学的历史唯物主义和历史辩证法）。相反，这时青年马克思的思路虽然已经是坚定的无产阶级立场，但其深层语境却仍然是抽象的人本主义价值伦理悬设与批判。这也是我们传统研究重视不够的方面。

马克思哲学思想的第二次转变才是马克思主义的哲学革命，即马克思第一个伟大发现——广义历史唯物主义的创立。这一哲学思想变革从《关于费尔巴哈的提纲》始，经过《德意志意识形态》，一直到《致安年柯夫》。转变最重要的基础是马克思对政治经济学科学批判基点的形成。我的新观点是，除去社会主义实践和其他哲学观念的作用，马克思正是在对古典政治经济学领域斯密、李嘉图社会历史观的一般社会唯物主义的认同（其基础是马克思在政治经济学上对劳动价值论的接受），以及对资产阶级意识形态的批判性超越之上，马克思最终摈弃了人本主义抽象的类哲学和异化史观中的隐性唯心主义，创立了伟大的历史唯物主义与历史辩证法。实践唯物主义的基本立场，对一定的社会历史条件的具体的历史的现实的社会关系之研究，成为马克思主义哲学关注的理论焦点。以我之见，马克思广义历史唯物主义和历史辩证法的成熟观点，是他在最后修改《德意志意识形态》第一章第四、第五手稿时致安年柯夫信中表达出来的：这就是社会历史的一定的历史情境说，或简称历史构境论①。在这里，马克思最终放弃了用哲学构架描述周围世界和社会历史的理论方式而转入了对社会现实的科学研究时期。以恩格斯的说法，在那个时候"现实就是经济学"，马克思主义哲学研究的一个新的时期就是社会现实的经济和历史研究。因此，在这一非常性的革命时期中，马克思主义的哲学变革与政治经济学科学研究的发端是同时发生的，而不是传统研究中所称，马克思首先创立了唯物史观然后转向政治经济学。这一事实几乎为我们的哲学与经济学研究共同误认了。

我所提出的马克思哲学思想的第三次转变不是异质性思想革命，而是马克思主义哲学研究的进一步深入与发展，即狭义历史唯物主义理论的最终创立这一伟大的认识飞跃。这一转变从《哲学的贫困》开始，到《1857—1858年经济学哲学手稿》基本完成，其基础直接就是马克思的经济学革命探索，即马克思的第二个伟大发现——剩余价值理论的形成。关于马克思哲学思想的这个认识飞跃本身就是我新近研究的成果。在1847年以后，马克思开始对以资本主义社会为生产力发展最高点的人类社会历史进行科学的批判考察。我发现，在这一研究进程中，哲学探讨不是被放弃了，而是获得了真正的实现。我发现，正是在《1857—1858年经济学哲学手稿》一书中，马克思对前资本主义社会特别是资本主义社会的经济

---

① 参见张一兵：《马克思致安年柯夫信解读》，载《江汉论坛》1997年第2期。

历史进行了十分透彻的科学研究，也是在这里，人与周围世界的实践关系，特别是人类社会发展的历史本质才第一次得到了科学的说明，而每一社会历史发展的特殊运行规律才第一次被揭示出来。人与自然的关系、人与人的社会关系，第一次在真实的社会历史情境中被具体地科学指认。特别是在物质生产发展过程中，分工和交换所形成的生活条件必然导致人的社会劳动关系（类）的客观外在化（价值），以及资本主义市场条件下进一步的物役性颠倒关系（资本），最后是在这一社会物质生产发展进程中人类自由解放的现实道路得到的第一次完整而科学的描述。在批判性地研究资本主义社会现实中，马克思实际上是一层层剥离了资产阶级经济学家给定的各种外在生活现象，使资本主义社会生产关系从资本、货币和商品的物化现象中还原和呈现出来，并科学地说明了这一物役性历史现象的发生和发展进程。我认为，《1857—1858年经济学哲学手稿》是马克思哲学研究中的一部社会历史"经济现象学"论著。这也就是马克思创立的狭义历史唯物主义哲学理论的主要内容。对此，笔者将另文专述。

这三个哲学理论逻辑建构的主要语境是这样的：第一个时期（不包括青年马克思在转向一般唯物主义之前的史前阶段，即1837—1842年）马克思仍然处于传统哲学的构架中，此时马克思的支配性理论构架是费尔巴哈式的人本主义话语体系，但由于马克思的初步经济学研究成果，他已经大大超出费尔巴哈的自然主义和黑格尔的思辨唯心主义，也大大超出了青年恩格斯、赫斯和普鲁东的一般经济学哲学批判，形成了独特的人本学劳动异化理论。这一抽象的类哲学话语构架并不是马克思主义哲学即历史唯物主义。并且，青年马克思此时的思想不是一个线性的独白式的语境，而是一个十分复杂的多线索思想流变体。第二个时期中，马克思从社会实践入手，确立了一定历史条件下的物质生产方式为理论中轴的新哲学世界观，他与恩格斯创立了广义历史唯物主义历史观和历史辩证法功能性的立场、观点和方法，传统哲学的形而上学体系第一次在这里被消解了。马克思此时的哲学理论语境不再是离开现实历史对象的抽象评判，而转为实践性介入现实社会生活的科学批判话语。第三个时期里，马克思在面对资本主义大工业所实现的生产方式，在完成政治经济学科学理论建构的同时，实现了以人类社会历史发展的生产力最高水平为尺度对人类及其个体的现实存在的哲学确证与批判，这是一种历史的、现实的和具体的社会历史哲学描述的历史构境。也是在这里，马克思才最终实现了哲学思考、现实研究和革命批判的科学统一。

三个时期的共同理论目的都是对资本主义的批判和寻求无产阶级革命道路。在第一个时期，是以人的社会类本质——理想化的自主性劳动活动为价值悬设，即人类存在应有的本真状态，并以此认证资本主义私有财产制的非人性，即人的劳动类本质、人与自己的劳动产品及人与人的社会关系非常性的异化与颠倒，并提出扬弃劳动异化、消灭私有制、复归于人的本质之社会主义理想生存状态。这里的逻辑公式是：S 应该是 P，这是传统人学中"应该"与"是"之间的矛盾之延续，其逻辑批判的内在动因是先验的"应有"与"现有"的伦理性对立。第二个时期里，马克思与恩格斯已经立足于人类社会发展的现实规律，充分肯定资本主义在人类社会历史发展进程中的现实合理性，并科学地指认人类社会解放的可能性只能出现于资本主义大工业发展的最高点上。这里的逻辑公式是 S 现实地可能是 P，这是一种新的历史辩证法中的"能有"与"现有"之间的客观矛盾分析。在第三个时期中，马克思完全以经济研究中的历史事实为尺度，通过对前资本主义社会历史，特别是对资本主义生产方式的现实研究与批判性考察，科学地说明了整个人类社会、个体的现实生存状态与历史发展过程，以及人类世界历史的全面解放现实历史趋向。这里的逻辑公式是过去的 S_1 发展为今天的 S_2，并正在走向 S_3，这就是真实历史发展中客观存在的"先有"、"现有"与"后有"的历史矛盾分析。只是在第三个时期中，无产阶级革命的现实道路才被真实地开辟出来了。

基于这样的研究成果，我的认识就区别于传统研究马克思哲学思想发展的五大解读模式，并在孙伯鍨先生的二次转变说的基础上向前又走了一步[1]。在这里，我以马克思经济学—哲学研究的现实关联，明确反对了两种"断裂说"。一是阿尔都塞的结构主义"断裂说"。在他看来，青年马

---

[1] 参见张一兵：《五大解读模式：从青年马克思到马克思主义》，载《马克思主义与现实》1996年第2期。

克思哲学的发展经过了一个从人本主义意识形态问题系向历史唯物主义科学问题系的直接断裂。二是长期存在传统研究中的哲学向经济学转变的断裂说。这种观点认为，1847年以后，哲学研究已经不再是马克思理论研究的主要关注点，而出现了所谓经济学研究时期。我的研究成果否定了这种判断。因为，在1847年以后，才真正出现了马克思哲学研究的另一个最重要的成果，这就是以资本主义现实社会关系为参照系的对人类历史真实发展、人类主体本质的科学确证和现实社会批判的哲学理论创造。这不是什么经济学研究中存在的哲学片断，而是一个完整的哲学建构过程。哲学始终是马克思理论生涯的内在主线之一。对此，我将在其他文章中作进一步的讨论。

马克思主义哲学的开放性与党性原则[①]

孙伯鍨

马克思主义哲学不是封闭的体系哲学,也不是凝固不变的教条。它虽然是把世界当作一个整体来研究的有机世界观,但并不认为对这个世界整体的把握可以整合为一个大全的哲学体系。马克思主义哲学的整体观指的是联系的普遍性和发展的有序性,面对普遍联系和无穷发展变化的客观世界,人们对它的认识和把握也必然会是一个无限进展、永无止境、欲罢不能的深入探索过程。以往各种哲学体系由于都是以整合各个时代的认识成就为基础的,从人类认识进程的角度看,它们的真理性和有效性只能是相对的、过渡的。对这类体系化哲学及其原则与方法,必须与时俱进加以批判的审视,任何把它们绝对化、凝固化的态度都是错误的、有害的。马克思主义哲学自觉地把这个观点应用于自身以及整个马克思主义学说的发展,因此它从不自认为已经结束了真理,而是致力于为开拓人类认识和发展真理的道路提供正确的出发点和普遍有效的方法。从这个意义上说,马克思主义哲学永远是开放的,永远处在不断的开拓与发展之中。这个众所周知的道理是马克思主义经典作家们一再反复强调过的,理应得到马克思主义者的普遍认同。但当前的问题是,马克思主义哲学以及整个马克思主义学说的发展究竟应该朝什么方向走,应当遵循什么样的原则和方法。特别是现代西方哲学流派迭起,争奇逗趣,形成一片虚假繁荣景象,一些马克思主义学者顿觉风光不再,自惭形秽,忙不迭地要与之接轨,追赶这股

---

① 原载《学术月刊》2002 年第 6 期。

时代潮流。于是，一批研究马克思主义哲学的论著被塞进了越来越多的现代西方哲学的流行用语，而不问这些用语与马克思主义哲学的基本观点和方法论原则是否相容和保持一致。这就令人不得不担忧。

我们说马克思主义哲学不是自我封闭的体系哲学，它永远是开放的，但这并不是说它没有自己的方法论特质和党性原则。撤除了马克思主义哲学和现代西方哲学之间的质的差异和原则界限，把现象学、解释学、结构主义、后结构主义、语言哲学、存在主义的概念和话语不加批判地用作包装和革新马克思主义哲学的最新语汇，这就不是在发展马克思主义哲学并弘扬其批判精神，而是在消解马克思主义哲学的批判本质并使之融合到西方哲学的主流思潮中去。

哲学作为社会意识形态从来就是具有阶级特质和主观局限性的，不同阶级的意识形态不可能对同一历史时期的时代特征有相同的把握。淡化哲学的意识形态性质，模糊马克思主义哲学和现代西方哲学的意识形态界限，以思维和用词的新颖、奇特、怪诞、诡异和不可理解性为标准，判定现代西方哲学是体现时代精神的最新潮流，而马克思主义哲学则是过时落伍的陈旧思想，这不仅失之肤浅，而且正足以说明一些马克思主义哲学研究者的信念动摇和方向迷失。

从思想源流上说，马克思主义哲学和现代西方哲学所秉承的也绝不是同一条思想路线。从主流上看，现代西方哲学尽管流派纷呈，但本质上都是康德哲学的继续和余波。从康德哲学到新康德主义，再到现象学和存在主义以及目前最当红的后现代哲学，其研究的视域、思考的出发点和方法论特质几乎是一脉相承的。众所周知，康德哲学的传统视域始终没有超出认识论和伦理学的范围。在认识论上康德不设定纯粹的先验自我就不能解决问题；胡塞尔的现象学出于相同的理由，最后也不得不搬出这个先验唯心主义的认知主体。康德本人不喜欢矛盾，但是矛盾偏偏出现在他的体系中而无法消除。他的后继者——新康德主义者大多是为了消除康德哲学的矛盾而各显神通，一再地革新和再创康德主义的新体系，但是结果出现的只不过是一个又一个的怪异学派，其内容的褊狭和用词的生僻越来越莫测高深，令人无法理喻。我以为，他们所走的绝不是哲学发展的通衢大道，而是偏离人类正常理智的死胡同。据说，现代西方哲学实现了从近代认识论向存在论的转变、克服了自笛卡尔以来主客对立的二元结构，其实这完全是在哲学唯心主义基础上实现的形式上的转变，既然在胡塞尔那里真正客观意义上的存在问题已被悬置起来，就是说从哲学上一笔勾销了，那么剩下来的所谓存在问题除了纯粹意识还能有什么呢？难道说海德格尔甚至萨特等人所讨论的存在是真正意义上的存在吗？当然不是！因为它不具有客观的实体性，也不具有客观的过程性，更不具有客观的关系和联系，因此，它不是任何意义上的实在的主体。难怪有人极力主张把海德格尔的"存在"直接翻译为"是"，表明它只是一种随缘显现的情态。在康德哲学所设定的范围内，不可能有从单纯的认知主体（逻辑和思维主体）向存在主体（实践主体）的转变。康德在伦理学中把人的自由界定为意志自由，但这种自由意志既无现实内容，也无实现的可能，因此它和人的真实存在即他们的现实生活完全不相关联。按照康德哲学的传统，谈论人的自由就必须摆脱人的现实存在，谈论人的现实存在就不再有自由可言。这个哲学传统在西方一直沿袭到今天。海德格尔尝试要突破这个传统，他把人放到世界之中，但是这个世界并未因此就成了人生活（实践）于其中的现实的世界，而人本身也并不就是存在于现实世界之中的现实的人。在他那里，人和世界（他人）都同时被情绪化了，世界对于人、人对于世界，都被想象成为一种情绪化了的关系，人在世界之中，其实就是在苦、烦、畏等情绪的笼罩之中。现代西方哲学的大多数流派集中探讨的仍然是康德以来的伦理学课题，说它们实现了从单纯认识论向存在论（生存论）的转变，是完全不确切的。

真正实现从近代认识论哲学向存在论哲学历史性转变的，是马克思主义哲学。马克思、恩格斯从参与哲学活动时起，就把理论研究的视线集中倾注在工人阶级的生存境遇上，进而研究使工人阶级备受压迫和剥削的现实社会条件和历史起因。如果说，传统旧哲学从来都是把认识论（包括逻辑学）、伦理学以及宗教学当作自己的固有疆域，那么，由马克思和恩格斯创立的新哲学则一开始就把人的现实的社会存在问题当作哲学的首要课题。马克思、恩格斯尖锐地批评施特劳斯、鲍威尔、费尔巴哈和施蒂纳：

他们尽管宣称要终结黑格尔哲学，但最终都没有离开黑格尔哲学的基地，其原因就是他们都是从意识出发，因而就不得不以道德哲学告终。因此，彻底革新旧哲学的新哲学就不应当以意识为出发点，而必须以存在为出发点，同时新哲学的宗旨也不应当以建立某种道德哲学（包括人本学、人生哲学、哲学人类学等）为目标，而应当以革命地改造人类生存的客观条件（社会存在）为目标。在马克思主义哲学看来，人绝不是单纯的认知主体，而是实践主体；人对世界的关系首先也不是认识而是实践，这种实践不是康德式伦理实践，而首先是物质生产实践，通过生产实践建立了人和自然界之间、人和社会之间的受动、能动关系。单纯的认知和意志不足以改变人的现实存在和生存境遇，必须通过以物质为基本形式的社会实践，才能从根本上改变人的物质生活、精神生活和情感生活。从这里，我们看到马克思主义哲学和现代西方哲学之间在世界观（历史观、人生观）上的最根本的界限和差别。

现代西方哲学大多陷于个人孤独的困境而无力自拔，于是演绎出种种拙劣而牵强的哲学怪论来解脱这种困境，苦心孤诣地制造出所谓"主体间性"以及"他人"和"他性"之类的荒诞不经的理论，来说明人不是像莱布尼兹的单子那样是自我封闭的，而是开着窗户的，人与人之间有着某种关系和联系，使得彼此可以在语言、思想、意志、情感等方面互相沟通，使交流、理解、对话成为可能。为了论证这种主体间性，西方哲学家们耗尽了太多的智力，生造了无数的新词，貌似深思熟虑，其实大多是多费唇舌。从马克思主义的观点来看，个人从来就不是孤立的，孤独感是现代社会中人的异化处境的产物，而不是人类生存的一般条件造成的不可逃避的命运。从走向死亡的"在"中引出人的本真状态是孤独的，这是布道式的说教而不是哲学。在人的问题上，马克思主义哲学既反对孤立主义的种种说法，也反对自我中心论的错误观点。它从生产实践的基本立场出发，把人看成从来就是社会的，社会即各个个人之间的关系和联系的总和，是人们借以从事一切活动的现实基础。离开人和人之间的社会关系和联系，离开人在一定社会关系和物质条件之下的现实活动（社会实践），不用说人的语言、思维、逻辑、意志和情感无从发生，连人本身能思维的头脑、能"视"、"听"、"言说"的官能都将不复存在。西方哲学自康德以来直到所谓现代与后现代为止，其实都没有突破孤立的个体主义的出发点而进入社会的人的视域。这是马克思主义哲学和现代西方哲学之间的另一个重大的分歧。

现代西方哲学秉承康德哲学的传统，其实从来没有真正运用过辩证思维。正如恩格斯说过的，从康德那里学习辩证法是白费力气，因为在康德那里一切都是静止的、凝固的，在那里没有历史，没有过程，更没有发展。这一点在现代西方哲学中同样表现得很分明。现代西方哲学大多关注时间问题，但他们的时间概念和真实的历史无关，其中既没有过程，也没有发展，有的只是个体生命的主观体验，它们没有超出人生哲学的范围，局限于个体生命之一隅，因此一部内容丰富、曲折多变的人类发展史始终被挡在他们的视线之外。而马克思主义哲学则把历史主义的辩证方法当作自己观察、审视、思考和把握一切现存事物和客观进程的方法论灵魂。马克思主义哲学观察问题的方法既不是诉诸单纯的直观（直觉），也不是诉诸单纯的思维，而是综合地运用人类认识的一切要素，以客观实际为出发点，运用辩证的认识方法，在思维中再现事物的具体统一性和历史过程性。这是马克思主义哲学区别于现代西方哲学的又一个重大特质。

总之，马克思主义哲学由于它的开放性和历史性特点，是一定要随着时代的前进而不断开拓、丰富和发展的，但是马克思主义哲学的发展不能脱离它的本质特征和固有性质，不能淡化、模糊甚至撤除它的基本立场和党性原则而与现代西方哲学"接轨"甚至合流。如果那样，将铸成大错。

"人是马克思主义的出发点"的命题混淆了两种历史观的界限[①]

孙伯鍨

一、"出发点"的问题是历史观的基本问题

以什么为出发点的问题是哲学中的基本问题,也是历史观的基本问题。主张"人是马克思主义的出发点"的同志所以要提出这个根本性的命题,就是为了"纠正"历史唯物主义体系中所谓"见物不见人"的倾向,以表示马克思主义哲学不应从物出发,而应从人出发。有些同志说得更加直截了当,认为历史唯物主义应当成为马克思主义的"人学体系"。据说,唯物主义把物看作是绝对的,唯心主义把精神看作是绝对的,二者都是片面的,只有人才应当是绝对的。从作为哲学的人道主义的观点来看,这是必然的结论。因为人道主义把人看作宇宙的中心,万物的权衡,一切存在着的事物都应该以人为尺度来衡量,人的价值却不能由任何外物来衡量,人的价值是绝对的。概括成哲学的命题就是"人的价值在人自身"。可见,"人是出发点"的命题是一切人道主义哲学派别的基本命题,正像物质第一性的命题是一切唯物主义派别的基本命题一样。人道主义哲学把人作为出发点是企图超越于唯物主义和唯心主义的对立之上,认为执着于这种对

[①] 本文收录于段若非编:《关于人道主义和异化问题论文集》,人民出版社1984年版。

立对于实现人的价值是没有意义的。它不承认哲学的基本问题是思维对存在、精神对物质的关系问题，而认为是人的本质和人的存在以及人和非人的关系问题。这样，人的本质就作为绝对主体被置于中心地位，而它为实现自身的价值而进行的活动及其规律即异化和异化的扬弃就成了哲学研究的主题。由此而建立的哲学体系便是所谓"人学"体系。在我国，一些宣传抽象人道主义的同志，大多也持类似的观点。他们认为历史唯物主义的观点和体系未免显得太陈旧了，如果不赶上西方人道主义的新潮流，就不能适应时代的要求而向前发展。我们当然不反对马克思主义哲学要随着历史进步的潮流向前发展，问题在于究竟怎样发展？是沿着马克思主义哲学的固有方向前进，还是盲目地迎合西方人道主义哲学的新思潮？

事实上，尽管各种人道主义哲学派别都认为超越了唯物主义和唯心主义的对立，但思维和存在这个哲学中的基本问题却始终没有过时，这在历史观上也是一样的。提出"人是出发点"的命题并没有把这个问题取消，而只是把它掩盖、混淆、模糊起来罢了。正因为"人是出发点"的命题事实上掩盖了对人的各种各样的唯心主义解释，所以马克思主义哲学才坚决抛弃这个命题，明确地提出从人们的社会存在方式即社会关系出发。就人道主义来说，从人出发实际上就是从人的价值出发。人是万物的尺度，最高的本质，绝对的价值，所以从人出发也就是从一种被视为人的最高本质和绝对价值的东西出发。当然，各种人道主义派别也是有区别的，区别就在于对人的本质和价值有各自不同的解释。人的本质和价值是什么？这取决于哲学家们对它们的解释是什么。由此可见，人道主义主张从人出发的哲学路线并没有超越和取消唯物主义和唯心主义的对立，而是以一种稍微隐蔽的形式依旧贯彻唯心主义路线。

事实上，在历史领域内任何哲学派别都不能回避人的问题，因为离开了人就无从研究人类社会、人类历史和人类世界。问题在于究竟怎样研究人的问题，是遵循唯物主义路线还是唯心主义路线？在中世纪，在文艺复兴以前，人们不是用人的眼光而是用神的眼光来研究人类历史的。到了文艺复兴运动以后，人们才逐渐打破神学的藩篱，开始用人的观点来研究历史。这不仅表现在一切与人有关、属于世俗生活的内容，如语言、文学、艺术、科学和哲学都成了人们热切关心、积极研究的对象，而且渐渐形成了一种观点，即认为对一切事物的评价都应该用人本身、人的现世幸福做标准，这就是所谓人道主义观点。这种观点的形成反映了自14世纪以后逐渐兴起的人文主义思潮开始系统化、理论化了。不过在17世纪以前，人道主义的思想家们一般还没有从哲学上系统地论证自己的观点，自觉地从属于唯物主义路线或者唯心主义路线。明确地从唯物主义自然观出发来论证人道主义思想的，是17、18世纪的英法唯物主义哲学家，他们把人看作自然的产物，着力描述人的自然状态、自然本性，把人道主义归结为出自人的自然本性的要求。既然人性来自自然，而自然却未曾造成人们的社会差别，没有天生高贵或天生卑贱的人，自然界赋予人们的是同样多，因此，人类社会的一切不平等都必定是违反自然、违反人类本性的。它们不是由人的本性所造成，而是罪恶的社会环境造成的。这样，人道主义就开始进入政治领域，它的斗争武器就是"天赋人权"、"自由、平等、博爱"。革命时期的资产阶级人道主义用来对抗神学的是理性，用来对抗教会和贵族特权的是自由和平等。理性、自由、平等这些观念性的东西成了衡量一切现存事物的尺度，它们共同构成了当时资产阶级人道主义的人性观、价值观。它们是从哪里来的呢？当然是从人的本性中引申出来的。直到马克思主义产生以前，所有人道主义的思想家，尽管各自的主张不同，都是遵循这条思想路线来研究人的问题，考察社会历史的。然而这条路线在历史观上却是唯心主义的。

人道主义的历史观之所以必然是唯心主义的，是由于它仅仅把人看作自然界的产物，而不是社会的产物。它的逻辑是：自然界创造了人，决定了人之为人的本性，而人则应当按照自己的本性来创造社会生活；所以一旦推翻了神学的统治和驱除了人类理性的迷误之后，一条根据人的本性来安排周围生活环境的道路就最终开辟出来了。从资产阶级人道主义的观点来看，举凡不能从人的自然本性得到说明的社会制度以及由此而产生的人们之间的社会差别，如政治等级、贵族特权等，都是违反理性、违反自然的，因为它们对人来说是非本质的东西。从人是自然存在物的观点来看，只有与生俱来的、人所固有的东西才构成人之为人的本质。这样，按照人道主义的观点，在人和社会的关系问题上社会只处于从属的地位，它必须合乎人性、服从人的意志的支配，否则就是反人道的和非人化的东西。对于人道主义哲学来说，既不存在客观的社会关系和社会矛盾，也不存在客观的历史规律，唯一存在的是人的东西和非人的东西、人的本质和人的现实存在之间的冲突和矛盾。而解决这一矛盾的方法就是根据人类本性的要求消灭一切违反人性的东西，说到底就是由人的意志来支配世界。

马克思主义哲学即历史唯物主义，提出了和人道主义历史观完全相反的观点。它认为人在本质上不是自然存在物，而是社会存在物。人虽然也是自然界的产物，但人的自然属性并不构成人之为人的本质，构成人的本质的东西恰恰是人的社会属性。每一个现实的个人都直接是社会的产物，即一定的社会关系的产物，因此人性、人的本质也是由社会决定的。在社会中，即在由一定的物质生产条件所决定的人们的相互关系中，每个人所处的社会地位是各不相同的，因而构成他们的本质的东西也不是同一而是差别。这样，在人的本质问题上，马克思主义得出了和人道主义直接相反的结论。人道主义认为，人的本质是人类个体所固有的普遍的东西，由社会环境所造成的个性差异是非本质的东西。而在马克思主义看来，人的本质不是单个人所固有的抽象物，而是由不同的个人生活于其中的社会关系所决定的现实差别。所以马克思主义哲学决不在研究社会之前先研究人的本质，它认为脱离了社会和现实历史的发展，人的本质只能是一种抽象。马克思主义哲学不仅不把人的一般本质作为出发点，它也不把人的特殊本质作为出发点，它压根儿就不从人的本质出发，而是从人的社会存在方式出发。"个人怎样表现自己的生活，他们自己也就怎样。因此，他们是什么样的，这同他们的生产是一致的——既和他们生产什么一致，又和他们怎样生产一致。因而，个人是什么样的，这取决于他们进行生产的物质条件。"[①] 这里所说的个人不是他们自己或别人想象中的个人，而是现实存在的个人。他们不仅从事活动，进行物质生产，而且是在生产发展的一定阶段上，在一定的生产关系所制约的条件下进行生产的。个人作为社会存在

---

① 《马克思恩格斯全集》第3卷，人民出版社1960年版，第24页。

物既不是生而"自由",也不是生而"平等",而是一定的社会关系即物质生活条件的产物,任何个人都是在一定的物质的、不受他们任意支配的界限、前提和条件下表现自己的生活,获得自己在社会中的特殊地位的。只有先研究了这些个人的特殊的社会存在方式,才能进而揭示他们的本质。因此在认识社会之前,不可能认识个人,更不可能认识这些个人的本质。这就是马克思主义不是把"人"而是把"社会关系"当作出发点的原因。

资产阶级人道主义思考问题的方式不是从社会出发,而是从个人出发,不是从人的社会存在方式出发,而是从"人本身"即"人的本质"出发。在他们看来,社会不过是一个抽象,它只是表示由个人构成的集合体,离开了个人的规定性就没有社会的规定性。因此,人的本质只能由人本身来说明,而不能由社会来说明。但事实恰恰相反,社会不是由个人"构成"的,而个人却是由社会"构成"的。社会绝不是个人的简单集合体,社会的结构和性质并不是由个人所规定。社会不是别的,它只是表示这些个人彼此间发生的那些联系和关系的总和。这些联系和关系不受个人支配,而个别的个人却正是由这些联系和关系决定的。任何个人都只有通过社会并在社会中才能获得自己的规定性。他作为公民或奴隶、资本家或工人,这些都是社会的规定性,是人和人的客观的社会关系。所以马克思说:"这里(指政治经济学中——笔者)涉及的人,只是经济范畴的人格化,是一定的阶级关系和利益的承担者。我的观点是:社会经济形态的发展是一种自然历史过程。不管个人在主观上怎样超脱各种关系,他在社会意义上总是这些关系的产物。"[①] 社会关系是十分复杂的,个人除受经济关系的决定外,还要在经济关系的基础上受到各种社会关系的制约和影响。所有这些关系都是历史地形成和发展的,每一个现实的个人都不得不面对着这些关系。如果说,他们也可能企图超脱这些关系,作为"纯粹的个人"来思考自己的"人"的本质,那也只能在主观上即自己的想象中做到这一点。

---

① 《马克思恩格斯全集》第23卷,人民出版社1972年版,第12页。

从表面看，历史唯物主义似乎和人道主义有相同的出发点，因为它也把人当作历史研究的前提。但是和人道主义不同，历史唯物主义始终把人放在一定的社会关系中来研究。"它的前提是人，但不是某种处在幻想的与世隔绝、离群索居状态的人，而是处在一定条件下进行的、现实的、可以通过经验观察到的发展过程中的人。"① 它当作前提的是一些现实的个人，以及他们的现实的活动，这种活动是由他们的物质生活条件决定的。可见，和抽象人道主义不同，历史唯物主义的前提和出发点不是任意想象出来的，也不是教条，而是只有在想象中才能抛开的现实的前提。由于历史唯物主义的出发点是现实中的个人，而不是思考出来的人的本质，因此它决不把这些个人说成是"非人"，丧失了自己的本质的、异化的人等。正如马克思所指出的："哲学家们关于现实的人不是人这一荒谬的判断，只是实际上存在于人们的关系和要求之间的普遍矛盾在抽象范围之内的最普遍最广泛的表达。""哲学家们宣布人们是非人的，这并不是因为人们不符合于人的概念，而是因为人的概念在这些人那里不符合真正的人的概念。"② 问题很明显，只有把想象出来的、抽象的人当作出发点，才会得出现实的人是非人、异化的人这样的结论。

人道主义历史观的出发点绝不是现实的人，而是抽象的人。不过由于各种人道主义思想派别所处的时代和代表的利益不同，它们抽象的结果也不相同。18世纪的思想家为了证明资本主义生产方式是符合人性的，往往把18世纪的个人即新生的资产者加以理想化，把他们说成是自然的个人。正如马克思指出的："这种18世纪的个人，一方面是封建社会形式解体的产物，另一方面是16世纪以来新兴生产力的产物，而在18世纪的预言家看来……这种个人是在过去就已存在的理想；在他们看来，这种个人不是历史的结果，而是历史的起点。因为按照他们关于人性的观念，这种合乎自然的个人并不是从历史中产生的，而是由自然造成的。"③ 费尔巴哈的抽象具有另一种特点，他不像18世纪的思想家那样，把作为资产者的个人

---

① 《马克思恩格斯全集》第3卷，人民出版社1960年版，第30页。
② 《马克思恩格斯全集》第3卷，人民出版社1960年版，第505页。
③ 《马克思恩格斯全集》第46卷上册，人民出版社1979年版，第18—21页。

理想化，而是把人和人的关系理想化。费尔巴哈人道主义的基本特点是，"使'人与人之间的'社会关系成了理论的基本原则"①，他想造成一种理想化的人与人之间的关系，并认为这种理想关系的基础存在于人类的本性中，就是他所强调的人的"类本质"。费尔巴哈是怎样说明人的类本质的呢？他说："单个的人本身并不具备人的本质"，"人的本质只包含在共同性中，包含在人和人的统一中，但是这个统一只是建立在自我和你之间的差别的现实性上。"②他用人和人之间的统一即人类之爱来代替上帝，并且就像人们虚构上帝的本质一样虚构人的本质。他把建立在人的两性差别基础上的爱和友情理想化，企图用这种理想化的人的关系来融化和代替现实的社会关系。正如马克思恩格斯所批判的那样，费尔巴哈"除了爱与友情，而且是理想化了的爱与友情之外，他不知道'人与人之间'还有什么其他的'人的关系'"。③

总之，人道主义的历史观无论怎样解释人的本质，由于它坚持以人为出发点的思想路线，所以必然要走向历史唯心主义。

二、从现实的人出发还是从抽象的人出发并不是一个词句问题

一些宣传抽象人道主义的同志，为了摆脱困境，总是一再申明，他们所提出的"人是马克思主义的出发点"这个命题中的"人"，不是抽象的人，而是现实的人。并且说，他们对于费尔巴哈的抽象的人也是反对和批判的。但是问题的实质在于对人的理解，而不在于加在他上面的词句。

诚然，这些宣传人道主义的同志确实谈到了马克思和费尔巴哈的区别，申明他们所说的人不是费尔巴哈的孤立的、生物学的人，而是马克思所强调的社会的、从事实践活动的人，并且多次引证马克思和恩格斯的语

---

① 《马克思恩格斯全集》第42卷，人民出版社1979年版，第158页。
② 《马克思恩格斯全集》第42卷，人民出版社1979年版，第360页。
③ 《马克思恩格斯全集》第3卷，人民出版社1960年版，第50页。

录来论证自己的观点。但是这样一来，只能使问题变得更加混乱，把历史唯物主义和历史唯心主义的界限弄得更加模糊。正如胡乔木同志所指出的，他们"一方面把'人是马克思主义的出发点'，当作一个极重要、极新颖的命题提出来宣传，一方面又极力模糊以'人'为出发点同以人类社会和人们的社会关系为出发点这新旧两种出发点之间的原则差别，试图把它们说成是差不多的东西"。为了尽量模糊人道主义的出发点和历史唯物主义的出发点之间的原则差别，他们的一个重要方法就是在反对两个马克思的名义下否定马克思早期著作的不成熟性，把马克思的尚未脱离费尔巴哈人道主义影响的著作当作经典根据来引证，表面上是要维护马克思的早期著作和后期著作的统一性，实际上却是要用青年马克思的人道主义思想来解释整个马克思主义。所以，为了真正弄清楚"人是马克思主义的出发点"中的"人"是现实的人还是抽象的人，我们必须抛开所有的申明和词句，分析一下他们在自己的文章中是究竟怎样理解和论述他们所说的"人"的。

在《人是马克思主义的出发点》这篇文章中，作者引述了下面这句话来突出文章的主题，即"所谓彻底，就是抓住事物的根本。但人的根本就是人自身"。在另一篇名为《为人道主义辩护》的文章中，作者也几次引证了具有相同含义的另一句话，即"人是人的最高本质"。在作者看来，这些语录既然都出自马克思的手笔，自然就有无可争辩的权威性。他们虽然也知道这些语录差不多是逐字逐句地重复了费尔巴哈的话，但还是认为它们和历史唯物主义的观点并不相悖。按照作者的说明，由于马克思对人的本质已作出了和费尔巴哈不同的解释，因此上述命题就有了完全不同于费尔巴哈的含义。费尔巴哈把人的本质解释为理性、意志和爱，而马克思却把它解释为自由、自觉的劳动。他写道："马克思指出：生产生活是物种的生活，而人的物种的特性就在于他的活动是自由的，有意识的，这是人区别于动物的地方。可是私有制下的异化劳动却是一种强迫的劳动，不属于自己的劳动，仅仅是为了维持自己的肉体生存，因此，它把人降低为动物。"根据作者的叙述，由于马克思把自由、自觉的劳动规定为人的本质，而工人在私有制下的雇佣劳动则不是自由的和自觉的，因此工人丧失了人的本质，成为"非人"。工人既然成为"非人"，被降低为动物，当然就不能作为"出发点"，作为出发点的人必须是符合人的本质的人。但这种人不仅在私有制度下不存在，就是在消灭了私有制的社会主义条件下也不可能很快地出现。可见，虽然马克思在《1844年经济学哲学手稿》中对人的本质作了不同于费尔巴哈的解释，把它规定为自由、自觉的劳动，但这种人仍然是抽象的、非现实的，他们并不存在于现实的历史中，而只存在于人们关于未来社会的理想中。

作者在自己的文章中反复重申"人是人的最高本质"这类抽象人道主义的命题，意在强调要把人的本质作为观察问题的出发点。可是在资本主义社会中工人恰恰失去了人的本质，成为"非人"，所以工人就不应当成为出发点。但是现实地存在着的又只是工人，而不是自由、自觉的劳动者，因此要从现实的人出发就必须要从工人出发，而不能从"人自身"或人的本质出发。所以二者必居其一：或者是坚持"人是人的最高本质"这种抽象人道主义的观点，反对从现实的人出发；或者是抛弃抽象人道主义的立场，从工人和资本家这些现实中的个人出发，而归根结底，就是从资本和劳动之间的全部社会关系出发。否则，无论怎样解释人的本质，都不可能把抽象的人变为现实的人。然而作者却不是这样理解的。他一方面申明反对费尔巴哈的抽象的人，声称自己是从现实的人出发；另一方面他又坚持"人的根本就是人自身"、"人是人的最高本质"这类抽象人道的观点，认为二者之间完全没有矛盾。这就表明他对费尔巴哈的抽象的人的批判完全是虚假的。

上面已经说道，费尔巴哈人道主义的基本特点是从一种理想化的人的"类本质"出发。这种"类本质"虽然潜在地存在于人类的本性中，但在单个人身上却不能成为现实，人要实现自己的本质只有在类中并且通过类。这就是说，个人要实现自己的人类本质，必须把自己变为"类存在物"，即实现人和人之间的完全统一。费尔巴哈主张这种理想化的人的类本质，有没有一点现实的内容和根据呢？有的，这就是人和人之间以两性关系为基础的性爱。但是要把两性之间的爱推及到全人类，变成对人类的普遍的爱，是很需要想象力的，基督教的上帝则启迪了他这种想象力。他从上帝的本质中推演出人的本质。既然上帝的本质是以虚幻的形式反映了人类的本质，人就有可能不借助于上帝而通过自己的类来实现这种本质。这样，他就提出了"人是人的最高本质"这个著名的命题。作为这个命题中的主词的"人"是一个用来代替上帝的"人"，实际是"人类"的化身。所以恩格斯说，费尔巴哈的人不是从娘胎里生出来的，而是从基督教的上帝那里幻化出来的。这个批评显然不是针对费尔巴哈的孤立的、生物学的人，而是针对被他高度理想化了的抽象的人。因此，要消除费尔巴哈的抽象的人，就必须从人们的现实社会关系出发，而不是从人的理想本质出发。根据这个认识，再看看提出"人是马克思主义的出发点"的同志是否真的批判了费尔巴哈的抽象的人呢？显然没有。他们根据《1844年经济学哲学手稿》，把人的本质理解为高度理想化了的抽象的劳动，这种劳动不仅具有自由、自觉的性质，而且摆脱了肉体的需要和分工的限制。因而这种人只能是理想的人，而不是现实的人。当人们不再把劳动当作谋生手段而是作为生活的第一需要，当他们已经摆脱了分工的限制因而劳动本身已经成为每个人全面自由发展的充分体现的时候，也就是人类的最高理想获得实现的时候。但这毕竟是理想的人而非现实的人，把这样的人作为出发点和费尔巴哈把人的类本质作为出发点并没有本质的区别。

作为唯物主义者，费尔巴哈也是极力反对抽象的，他强调感性，强调直观，甚至也看到"大批患瘰疬病的、积劳成疾的和患肺痨病的贫民"，懂得皇宫中的人和茅屋中的人是不同的两类人。但是这一切并没有使他从抽象的人转向现实的人。他为了寻找"真正的人"，不得不诉诸"最高"的直观"和类的平等化"。这究竟是什么缘故呢？其原因就是费尔巴哈始终囿于人道主义的历史观，使他不能摆脱人的本质的抽象观念而转到现实的立场上来。和费尔巴哈一样，我们一些宣传抽象人道主义的同志，也是首先寻找人的本质，从人自身、人的本质和价值出发，而不是从现实的人及其社会关系出发。他们同样用"人"的观点而不是用工人自己的观点来研究工人和资本家的关系，把工人和资本家都看作是"人的异化"，都被一种非人的力量所支配。工人变成"劳动的动物"，成了"仅仅具有最必要的肉体需要的牲畜"；资本家则过着醉生梦死的生活，把"人本身——

从而也把自己本身看作毫无价值的牺牲品",“他还没有体验到财富是一种凌驾于自己之上的完全异己的力量"。根据这些议论，现实存在的工人和资本家显然不是出发点，作为出发点的是一种高高在上的关于"人"的抽象观念。这种"人"不是现实存在的，他只是作为"模范人"存在于哲学家们的观念中，现实的工人和资本家则是他的"异化"。关于这种"模范人"的观念是从哪里来的呢？不凭借想象力当然是不会产生的。把这样的模范人作为出发点，怎能说已经和费尔巴哈的抽象的人划清了界限呢？马克思和恩格斯为了批判费尔巴哈的抽象的人，同时也为了清算自己过去著作中的人本主义观点的影响，在《德意志意识形态》中强调指出："共产主义不是从寻找人的本质开始的。"他们说："共产主义对我们说来不是应当确立的状况，不是现实应当与之相适应的理想。我们所称为共产主义的是那种消灭现存状况的现实的运动。这个运动的条件是由现有的前提产生的。"① 这里明确指出了：从理想的状况出发，还是从现实的运动出发，这是科学共产主义和以往一切空想社会主义派别的根本分歧，因而也是历史唯物主义和历史唯心主义的根本分歧。

这些宣传人道的同志在自己的文章中还这样写道："马克思和费尔巴哈都把人放在最高的地位，不承认在人之上还有一个更高的本质。但是费尔巴哈只反对意识形态领域的虚幻的超人的力量，而马克思则进而反对一切把人贬低为非人的现实的社会关系。马克思之所以能够得出这个革命的结论，是因为他抓住了现实的人，社会的人。"说费尔巴哈不承认在人之上有一个上帝，不承认人的本质是由上帝的本质决定的，这自然是对的。因为费尔巴哈反对和批判的是宗教。但是把这个对费尔巴哈来说是正确的命题，硬加在马克思的身上就大有问题了。因为马克思批判的不是宗教而是资本主义社会。这里不涉及在人之上有没有一个主宰人类命运的上帝的问题，却涉及人的本质究竟是由什么决定的问题。如果说马克思也不承认"在人之上"存在着一个"更高的本质"，那不就意味着人的本质是由人自身决定的吗？作者说，费尔巴哈只反对"虚幻的超人的力量"，而马克

---

① 《马克思恩格斯全集》第3卷，人民出版社1960年版，第40页。

思则反对"把人贬低为非人的现实的社会关系"。现在要问：这种现实的社会关系是不是在人之外客观地存在着呢？它们是不是决定和制约着人的本质？如果马克思不承认资本主义生产关系的客观存在，不承认工人和资本家的本质就是由这种关系决定的，又怎能理解"他抓住了现实的人，社会的人"？这就表明，"现实"也好，"社会"也好，对于作者来说都不过是一些词句。仅仅这些词句并不能把抽象的人变为现实的人。尤其不能令人理解的是，作者一方面坚持"人是人的最高本质"这个抽象人道主义的命题，另一方面又引证马克思的话："人的本质并不是单个人所固有的抽象物。在其现实性上，它是一切社会关系的总和。"他竭力抹杀这二者之间的原则区别，硬说后者并不否定前者。事实上，马克思在《关于费尔巴哈的提纲》中的上述著名论断，就是为了否定"人是人的最高本质"这个抽象命题的。它表明不是人的本质决定和支配人们的社会关系，而是客观存在着的社会关系的总和决定人的本质。虽然这些关系无一不是人们相互之间的关系，但它们的存在却不以人们的意志为转移。这些关系的存在和发展遵循着一定的客观规律，人们服从这些规律就像服从地球的引力一样。正因为这样，资本家才被看作是经济范畴的人格化，而工人则只是作为劳动力而获得自己的社会存在，他们的本质决不能由人自身得到说明，只有研究了资本和劳动关系的总和才能够科学地加以揭示。在"人是人的最高本质"这个抽象命题中，人的本质只是被抽象地理解的。事实上，把"人的最高本质"归结为一个大写的"人"，他的抽象性是一目了然的。如果我们把这个"人"换成任何一个具体的、现实的人，这个命题就会变得更加荒谬。这就等于说："工人是人的最高本质"，或者"资本家是人的最高本质"！其实，在费尔巴哈那里，这个命题中作为主词的"人"是用来取代上帝的，他和人类这个概念的含义相同，其中寄托了费尔巴哈关于人的最高理想。因此，这里所说的人和人的本质与马克思在《关于费尔巴哈的提纲》中所说的，是完全不同的两回事。把它们混为一谈，正说明作者所理解的"现实的人"实际上仍然是抽象的人。

总之，把人的本质归结为"人"或"人自身"，不是一条通向科学的唯物主义的道路，而是一条通向唯心主义的思辨的道路。"人自身"是一个不可知的抽象物，就像"物自身"是一个不可知的抽象物一样。人们只能研究工人，考察农民……而决不可能把"人自身"作为历史研究的出发点。宣传"人的根本就是人自身"、"人是人的最高本质"这些抽象人道主义的命题，就是把马克思主义和费尔巴哈主义混为一谈，并且不加掩饰地转向历史唯心主义。为了划清马克思主义和费尔巴哈人道主义的界限，弄清马克思主义究竟是在什么意义上区别抽象的人和现实的人的，我们有必要研究一下马克思恩格斯是怎样从抽象的人的观点转变到现实的人的观点的。

三、马克思恩格斯是怎样从抽象的人的观点转变到现实的人的观点的

关于马克思和恩格斯是如何从黑格尔哲学出发，经过费尔巴哈，最后创立辩证唯物主义和历史唯物主义的问题，马克思、恩格斯和列宁都曾多次谈到过。整个思想发展过程在出发点上经历了两次转变：第一次，从青年黑格尔派的唯心主义转变到受费尔巴哈观点影响的唯物主义；第二次，从受费尔巴哈影响的抽象的人的观点转变到现实的人的观点。这后一个转变较之前一个转变更困难也更有决定的意义。关于这个转变恩格斯在《费尔巴哈论》中是这样论述的："但是，费尔巴哈所提供的强大推动力怎么能对他本人也毫无结果呢？理由很简单，因为费尔巴哈不能找到从他自己所极端憎恶的抽象王国通向活生生的现实世界的道路。他紧紧地抓住自然界和人；但是，在他那里，自然界和人都只是空话。无论关于现实的自然界或关于现实的人，他都不能对我们说出任何确定的东西。但是，要从费尔巴哈的抽象的人转到现实的、活生生的人，就必需把这些人当做在历史中行动的人去研究。""但是费尔巴哈所没有走的一步，终究是有人要走的。对抽象的人的崇拜，即费尔巴哈的新宗教的核心，必须由关于现实的人及其历史发展的科学来代替。这个超出费尔巴哈而进一步发展费尔巴哈观点的工作，是由马克思于1845年在《神圣家族》中开始的。"① 在《神

---

① 《马克思恩格斯全集》第4卷，人民出版社1972年版，第236—237页。

圣家族》中开始的这个转变,到 1845 年春由马克思起草的《关于费尔巴哈的提纲》(以下简称《提纲》)始告完成。这个《提纲》被恩格斯称为包含新世界观的天才萌芽的第一个文件。1885 年,恩格斯在回忆到这个《提纲》时写道:"当我们 1845 年春天在布鲁塞尔再次会见时,马克思已经从上述基本原理出发大致完成了发挥他的唯物主义历史观的工作。"① 1892 年,恩格斯在《英国工人阶级状况》德文第二版的序言中又一次明确谈道:"1844 年还没有现代的国际社会主义,从那时起,首先是并且几乎完全是由于马克思的功绩,它才彻底发展成为科学。我这本书只是它的胚胎发展的一个阶段。正如人的胚胎在其发展的最初阶段还要再现出我们的祖先鱼类的鳃弧一样,在本书中到处都可以发现现代社会主义从它的祖先之一即德国古典哲学起源的痕迹。"② 列宁的论断和恩格斯的上述说法是吻合的,他说:"马克思在 1844—1847 年离开黑格尔走向费尔巴哈,又进一步从费尔巴哈走向历史(和辩证)唯物主义。"③ 至于马克思自己,他的回忆是同恩格斯一致的。他说:"自从弗里德里希·恩格斯批判政治经济学范畴的天才大纲(在《德法年鉴》上)发表以后,我同他不断通讯交换意见,他从另一条道路(参看他的《英国工人阶级状况》)得出同我一样的结果,当 1845 年春他也住在布鲁塞尔时,我们决定共同钻研我们的见解与德国哲学思想体系的见解之间的对立,实际上是把我们从前的哲学信仰清算一下。"④

综上所述,马克思恩格斯从抽象的人的观点转向现实的人的观点,开始于《神圣家族》,完成于《关于费尔巴哈的提纲》,在《德意志意识形态》中得到了系统的发挥。所以《提纲》是马克思主义哲学形成的标志。在这以前,马克思恩格斯对于费尔巴哈哲学的基本原则除了若干保留以外,一直是极为推崇的。他们都认为费尔巴哈在哲学上发现并制定了新的出发点,这就是以"自然为基础的现实的人",它是当时批判资本主义制

---

① 《马克思恩格斯选集》第 4 卷,人民出版社 1972 年版,第 192 页。
② 《马克思恩格斯选集》第 4 卷,人民出版社 1972 年版,第 276 页。
③ 《列宁全集》第 38 卷,人民出版社 1959 年版,第 386—387 页。
④ 《马克思恩格斯选集》第 2 卷,人民出版社 1972 年版,第 84 页。

度、论证社会主义的必然性的唯一可以接受的哲学基础。直到1844年8月11日，马克思在致费尔巴哈的信中还这样说："您（我不知道是否有意地）给社会主义提供了哲学基础，而共产主义者也就立刻这样理解了您的著作。建立在人们的现实差别基础上的人与人的统一，从抽象的天上降到现实的地上的人类概念——如果不是社会的概念，那是什么呢？"在马克思恩格斯所处的时代里，人道主义仍然是一种强大的思想传统。自从18世纪以来，人们就把理性当作衡量历史发展和社会进步的唯一尺度。虽说资本主义的丑恶现实已经埋葬了启蒙思想家们关于解放全人类的美妙预言，但人们对于抽象理性的崇拜并未衰退。德国唯心哲学把人类理性变成了抽象的精神，直到费尔巴哈才又恢复了它的自然唯物主义的面貌。由于德国唯心主义哲学在思辨的形式下富有成果地发展了辩证的思维方法，因而就有可能把以费尔巴哈唯物主义为基础的人道主义要求和辩证的批判方法结合起来。实现这种结合的努力构成了马克思恩格斯自1843年夏到1844年底的所有著作的基本特色。在《1844年经济学哲学手稿》（以下简称《手稿》）的序言中，马克思直截了当地承认："德国人对国民经济学的实证的批判，是全赖费尔巴哈的发现给它打下真正的基础的。"所以，毋庸置疑，在1844年的《手稿》中，马克思对政治经济学和资本主义制度的批判，以及由此而提出的"异化劳动"理论，是以费尔巴哈的人道主义观点为基础的。他把这种批判叫作"实证的人道主义和自然主义的批判"。所以，马克思和恩格斯最初都强烈地感受到费尔巴哈哲学的影响，这不仅由于它恢复了唯物主义的权威，而且也由于它具有浓郁的人道主义色彩。例如在《手稿》中，马克思就认为费尔巴哈"创立了真正的唯物主义和现实的科学"，因为他"使'人与人之间'的社会关系成了理论的基本原则"。在这种情况下，马克思恩格斯要彻底摆脱抽象人道主义的影响而创立真正科学的历史观，就不仅要克服来自费尔巴哈哲学的个人方面的影响，而且面对着巨大的历史传统。这种传统在先进知识分子中间历来被看作是一切社会进步的源泉。虽然马克思恩格斯都极富于创造天才，但是要彻底冲破18世纪以来日益占据统治地位的传统思维方式的束缚，对人类历史发展的本质作出全新的解释，自然需要经过极艰苦的研究和探索。

1845年的《提纲》就是这番艰苦探索工作的第一个成果，标志着马克思最终抛弃了抽象人道主义的出发点，找到了自己的新出发点。

不可否认，马克思恩格斯从来都不是费尔巴哈的十足的信徒，正像他们从来都不是黑格尔哲学的十足的信徒一样。他们只是以费尔巴哈哲学的基本原则为出发点，把由费尔巴哈所开始的批判继续向前推进，即不仅批判宗教，而且批判国家，批判社会，直到批判私有财产和雇佣劳动。由于他们的批判一开始就超出了纯宗教批判的范围，因而它所研究的内容和得出的结论就必然要越来越超出费尔巴哈的哲学。但是，在他们还是立足于费尔巴哈的基本立场而没有找到新的出发点以前，他们的整个批判，无论是对于政治、法律或经济，都还是沿着抽象人道主义的思想路线进行的，就是说，是"从寻找人的本质开始的"。"人的本质"即抽象的人性，是他们分析和批判社会历史现象的出发点。原因很简单：在历史发展的一般规律发现以前，"人的本质"或"一般人性"是唯物主义可以用来解释社会历史现象的唯一哲学依据。

马克思和恩格斯在出发点上实现的第二个转变是一个极为复杂的过程，这个过程从发表在《德法年鉴》上的文章中就开始了。在《〈黑格尔法哲学批判〉导言》特别是《论犹太人问题》中，马克思就批判了资产阶级的"人权"概念。他指出，在资产阶级社会里公民权和人权是不同的。公民权只是人们在政治生活中的权利，从这方面来说，人们似乎都是平等的；而人权则是市民社会中个人的自由权利，因而实质上是资产阶级的权利。这就揭露了资产阶级所谓"一般人权"的虚伪性。然而与此同时，他又把人权解释为"脱离了人的本质和共同体的利己主义的人的权利"。这样，他在批判了抽象的"人权"观点之后，又回到了抽象的"人的本质"的观点。他和19世纪空想社会主义的人道主义者一样，企图寻找"真正的人性"来代替资产阶级思想家对人性的解释。在这个过程中，他借助于费尔巴哈的人类概念，从"人类解放"的观点出发批判了资产阶级的"政治解放"观。

前文已经说过，费尔巴哈人道主义思想的特点是，它不像18世纪资产阶级人道主义那样强调个性的自由和解放，而是强调整个人类的解放，单独的个人不能实现人的本质，只有通过全人类才能使人的本质成为现实。他认为，人的本质只存在于人和自然以及人和他人的统一之中，所以人不应该彼此分离、互相隔绝，而应该彼此统一、互相结合。为此，他提倡合理地节制个人利益和实行普遍的人类之爱。根据这个观点，他把人称为"社会的人"，意思是个人不能脱离人类共同体，每个人都是相互需要的。这样一来他就把"社会性"说成是人的天赋本性。正如马克思恩格斯在《德意志意识形态》中批评的："在关于人与人之间的关系问题上的全部推论无非是要证明：人们是互相需要的，并且过去一直是互相需要的。他希望加强对这一事实的理解，也就是说，和其他的理论家一样，只是希望达到对现存事实的正确理解，然而一个真正的共产主义者的任务却在于推翻这种现存的东西。"人不能孤立地生存，也不能在孤立中企求自己的幸福，人们是互相需要的。这无疑是一个事实。但如何才能使人们的相互需要变成他们之间的普遍的联合，费尔巴哈没有找到这个桥梁，他只是诉诸理性，诉诸对这一事实的正确理解。这样，他实际上就是把理性、意识当作出发点了。

费尔巴哈的这条人道主义的思想路线，最初也支配着马克思和恩格斯。在发表在《德法年鉴》上的文章中，在《1844年经济学哲学手稿》中，他们都还是按照这个思想路线批判资产阶级的国家和法以及私有财产和雇佣劳动的。在《德法年鉴》的文章中，马克思指出，资产阶级的国家和法虽然在形式上体现了人的类本质，体现了人们的相互需要和彼此共存，但它完全是一种虚幻的东西，国家不过是一个虚幻的人类共同体。因此，他把国家看作是人的本质的异化，如同费尔巴哈把宗教看作是人的本质的异化一样。但政治国家的异化根源在于"市民社会"中的人的异化。在"市民社会"即资产阶级社会中，人们不是互相统一而是互相分离，不是互相需要而是彼此把对方作为工具，同时也把自己降为私人利益的奴仆。正因为"市民社会"中的人普遍丧失了自己的类本质，所以才把这种本质异化在"政治的天国"中。资产阶级的"政治解放"局限于在"政治的天国"中实现人的本质，而无产阶级则要通过社会革命来真正地解放全人类。

然而"市民社会"中的人的异化是怎样产生的呢？根源就在于私有制。所以在批判了政治异化的现象之后，必然要进一步批判经济异化的现象，即私有财产制度。《1844年经济学哲学手稿》是这个批判的最初结果。在《手稿》中，马克思明确地把人的本质规定为自由、自觉的活动（劳动）。这样，他就远不是像费尔巴哈那样只用理性、意志和爱来论证人的类本质，而是用人们改造自然界的活动以及由此产生的分工和交换来论证人的类本质。他用劳动来证明人是"类存在物"，是"社会的人"，说明人们是互相需要、不可离异的。他说："正是在改造对象世界中，人才真正地证明自己是类存在物。"① 但是，现实的劳动即私有制下的雇佣劳动，却不是使人联合，而是使人分离，只有自由、自觉的劳动才能使人们互相需要、彼此联合起来。因此只有自由、自觉的劳动才是人的类本质，而现实的劳动是"异化劳动"，即人的类本质的异化。诚然，马克思用劳动来说明人的类本质，比起费尔巴哈反复用两性关系来证明这一点，无疑有了更加丰富的现实内容，但就基本的思路和论证方法来说，却没有根本改变。费尔巴哈竭力强调正确地理解个人利益，强调人们之间的共存和相互需要，认为这是实现人和人以及人和自然界的统一的基础。而马克思则力图证明，人们只有理解了劳动的本来意义，理解了劳动的"社会性"，把劳动当作实现人和自然界以及人和人之间的统一的"能动的类生活"，并且适应劳动的"社会性"建立合理的社会关系，"真正的人"的本质才能实现。私有制下的异化劳动不是自由、自觉的，而仅仅是个人肉体生存的手段，不是人的本质力量的表现和实证，而是人的类本质的丧失，它导致了人和人的互相分离及人和自然界的互相分离。

由于劳动的异化是人的本质的异化，所以扬弃异化劳动就具有决定一切的意义。又由于私有财产是异化劳动的物的表现，是异化劳动的现实的原因，所以只有扬弃私有财产才能扬弃异化劳动，恢复劳动的本来意义，使劳动成为人的自由、自觉的生命活动的表现，而不再是单纯地为了谋生，成为个人肉体生存的手段。所以一旦扬弃了私有财产，人和人之间以

---

① 《马克思恩格斯全集》第42卷，人民出版社1979年版，第97页。

及人和自然界之间的矛盾和对立就都一劳永逸地解决了。他说:"共产主义是私有财产即人的自我异化的积极的扬弃,因而是通过人并且为了人而对人的本质的真正占有;因此,它是人向自身、向社会的(即人的)人的复归,这种复归是完全的、自觉的而且保存了以往发展的全部财富的。这种共产主义,作为完成了的自然主义,等于人道主义,而作为完成了的人道主义,等于自然主义,它是人和自然界之间、人和人之间的矛盾的真正解决,是存在和本质、对象化和自我确证、自由和必然、个体和类之间的斗争的真正解决。它是历史之谜的解答,而且知道自己就是这种解答。"[①]十分明显,马克思自己在这里是把共产主义叫作人道主义的。这就是为什么所有宣传人道主义的同志都要死死抓住这本书,把它说成是成熟的马克思主义著作的原因。

宣传人道主义的同志认为,《手稿》既然把劳动看作人的本质,因而它所说的人是劳动的人,难道劳动的人还不是现实的人么?其实,不管怎样解释人的本质,只要把人的本质、一般人性或理想的"模范人"当作出发点,这种人都是抽象的。历史上或现实中存在的总是一定社会阶段和特定历史条件下的劳动者,他们或是公民,或是奴隶,或是农民,或是工人,而不是什么以自由、自觉的劳动为本质的"人"。以自由、自觉的劳动为本质的人是"模范人",即理想化的、想象出来的人。这种人只能作为历史发展的结果产生于未来,而决不能是历史的起点,因此,也不能作为科学地研究历史的出发点。只有从现实的人及其社会关系出发,才能科学地揭示历史发展的规律。而为了能够从现实的人出发,并不取决于把劳动或者别的什么规定为人的本质,而是要彻底抛弃人道主义的思维方法。费尔巴哈把生物学的人抽象化,从人们的两性关系中推出了理想的人类关系。但是社会学的人也同样可以抽象化,也可以从人们的劳动及其分工的关系中推出理想化的社会关系,证明真正的、社会化的人是用自由劳动的纽带结成的人类和谐一致的共同体。首先把现实的个人抽象化,想象他们能有一种理想的人的关系,然后把这种理想关系中的人看作"真正的人",

---

[①] 《马克思恩格斯全集》第42卷,人民出版社1979年版,第120页。

把历史发展理解为"真正的人"的自我诞生和实现的过程。这种思维方法不久就受到马克思恩格斯自己的清算。在《德意志意识形态》中他们写道:"哲学家们在已经不再屈从于分工的个人身上看见了他们名之为'人'的那种理想,他们把我们所描绘的整个发展过程看作是'人'的发展过程,而且他们用这个'人',来代替过去每一历史时代中所存在的个人,并把他描绘成历史的动力。这样,整个历史过程被看成是'人'的自我异化过程……"①

有些同志认为,《1844年经济学哲学手稿》中不止一次地谈到"社会的人",提到"个人是社会存在物",难道社会的人还不是现实的人吗?关于手稿中使用"社会"一词的含义,我们在上面引证的马克思致费尔巴哈的信中已经说明,它和费尔巴哈的"人类"概念是一致的。就是在手稿中,马克思也多次表示:"社会"的就是"人"的,"社会"和"人"是可以互换的两个词。所以"社会存在物"也就是"类存在物"。不过由于马克思用劳动来说明人的类本质,所以"人类"或"社会"的概念自然也被赋予了新的内容。但无论如何它仍然具有思辨的性质,而不是像后来那样被看成是人们之间的客观经济关系的总和。值得注意的是,马克思在《1844年经济学哲学手稿》中并不把现实的人(工人和资产者)看作"社会的人",在他看来,只有扬弃了私有财产和异化劳动,人们才开始成为"社会的人"(真正的人)。他认为,"社会性"是人的类本质,而"社会主义"则是人的类本质的实现,是"人向社会的人的复归"。他说,社会主义"是从把人和自然界看作本质这种理论上和实践上的感性意识开始的"。这就是说,只要在理论上和实践上真正贯彻人道主义,就会必然地导向社会主义。对社会主义的这种论证方法难道不是从抽象的人出发的吗?

马克思恩格斯究竟是怎样抛弃了人道主义的出发点而找到现实的出发点的?这个转变开始于《神圣家族》。在这本书中,他们虽然还没有完全抛弃"人类本性"的观点,还继续把无产阶级和资产阶级看作"同是人的

---

① 《马克思恩格斯全集》第3卷,人民出版社1960年版,第77页。

自我异化",把无产阶级的革命要求归结于"它的人类本性和它那种公开地、断然地、全面地否定这种本性的生活状况相矛盾"①,同时,他们仍然把共产主义叫作"真正的人道主义",但是,由于他们对法国革命和英国工业进行了更深入的研究,也由于他们全面系统地批判了鲍威尔等人的唯心主义的历史观,终于逐渐认识到一个具有决定意义的事实:尽管资产阶级、利己主义者的个人利益是应受谴责的人类本性的特殊异化形式,但在人类历史上却是作为一种"自然的必然性"而起着决定的作用。事实上,决定历史进程的不是理想而是"利益"。"'思想'一旦离开'利益',就一定会使自己出丑。"②为什么启蒙思想家关于解放全人类的预言没有实现?那是因为它在思想上和观念中远远地超出了资产阶级利益的界限。而就资产阶级的"利益"来说,它在法国革命中却不是不成功的。它是如此"强大有力,以致顺利地征服了马拉的笔、恐怖党的断头台、拿破仑的剑,以及教会的十字架和波旁王朝的纯血统"③。资产阶级的利益是由资产阶级的实践即普遍兴起的工商业活动决定的。这种活动虽然都出于自私的目的,是放肆地追逐财富的"龌龊行为",但它们在历史上却起着决定一切的作用。"市民社会"本质上就是资产阶级为追逐自己的利益而进行的不可抑制的活动,这种活动构成了资产阶级的特殊生活内容。这就表明了,决定历史进程及其面貌的,不是普遍的"人类本性",而是在每个历史时期产生的"人的特性"。因此,要真正科学地研究人类历史,就不应该从抽象的一般人性出发,而应该从一定历史时期的"特殊人性"即现实的个人出发。

问题在于构成资产阶级的"人的特性"及其生活内容的东西究竟是由什么决定的?为什么恰好是资产阶级的利益"得到历史承认",因而革命中获得成功?这个问题在《神圣家族》中尚未得到解决。因为这涉及生产力和生产关系发展的规律,以及资本主义生产方式产生和发展的历史必然性。在这本书中,虽然马克思已经提出了"生产方式"的概念,并把它看

---

① 《马克思恩格斯全集》第2卷,人民出版社1957年版,第44页。
② 《马克思恩格斯全集》第2卷,人民出版社1957年版,第103页。
③ 《马克思恩格斯全集》第2卷,人民出版社1957年版,第103页。

作"历史的发源地",但是"生产关系"这个历史唯物主义的核心概念还没有制定出来。1845年初,马克思从巴黎移居布鲁塞尔,继续研究政治经济学。3月,他著文批判李斯特的《政治经济学的国民体系》。在保存下来的这部著作的手稿中,马克思第一次研究了生产力的发展和资本主义生产形式之间的区别和联系。这就为后来制定"生产关系"这一科学概念奠定了基础。在这部手稿中,马克思批判了李斯特,也联系批判了圣西门学派,说他们把资本主义社会的生产力和它的资本主义的利用方式混为一谈。他说:"圣西门学派狂热赞美工业的生产力,它把工业唤起的力量同工业本身即同工业给这种力量所提供的目前的生存条件混为一谈了。"① 马克思认为,资本主义社会的生产力是资本主义生产制度无意识地并违反自己的意志而造成的一种力量,这种力量一旦废除了资本主义制度就能成为人类的力量、人的威力。把它和资本主义生产制度混为一谈,"正像资产者想把他的工业创造出无产阶级,创造出由无产阶级所体现的新的社会制度的力量归功于自己一样,是荒谬的"。他还说:"工业用符咒招引出来(唤起)的自然力量和社会力量对工业的关系,同无产阶级对工业的关系完全一样。"② 通过这个批判,马克思明确地得出了这样几点思想:(1)资本主义生产方式带来了生产力的迅速发展,但二者并非不可分割地联系在一起的,一旦废除了资本主义生产制度,这种生产力将作为人类的力量而保存下来;(2)资产阶级生产的目的在于增长"交换价值",而不在于发展生产力,只有无产阶级才是新生产力的真正代表者;(3)无产阶级和由它所代表的新的生产力,是"体现新的社会制度的力量",随着无产阶级和这种新生产力的同时发展,就为新社会制度的诞生创造了条件,于是"炸毁"资本主义生产的"外壳","砸碎"无产者身上的"锁链"的时刻就到来了。这些思想无疑地已经是历史唯物主义的了。正是在获得了这种新观点的基础上,马克思才拟定了批判费尔巴哈的11条提纲,终于提出了人的本质不是单个人所固有的抽象物,实际上它是一切社会关系的总和的著名论断。这就为历史唯物主义的理论体系找到了新的出

---

① 《马克思恩格斯全集》第42卷,人民出版社1979年版,第259页。
② 《马克思恩格斯全集》第42卷,人民出版社1979年版,第258页。

发点。

以上所说的马克思恩格斯的思想演进过程,同一些宣传人道主义的同志的看法是不一致的,他们坚持认为马克思在1844年前的著作就已经是成熟的或基本成熟的著作了。当然,引证仍然受到费尔巴哈影响的马克思早期著作来论证"人是马克思主义的出发点",显然是十分有利的,但是这样一来,也就谈不上什么"发展"马克思主义了,而是使它重新回到它脱胎出来的那个旧哲学的立场上去。

四、"人是马克思主义的出发点"的命题表达了把马克思主义人道主义化的根本意图

在连续几年的关于人道主义和异化问题的争论中,"人是马克思主义的出发点"这个命题所以引起各方面的深切关注和热烈讨论,其原因不是别的,而是由于这个命题本身已远远超出一般人道主义问题的范围,它直接向人们提出了究竟应当怎样理解马克思主义的实质这个根本性的大问题。这个命题,正如胡乔木同志在《关于人道主义和异化问题》的文章中所明确指出的那样,混淆了马克思主义同资产阶级人道主义、历史唯物主义同历史唯心主义的原则界限。在这个命题和以这个命题为标题的文章的引导下,我国理论界出现了一种异乎寻常的"新"思潮,它的主要倾向就是要把马克思主义人学化或者人道主义化。一些同志认为,哲学的人学化是哲学发展的自然趋势,马克思主义哲学只有发展成为人学体系才能符合当今世界哲学进步的潮流;另一些同志宣称,马克思哲学应该成为关于人的本质的形成、异化和复归的规律和条件的科学,如此等等。这种从根本上背离马克思主义的精神实质的思想倾向,理所当然地要遭到理论界多数同志的反对和批评。然而尽管这样,一些提出这个命题的同志仍然在改头换面地坚持自己的主张,同时提出这样那样的申明和辩解。因此我们就需要结合这些同志的文章,剖析这个命题,看看它在马克思主义哲学发展史上究竟代表着一种什么方向。

毋庸讳言，一些同志之所以提出这个"新颖"而重要的命题，其目的就是要对马克思主义作出一番新的解释，认为否则就不能"准确完整地了解马克思主义"。他们声称："人的问题应该在马克思主义哲学体系中占有一个重要地位，而这个问题恰恰被我们忽视了。"但究竟什么是"人的问题"呢？根据他们解释，就是"人道主义、人性、异化等问题"。既然"人的问题"就是人道主义问题，因此要使它在马克思主义哲学体系中占有重要地位，无非就是要把人道主义纳入马克思主义的理论体系，成为贯穿马克思主义哲学思想的轴心。为了更明确地表达这个意图，他们还进一步提出了"人既是马克思主义的出发点，又是马克思主义的归宿点"的更为完整的命题。所以，"人是马克思主义的出发点"这个命题，并不是一个偶然的、孤立的提法，可以任凭人们去作这样那样的解释，它是一个包含着一整套思想和意图的总命题，就是要把马克思主义人道主义化。

为了把马克思主义人道主义化，把马克思主义和人道主义说成是本质上一样的东西，就必须证明它们有相同的原则或出发点，即证明它们都是从人出发的。为此他们就要寻求根据，而最重要的一个根据就是把人道主义和唯物主义进行类比。这些同志说，人道主义曾经是资产阶级的意识形态，这是不错的，但不能由此推论说它只能是资产阶级的意识形态；因为唯物主义也曾经是资产阶级的意识形态，然而它却成为马克思主义哲学的基础和出发点。这个类比无非是要证明，如果承认马克思主义哲学是资产阶级唯物主义的进一步的发展，它同资产阶级唯物主义是建立在同一个原则之上的，那么就得同样地承认资产阶级人道主义在不脱离其基本原则的情况下，也一定能够发展为马克思主义人道主义。它们在出发点上一致，而在具体内容上可以各不相同。他们说，许多"思想派别被称为'人道主义'，是因为它们有共同的原则这个共同的原则简单地说就是人的价值；这和许多哲学体系被称为'唯物主义'，是因为它们都承认'物质第一性'这个共同原理一样"。唯物主义有许多派别，人道主义也有许多派别，马克思主义人道主义就是这许多人道主义派别当中的一个，不过它是这些派别中"真正"的、"现实"的、"最高"的和"最科学"的一派。但是无论如何，马克思主义人道主义和资产阶级人道主义在基本点上是相同的，这就是它们都从人的价值出发。这就是一些宣传抽象人道主义的同志反复向我们阐述的论点和论据。

综上所述，问题可以这样来表述：如果我们同意把人道主义纳入马克思主义哲学体系，马克思主义哲学就同时也是马克思主义人道主义，而马克思主义人道主义和资产阶级人道主义是从同一个原则出发的，所以资产阶级人道主义的出发点同样也是马克思主义哲学的出发点。这个共同的出发点就是"人"或"人的价值"。

可是，这样一来，我们立刻就要碰到一个无法回避的矛盾，就是马克思主义哲学即历史唯物主义能不能同时既建立在承认"物质第一性"的基础上，又建立在把"人的价值"即抽象人性当作基本原则的基础上？当然，对于宣传抽象人道主义的同志来说，似乎并不存在什么矛盾。他们说："一说人性就是抽象的人性，我们讲的物质不也是抽象的吗？从各阶级中抽出共同人性，为何不可？狗有狗性，人有人性，与动物的区别就是人性。"诚然，历史唯物主义可以从"物质"的抽象如"社会存在"、"生产关系"出发，却为什么不能从"人"的抽象即"人性"或"人的价值"出发呢？这是一个首先需要回答的问题。

事实上，"物质"概念和"人性"概念是两种全然不同的抽象。前者是科学的抽象，属于客观实在范畴；后者是虚拟的抽象，属于伦理观念范畴。"物质"一词所表示的是与意识有别的客观存在着的一切事物。所以从物质出发绝不是从什么并不存在的抽象的东西出发，也不是从物质概念出发，而是从客观存在着的事物出发。然而，什么是人性或人的价值呢？他们说，"与动物有别就是人性"。果真是这样吗？当然不是。如果"人性"一词仅仅表示人和动物在生物学、生理学等上面的区别，这种区别自然是客观实在的。而且事情也极其简单明显，丝毫不容争辩。人之初，一学会说话，便懂得妈妈是人不是狗。所以，只有天真的人们才会相信，人性这个概念是建立在人和动物的区别上的！事实上，所谓人性、人的价值等概念历来属于道德观念的范畴。人性和兽性的区别只存在于社会内部，存在于一部分人和另一部分人之间，甚至就在同一个人身上也可能既有人性又有兽性。我们说帝国主义的侵略战争"灭绝人性",就是指他们的行为方式来说的,并非说他们直接地就是野兽,或者直接地把别人变成动物。随着社会的发展和人类文化、道德水准的提高,衡量人的行为方式的标准也会不断提高。举凡对别人做出粗暴、冷漠、歧视、不礼貌、不文明等行为和举动,都会被指责为不合人性、不尊重人的价值和尊严。除了涉及人对他人的关系之外,人性、人的价值等概念也被用来表示人对自身的关系。一个人应当使自己的生活美满、充实,才能无愧于人的本性、价值和尊严。所以,人性、人的价值等概念无非是在一定的经济和文化发展阶段上形成的关于个人生活和社会生活的理想模式。这种模式是什么样的,不仅不同时代的人们说法不同,就是在同一个时代里人们的解释也是多种多样的。所以到目前为止,关于人性、人的本质、人的价值等问题的争论,仍然是众说纷纭、无休无止。这就充分说明,人性、人的价值等概念决不能和物质概念相提并论,它们不是科学抽象的产物,而是把现实生活规范化、理想化的虚拟的产物。所以当抽象人道主义者谈论人的一般本性、本质、价值和尊严的时候,他们所说的并不是现实地所是的那种人,而是潜在地所是的那种人,就是说,不是"现有"的人,而是"应有"的人。正因为这样,抽象人道主义总是不承认现实存在的人是"人",而把他们看作"非人",亦即丧失了人的本性、本质、价值和尊严的人。

由此可见,作为人道主义的基本原则的人性、人的价值等概念,同作为唯物主义的基本原则的物质这一概念,是性质不同的两类概念。从物质出发,就意味着从客观存在着的事物出发,从中引出人们的思想、观点、道理和计划,这是一条唯物主义的哲学路线;从人性、人的价值出发,则意味着从某种关于人的理想状态的抽象观念出发,由此而产生的理论体系只能是历史唯心主义的。所以,历史唯物主义和抽象人道主义在基本原则上是彼此对立的,它们不可能有相同的出发点。而一些同志却硬要把这种人道主义纳入马克思主义哲学的理论体系,认为不这样做就不能"准确完整地了解马克思主义",这除了导向历史唯心主义还能产生什么别的结果吗?应该说,对于这种"危险",一些宣传人道主义的同志也是多少察觉到了的，所以他们总是不断申辩："不赞成把马克思主义纳入人道主义的体系之中，不赞成把马克思主义全部归结为人道主义。"但这样的简单申辩并不能改变问题的实质。因为不管是把马克思主义纳入人道主义的体系之中，还是把人道主义纳入马克思主义的体系之中，在实质上都无法回避一个问题，即马克思主义和抽象人道主义，作为两种根本对立的历史观（否认人道主义具有历史观的含义是不符合历史事实的）如何能够互相容纳、彼此混合？正如胡乔木同志的文章中所说的："作为世界观和历史观，马克思主义和人道主义，历史唯物主义和历史唯心主义，根本不能互相混合、互相纳入、互相包括或互相归结。完全归结不能，部分归结也不能。"

一些宣传人道主义的同志辩解说：我们所说的人道主义并不是历史观，我们也是反对用抽象人性、人道观念来说明和解释历史的；在历史观上我们也同样赞成历史唯物主义。但是这个申明仍然改变不了问题的性质。因为这些同志曾不止一次地明确说过，他们要求纳入马克思主义理论体系的不是人道主义的某一方面的含义，即不是作为伦理原则和道德规范的人道主义，而是人道主义的"基本原则"，并且要求根据这种"基本原则"、"重新解释"和"补充"马克思主义，在马克思主义理论体系中加进关于人性、人的价值、异化、人性复归等内容。这样一来，经过他们"重新解释"和"补充"了的马克思主义就将成为历史唯物主义体系和人道主义体系的混合物。这不正是把人道主义当成历史观了吗？所以，只管申明是没有用处的，要避免沿着抽象人道思想路线陷入历史唯心主义，就必须停止用人道主义来解释和补充马克思主义，放弃使马克思主义人道主义化的任何企图。

这些宣传人道主义的同志，为了证明把人道主义和历史唯物主义结合起来是可能的，总是津津乐道地引证马克思在《神圣家族》中的一段话，即"费尔巴哈在理论方面体现了和人道主义相吻合的唯物主义，而法国和英国的社会主义和共产主义则在实践方面体现了这种唯物主义"[①]。对于

[①]《马克思恩格斯全集》第2卷，人民出版社1957年版，第160页。

"和人道主义相吻合的唯物主义"这句话尤为赞赏,特别在下面加了着重点。这是一个例证,说明他们总是不正确地引证马克思,用马克思的尚未脱离费尔巴哈影响的著作来证明他们的抽象人道主义观点,而对马克思的相反的说法却讳莫如深、不加理会。其实,就在《神圣家族》以后不久,即在《德意志意识形态》中,马克思对于人道主义以至整个费尔巴哈哲学的看法就已经有了根本的变化。他在这部著作中写道:"当费尔巴哈是一个唯物主义者的时候,历史在他的视野之外;当他去讨论历史的时候,他决不是一个唯物主义者。在他那里,唯物主义和历史是彼此完全脱离的。"① 至于恩格斯在《费尔巴哈论》中所发表的看法,更是人所共知的了。恩格斯说:"关于道德,费尔巴哈所告诉我们的东西是极其贫乏的。追求幸福的欲望是人生下来就有的,因而应当成为一切道德的基础。但是追求幸福的欲望受到双重的矫正。第一,受到我们的行为的自然后果的矫正……第二,受到我们的行为的社会后果的矫正。""因此,对己以合理的自我节制,对人以爱(永远是爱!),这就是费尔巴哈的道德的基本准则,其余的一切都是从这个准则推出来的。"② 从马克思和恩格斯的上述论断能够作出什么结论呢?能不能认为费尔巴哈的人道主义和唯物主义相吻合,因而可以用它的"基本原则"来"解释"和"补充"马克思主义哲学即历史唯物主义呢?结论当然是否定的!

提出"人是马克思主义的出发点"的同志抱怨我们只是把人道主义限制在一定范围内,而没有"把它的意义和应用范围加以扩大,把它包括到马克思主义的理论体系中和应用到社会主义的实践中去"。他还说,"人道主义之所以成为革命的","应该主要是由于它采用革命的方法来实现人的价值"。为此,他批判了一种所谓流行的说法:"种田为革命,做工为革命,一切工作都是为了革命。"他说,革命又是为了什么?按照他的理解,这一切的目的都是为了人。这就进一步提出马克思主义不仅应该在理论上人道主义化,而且它的全部实践都应该人道主义化,人道主义应当成为绝对原则和最高宗旨。根据这种理解,社会主义革命的全部纲领和实践都是

---

① 《马克思恩格斯全集》第 3 卷,人民出版社 1960 年版,第 51 页。
② 《马克思恩格斯选集》第 4 卷,人民出版社 1972 年版,第 234 页。

从"人是人的最高本质"这个基本命题中引申出来的。虽然费尔巴哈从这个命题中导出了泛爱主义，但问题不在于命题本身，而在于把什么看作人的本质。他说："马克思就抓住了这个命题，把它贯彻到底，引出了另一种结论。"接着他引证了马克思在《〈黑格尔法哲学批判〉导言》中的一段语录："对宗教的批判最后归结为人是人的最高本质这样一个学说，从而也归结为这样一条绝对命令：必须推翻那些使人成为受屈辱、被奴役、被遗弃和被蔑视的东西的一切关系。"① 这似乎是一条极有权威的证据，因为它确实出自马克思的手笔。但是对于用这种方式来解释马克思主义的革命学说，我们实在不能表示赞同。因为一个人只要稍微懂得一点马克思主义，只要他对马克思本人和他的学说还有起码的敬意，他也不至于轻率到要别人相信，马克思的革命学说竟是建立在一条道德律令的基础上！关于马克思本人的思想如何转变的问题，我们在上面已经谈到过。这里我们只打算谈谈恩格斯在《反杜林论》中是怎样论及科学社会主义的诞生及其实质的，看看马克思的革命学说是不是从"人是人的最高本质"这个命题中逻辑地引申出来的。

　　大家知道，早在马克思以前很久，人们就开始了对资本主义制度的批判，有的甚至得出了用暴力推翻资本主义的革命结论。可是以往的一切社会主义和共产主义学说都是和唯物主义的历史观不相容的。它们"固然批判过现存的资本主义生产方式及其后果，但是不能说明这个生产方式，因而也就不能对付这个生产方式；它只能简单地把它当做坏东西抛弃掉。但是，问题在于：一方面说明资本主义生产方式的历史联系和它对一定历史时期的必然性，从而说明它灭亡的必然性，另一方面揭露这种生产方式内部的一直还隐蔽着的性质，因为以往的批判与其说是针对着事态发展本身，不如说是针对着所产生的恶果。这已经由于剩余价值的发现而完成了"。② 要真正克服资本主义生产方式首先必须说明它，单纯的批判和否定或许有人道主义也就够了，但是要说明这种生产方式不依靠科学是绝对不行的。科学社会主义的理论基石是历史唯物主义和剩余价值学说，而决不

---

① 《马克思恩格斯全集》第1卷，人民出版社1956年版，第460—461页。
② 《马克思恩格斯选集》第3卷，人民出版社1972年版，第66页。

是"人是人的最高本质"这个抽象人道主义的命题。把科学社会主义人道主义化，决不会使我们前进半步，而只能重新退回到空想社会主义和共产主义的老路上去。

文献学与马克思主义基本理论研究的科学立场
——答鲁克俭和日本学者大村泉等人①

张一兵

2005年初，南京大学出版社出版了我所主持编译的日本当代思想大师广松涉的《文献学语境中的〈德意志意识形态〉》中译本。此书出版后引起了关注，同时，我为其写下的"代译序"也遭到了国内外一些学者的质疑和批评，其中最激烈的当属国内的鲁克俭与日本的三位马克思学专家大村泉、涩谷正和平子友长②。鲁克俭在《"马克思文本解读"研究不能无视版本研究的新成果》一文中，对我的批评主要集中在"代译序"对《德意志意识形态》第一章手稿研究所持观点的历史"陈旧性"上；而大村泉等日本学者在《新MEGA〈德意志意识形态〉之编辑与广松涉版的根本问题》中，对我的批评则更多侧重于"代译序"对广松涉版《德意志意识形态》的评价。这些批评在相当长一段时间内敦促我对相关问题作了冷静的反思和重考，从中也得到不少重要的启示，因此，对国内外学术界的关注与批评，我内心十分感激。同时我发现，自己与当前国内外部分学者在关于马克思、恩格斯文献的整理，特别是标志着历史唯物主义科学方法形成的《德意志意识形态》一书的地位和研究方法等问题上有重要的原

---

① 原载《学术月刊》2007年第1期。
② 鲁克俭：《"马克思文本解读"研究不能无视版本研究的新成果》，载《马克思主义与现实》2006年第1期。[日]大村泉、涩谷正、平子友长：《新MEGA〈德意志意识形态〉之编辑与广松涉版的根本问题》，载《经济》（日本）2006年第10期。

则性分歧，其中也包括对广松哲学的理论定位和译介意义的认识。如果再延伸下去看，这种分歧还直接涉及文献学与整个马克思主义基本理论研究的重要关系。我以为，上述问题对国内学术界今后的研究其实是非常紧要和关键的，所以不妨再深入谈一谈自己的看法，与各位同仁探讨。

一、西方马克思学：中国马克思主义者文本研究基础

鲁克俭认为，我在2005年出版广松版《德意志意识形态》时，竟然"无视"德国西方马克思学专家陶伯特的"版本研究的新成果"。（陶伯特原为前东德的研究人员，现为德国西方马克思学的重要代表人物，主持MEGA^{2}第一部分第五卷《德意志意识形态》的编辑工作。）借此，鲁克俭告诉我们，中国的"'马克思文本解读'研究要走向深入，就不能无视国外'马克思学'研究（包括版本）的新成果"①。对这种简单的带有意识形态意味的批评，坦率地说，我不能接受。（先不说鲁克俭的政治立场中的非马克思主义观念，因为他已经站在了西方马克思学的立场上，这一点我后面会专门讨论这个问题。）

鲁克俭把由中央编译局编译、人民出版社正式出版的《德意志意识形态》第一章新译手稿中的编译说明，说成是"错误"和"以讹传讹"。在这篇公开发表的文章中，他批评我在"代译序"中提供了对《德意志意识形态》第一卷的生成过程的错误信息。说实话，我真是感到冤枉，因为自己关于手稿第一章写作的基本信息，基本上是从1988年人民出版社正式出版的新译《德意志意识形态》第一章《费尔巴哈》的编者说明中获得的。这包括：第一，马克思、恩格斯开始设想在第一章中同时批判费尔巴哈、鲍威尔和施蒂纳；第二，关于第一卷前三章写作的结构和时间；第三，第一章第一部分的内容是删除了关于鲍威尔和施蒂纳相关段落后的结

---

① 鲁克俭：《"马克思文本解读"研究不能无视版本研究的新成果》，载《马克思主义与现实》2006年第1期。

果。被鲁克俭指责为我的错误和"以讹传讹"的这三个主要问题,均来自中央编译局写下的编者说明。① 并且,在 2003 年中央编译局重新编译出版的《德意志意识形态》(节选本)中,也没有提供任何新的信息。② 于是,一个更重要的问题摆在了面前:我们今后正式发表研究马克思主义的论著,其文献根据到底应该是什么?是西方马克思学的所谓"最新成果"吗?鲁克俭所持有的内在逻辑构架,即是以西方马克思学的研究立场和结论作为今天我们马克思主义者从事学术的标准。(他的这种立场并不是没有背景的,近期以来,国内的确有一些所谓马克思文本的研究者,自觉或不自觉地倒向西方马克思学。这是值得我们关注的理论倾向。)

再回到鲁克俭对我的批评上来。说实话,在写这篇"代译序"的时候,我已经注意到了陶伯特女士关于《德意志意识形态》的两篇论文以及国内学者介绍性的文章,但是,对于是否按照西方马克思学的学术观点来改变关于《德意志意识形态》的相关信息,我是犹豫再三的。因为我已经意识到,我们与西方马克思学在如何处理马克思主义经典文献的问题上,有着根本性的原则差别。众所周知,西方马克思学(Marxologie, Marxdogy)是不同于西方马克思主义的一种学术思潮。这一术语是由法国著名学者马克西米里安·吕贝尔(Marximiliem Rubel)首创。在 1959 年,他用这个术语为自己倡议创办并出任主编的刊物命名,这就是后来在西方享有盛誉的《马克思学研究》。这一术语,旨在倡导一种研究立场,强调把马克思的学说与马克思主义区分开来,以所谓中性的"科学"的态度来对待马克思的著作。因此,它被理解为在马克思研究中的一种"超党派"或"超意识形态"的学术态度。西方的"马克思学",是随着 20 世纪中叶因马克思早期著作的出版而兴起的对马克思重新解释的热潮而诞生的,它甚至与西方马克思主义在起源、政治立场、学术立场、理论旨趣等基本方面有着重大差异。其中最根本的异质性,就是西方马克思学的学者并不信仰马克思主义。特别是在苏东社会主义阵营全面崩溃之后,西方马克思学的阵营中又接纳了一大批新成员,其中,前东德的陶伯特、苏联的巴加图利

---

① 马克思、恩格斯:《费尔巴哈》,人民出版社 1988 年版,编者说明,第 1—2 页。
② 《德意志意识形态》(节选本),人民出版社 2003 年版。

亚等人都是著名的转型专家。（这里所讲的转型，即是从信仰马克思主义的共产党人，转变为一个"客观"研究马克思文本的学者。）

鲁克俭看不到的东西正在于此。我们研究马克思，主要不是将马克思主义的经典论著作为已经死去的文本，只需客观地"不加外来主观意愿"地对待，以得到历史的"真实"。相反，我们精研马克思的初衷首先因为我们是坚定的马克思主义者，我们认真面对马克思、恩格斯、列宁和毛泽东，恰恰是因为我们意图通过对他们的科学理解来真正地信仰马克思主义，进而以之为武器，解决我们时代所面临的问题与困惑。以上，是我们与西方马克思学学者的第一个区别。故而，对马克思所创立的历史唯物主义以及其他科学理论的深入研究，对我们来说并不是意味着简单地用所谓历史证据来对经典文本进行僵化和冰冷的客观处理，而是应当通过正确的解读使之成为一种具有重要质性内容的科学方法和思想理论系统，指导我们的理论和实践。因此，对真正的马克思主义者而言，1845年以后马克思的经典文本及其中所体现的科学思想应当被视为走向人类解放的科学思想武器。此为我们与西方马克思学者第二个根本立场上的区别。其实，非马克思主义者的西方马克思学与自视为马克思主义者的西方马克思主义之间的分水岭也正是在对马克思主义信仰与否这个问题上。我注意到，鲁克俭在新近出版的《国外马克思学研究的热点问题》中，就公开提出要将原本具有明确价值取向的"马克思学"变成一个彻底的"中性词"，甚至将前苏东马克思主义学者和一部分重要的西方马克思主义思想家（如卢卡奇和阿尔都塞）混同于西方马克思学学者。① 他在该书中得出的最后结论与他文章的论调是一致的：中国马克思主义者的马克思文本解读研究的依据应当建立在西方马克思学的研究成果之上。可见，鲁克俭正努力试图在中国的马克思主义研究中为西方马克思学争取某种不恰当的更加重要的学术地位。

到底是谁错了呢？我以为，正确的说法无疑是，中国马克思主义者的任何研究，都只能在马克思主义科学方法的指导下，建立在自己独立的思

---

① 鲁克俭：《国外马克思学研究的热点问题》，中央编译出版社2006年版，导论，第2—3页。

考和研究基础之上，对国外的任何研究性文献，都只有在进行了认真的理论鉴别之后，才可能作为我们研究的一种参考文献。更不要说是西方马克思学的非马克思主义的研究结果（不是成果！）。我们当然要关注西方马克思学的研究进展，但也要警惕他们简单随意地处理文献的做法。因为，对马克思主义重要经典文本的理解和基本编排方式，对于西方马克思学者来说，可能只是文献的结构问题，可对于我们马克思主义者来说，结果就完全不同了。在刚刚出版的《马克思恩格斯年鉴·2003》中，我们看到了陶伯特关于《德意志意识形态》编辑的"新成果"。然而人们发现，她的理论目的却是要"在意识形态时代终结之后能够重新对马克思进行哲学的解构"①。这难道就是我们中国马克思主义研究的新基础吗?！

二、什么是西方马克思学视域中看不见的东西？

站在西方马克思学立场上的鲁克俭批评我的另一个重要问题，是我仍然坚持了《关于费尔巴哈的提纲》（以下简称《提纲》）与《德意志意识形态》的内在理论关联。具体地说，他将我主张的"《提纲》是《德意志意识形态》的思想提纲，是马克思主义哲学新的入口"的观点，说成是无视西方马克思学最新成果后不"可靠和令人信服"的解读②。我甚至觉得，可能中国任何一个认真完成了马克思主义公共课的普通大学生都会知道，这个观点并非我的发明，而首先是恩格斯生前公开确认的既有事实。恩格斯在一百一十多年前（1888年）将《提纲》直接说成是"包含着新世界观萌芽的天才提纲"，而马克思、恩格斯都明确指认《德意志意识形态》是这个新世界观的真正诞生地。《提纲》是《德意志意识形态》的思

---

① 《马克思恩格斯年鉴·2003》，柏林学术出版社：《Akademie Verlag》，2004年。
② 鲁克俭：《"马克思文本解读"研究不能无视版本研究的新成果》，载《马克思主义与现实》2006年第1期。

想提纲（不是写作提纲！）①，这在马克思、恩格斯那里是顺理成章的结论。

那么，鲁克俭的批评源头究竟来自何方呢？窃以为，在这个问题上，他的观点与我，或者说与恩格斯直接指认的结论之间之所以有如此根本的分歧，根源还是在于他心里的西方马克思学情结。陶伯特等人的确曾经指认，《提纲》只是与《神圣家族》的写作有关，然而问题是，西方马克思学学者所下的结论就一定是不折不扣的真理、人人都必须遵循吗？

陶伯特为什么这样说呢？鲁克俭告诉我们，陶伯特等人的依据是："在写有《提纲》的笔记本中，在《提纲》第一条前面有四行文字。"② 这真是什么新发现吗？这不叫"四行文字"，在1979年出版的《马克思恩格斯全集》中文第一版第42卷第273页上，这一文献叫《笔记本中的札记》。它也不是什么新发现或新发表的文献，它最早刊登在1932年出版的MEGA¹第一部分第五卷上。大约三十年前，就已经是我们读研究生时熟知的文献了。鲁克俭还告诉我们，陶伯特等人对这"四行文字"有了新的解读，证明它的内容主要与《神圣家族》几节相关。由此确认马克思的《提纲》**"只是《神圣家族》中唯物主义思想的延续"**。（这一句话的黑体是我加上的，因为这句话至关重要，我后面会专门讨论。）鲁克俭觉得："陶伯特等人的研究成果发表于1997年，对该成果的中文介绍发表于2003年。几年过去了，但张一兵仍然无视这一研究成果，仍然说'《提纲》是《德意志意识形态》的思想提纲'，并在此基础上作出自己的文本解读结论，这样的解读会是可靠和令人信服的吗？"

首先，必须说明，我并没有像鲁克俭所说的那般，完全无视陶伯特等人的高见，同时故意回避2003年相关的中文介绍，狭隘地得出自己的结论。在出版于1999年的《回到马克思》第348—353页上，我就已经讨论过鲁文告诉我们的所谓"新事实"，即马克思写在《1843—1847年笔记

---

① 鲁克俭可能太粗心了，连中文里的"写作提纲"与作为有理论逻辑关联的"思想提纲"的差别都区分不了。

② 鲁克俭：《"马克思文本解读"研究不能无视版本研究的新成果》，载《马克思主义与现实》2006年第1期。

本》第51页上的《笔记本中的札记》("四行文字")。当时我已明确表示,并不同意将这一文本"简单地指认为其他思想运演的重复"。在书中,为了使说明更具针对性,我还专门用一个括号标注出巴加图利亚和这个鲁克俭倍加推崇的陶伯特。①鲁克俭说,陶伯特的研究成果发表于1997年,中文介绍则出现在2003年,而在我的记忆中,自己写下这段文字并专门标注出陶伯特的时间是在1998年。可见,我不仅不是无视陶伯特,甚至可以说在相当早就主动遭遇了她,问题只是我不主张完全被动而不假思考地接受这些所谓的"研究成果",相反,当我拿到新东西,我更愿意选择在独立考量之后形成自己的态度与立场,在此基础上再加以运用,让别人的研究成果以更科学的姿态介入我自己的研究。因此,我十分希望与鲁克俭商榷的是,我认为在具体批评我的观点之前,似应当认真读一读我的相关文献,至少是看过相关的最重要的文献,对我的观点形成一个大体准确的了解,而后才具备讨论的基础。对学者而言,争鸣固然相当可贵也极其有益,但无疑只有在真知对象观点的情况下所作出的批评才能实现与对方在同一个层面上的实质而有真正意义的争鸣与碰撞,从而促进学术发展,否则,只能是一种断章取义的欲加之罪,不是我们应当揭倡之风。

其实,我在《回到马克思》一书中关于《笔记本中的札记》的解读正是拒绝和批评陶伯特一类西方马克思学学者的观点的。在这一分析中,我不是像陶伯特等人那样仅仅从文献的一般历史文献线索出发,而是从马克思思想发展的内在逻辑出发,我的研究成果与陶伯特等人的观点显然是不一致的。所以,不像陶伯特只能看到文字中与《神圣家族》相近的东西,我会看到西方马克思学学者在此文本中看不到的新的思想内容,即历史性、现实性和具体性的全新思考点。②而这一新的思想质点,将是《提纲》中思想革命的爆发之点。奇怪的是,站在自己独立思考的立场上,中国马克思主义者自己的研究成果竟然不是最新成果,用鲁克俭的话说,

---

① 参见张一兵:《回到马克思——经济学语境中的哲学话语》,江苏人民出版社1999年版,第349页。
② 参见张一兵:《回到马克思——经济学语境中的哲学话语》,江苏人民出版社1999年版,第351页。

叫"明显低于陶伯特研究水平或者已被陶伯特明确否定了的说法当作基本事实"①，而西方马克学学者陶伯特在此之前发表的观点就叫"最新成果"。不同质于他们的东西，就叫作"无视"新成果和只能是不可靠和不能令人信服的解读，这是什么逻辑？

其次，在陶伯特等人的最新成果中，《提纲》的写作时间被推延至1845年7月以后，并被判定是"《神圣家族》唯物主义思想的延续"。我们知道，《神圣家族》中的唯物主义思想可以精确地分为两个部分：一是出现在具体讨论中的关于欧洲唯物主义的历史性研究；二是马克思、恩格斯此时仍然运用的费尔巴哈式的哲学唯物主义立场和隐性逻辑架构。说《提纲》仅仅是《神圣家族》中唯物主义思想的延续，实际上也就否定了马克思在《提纲》中开始的马克思主义思想革命，这直接抹杀了《提纲》在整个马克思主义思想史上原有的不可替代的重要地位。这不要说是什么新成果了，更是我绝不可能接受的错误观点！我想，这恐怕不是鲁克俭的真正用意吧。

在西方马克思学的理论视域中，他们看不见马克思主义科学方法论形成的特殊历史意义，看不见马克思的历史唯物主义作为无产阶级革命思想武器的批判意义，看不见马克思主义者对马克思共产主义解放理论和科学思想的信仰和热爱。他们不能理解，马克思的《提纲》和马克思、恩格斯合作完成的《德意志意识形态》，绝不是可以一般"中性"处理的历史文献，而是我们马克思主义者从事科学研究最重要的方法论依据。所以，我再次向鲁克俭说明，他的让马克思主义者的研究基于西方马克思学"成果"的观点才是真正错误的，这是一种极其危险的错误理论倾向。我坚信，这也一定会是大多数中国新一代马克思主义者不可能赞同的东西。

当然，鲁克俭的文章也不是完全没有正确的东西。比如他所指出的陶伯特等人关于《德意志意识形态》第一章手稿的编号问题，这是我应该注意的细节。也是在此文的最后，鲁克俭还提到了我有"拔高广松涉的倾向"，这正好与最近刚刚收到的三位日本学者的批评文章中的意见一致。

---

① 鲁克俭：《"马克思文本解读"研究不能无视版本研究的新成果》，载《马克思主义与现实》2006年第1期。

现在，让我们一起来看日本学者的批评。

三、对广松涉版《德意志意识形态》的评价高了吗？

2006年9月，我收到朋友转来的日本学者大村泉、涩谷正、平子友长的一篇长文，标题为《新MEGA〈德意志意识形态〉之编辑与广松涉版的根本问题》，此文也是日本文部科学省科学研究基础研究A以及同基础研究B的研究成果的一部分（大约相当于中国的国家社会规划基金项目）。在这一论文中，日本学者对我的批评集中在关于广松涉版《德意志意识形态》的评价上。当然，批判的矛头主要是指向广松涉版和小林昌人版的《德意志意识形态》编辑方式的。概括一下，大约有以下几点。

第一，1974年出版的广松涉版《德意志意识形态》（即已经由南京大学出版社翻译出版的中文译本），"完全没有理解"20世纪70年代相关研究的水平，即1972年出版的新MEGA²试编本（Probe-band）的标注，从而使《德意志意识形态》第一章手稿的研究水平"倒退了四十年"。请注意，这里所说的"倒退了四十年"，不是从现在倒退至20世纪70年代，而是指从20世纪70年代倒退到30年代。具体地说，是苏联学者阿多拉茨基版的水平。① 这既否定了广松涉版《德意志意识形态》的学术价值，又批评了没有学术眼力的我。

第二，广松涉的编辑方式"其实很简单，并不需要特别的专业知识。在只有手动式打字机的当时姑且不谈，在个人电脑得以普及的现在，只要会一点点德语，谁都能进行编辑"。为什么呢？因为，广松涉的工作只是将阿多拉茨基版中"异文一览"中的草稿修改过程信息原封不动地移入文本正文，只是将马克思的修改用粗体标出，仅此而已。所以，广松涉"没有将阿多拉茨基之后四十年对草稿的解读，特别是关于改稿过程的研究成

---

① 关于《德意志意识形态》阿多拉茨基版和其他版次的文献情况，可参见我为广松涉版《文献学语境中的〈德意志意识形态〉》一书的"代译序"（彭曦译，南京大学出版社2005年版）。

果的核心部分吸收到河出书房版之中"。这样，广松涉版的《德意志意识形态》一书，"在出版的时候就已经完成了它的学术生命"。这是死罪之宣判。言下之意，我们是在中国出版了一本已经死亡的书。

第三，代表今天研究《德意志意识形态》第一章手稿最高水平的版本，是日本学者涩谷正（此文三位作者之一）于1998年在新日本出版社出版的新书《草稿完全复原版〈德意志意识形态〉》。据此篇论文的作者自己说，这一版本在《德意志意识形态》编辑史上具有"划时代的意义"。它与广松涉版等日本出版的《德意志意识形态》各种版本的决定性不同在于："涩谷版是涩谷正自身在对草稿进行调查、在对记载状态进行确认的基础上编辑而成的。"从字面来看，似乎是否具有"划时代"的意义，区别就在于广松涉没有看到真迹，而涩谷正则在现场（阿姆斯特丹）看到了文本的真面目。

第四，是对广松涉的学生小林昌人在2000年由岩波文库出版的《新编辑版〈德意志意识形态〉》一书的批评，认为小林没有改正广松涉版的错误，反而"留下了很多遗漏和错误"。为此，此文作者们甚至还直接指责出版此书的岩波书店是"可耻"的，并且在广松涉版的中译问题上，小林的正确做法是"应该奉劝南京大学以及中央编译局的相关人员放弃该计划"。在他们看来，"试想一下，在21世纪的今天，在文本本身的核心部分即改稿过程的标注上照抄斯大林时代研究成果的广松河出书房版，有翻译的必要吗？"

第五，批评我在涩谷正那本划时代的"伟大著作"出版之后，竟然还向中国学术界推荐广松涉的学术水平倒退到20世纪30年代的、没有了生命的版本，并认为我对广松涉版进行了"无条件的赞扬"，评价"过高"。所以，他们"有必要向中国的相关机构以及研究者尽早告知问题的本质"。这很像是在举报伪劣产品的正义行为。

以上五点，即为三位日本学者图文并茂的万言书中实质性的东西。

事实上，译介广松涉这部文献版《德意志意识形态》在我的研究计划当中并不是一个孤立事件，它是我向中国学术界系统推荐广松涉学术思想的组成部分。至于推荐和研究广松涉思想的原因和意义，我曾经多次阐述，在此不再赘言。但是我想，经过二十多年的开放求索，中国学者应当已经有能力自主地辨别什么是值得我们介绍和研究的东西。我非常主张与国外学术界的交流与探讨，包括与日本学者的知会，但这应当是一种客观、平等、互相尊重的对话。

广松涉的思想，至少是目前我看到的当代日本哲学发展史中真正值得认真对待的东西之一。从他一生留给后世的大量论著和极有深度的学术观念上看，从他创立的一个极富东方精神个性、又能与现代西方文化对话的思想体系来看，广松涉无愧于当代东方思想大师的称号。当然，我喜欢广松涉，还因为他与我一样是一位马克思主义者，或者始终将马克思的精神遗产作为自己学术理念的重要方法论基础。早在十年前，我就指出过广松涉思想方式的重要性："他开始是一个熟知自然科学的学者，后来在关心日本左派反对当代资本主义的实践中成为一个马克思主义哲学家，他在70年代对马克思主义哲学文献学式的解读仍然是当代马克思主义哲学研究中的学术高点。后来，他以日本民族文化为基底，以马克思为逻辑中轴，广收当代自然科学和西方哲学的成果，创立了一个很具东方（大和）特色的广松哲学。"① 我认为，这是非常值得中国学者学习和借鉴的治学道路。也是在这个大背景下，在我主编的旨在向中国学术界介绍有价值的世界学术思想的"当代学术棱镜译丛"中的广松哲学系列里，作为广松涉的第四本经典之作，我选择了广松涉出版于1974年的文献版的《德意志意识形态》第一章手稿。

应该指出，与上述三位日本学者不同，我不是一位文献学专家，而是中国的一名普通的马克思主义理论研究者。其实，在自己的手中已经有了《德意志意识形态》第一章手稿阿多拉茨基版、巴加图利亚版之后，看到广松版是最能让我激动的事了。这一版本的特点，我已在"代译序"中非常清楚地说明："一是首次采用双联页排印的方式（手稿正文印在左页，相关文本印在右页），将手稿中新旧文本（原稿与誊写稿以及部分重要的增写内容）以左右两页并排的形式展示给读者；二是用不同字体将恩格斯

---

① 参见《哲学动态》1995年第9期。

与马克思所写的内容区别开来（中译本中马克思的文字用楷体字，恩格斯的文字用宋体字），这使读者能更直观地了解原手稿在文本写作上的真实情况；三是将被删除的内容用小号字体排出，并直接存留在原删除的文本位置上，并且标注了马克思、恩格斯用横线与竖线删除的差异；四是用不同标记明确注明马克思恩格斯增写与改写的文字；五是关于不同版本的各种信息，被如实反映在手稿的排印中（我们的中译本又增加了日本学者小林先生和涩谷先生的两个最新版本的信息）；六是广松涉在自己的日文版后，以独立成书的形式排印了按照他自己的理解结构的德文原稿，这就提供了文本研究上一个直接来自于母语文本的比较参照系。"① 其中，除去第三点与梁赞诺夫版的编排方式相似外（在删除记号上还是有一定差别），其余五点均是对马克思主义思想史内在逻辑有着深刻理解的广松涉之独创，与所有其他版本相比，这是《德意志意识形态》编辑出版史上至今不可替代的结构性变革。我今天还认为，这个版本在基本逻辑思路上要优于2004年由陶伯特等人所编排出版的 MEGA² 关于《德意志意识形态》第一卷第一、二篇"先行本"②。

在这里，我对上述特点再作进一步的说明。第一，广松涉采用双联页排印的方式，是想直观地映现手稿的原始状况。当然，这个所谓的"原始"中已经含有广松涉对手稿逻辑结构的主观猜测。（本来，他希望按手稿相同页码的全部内容排印，因为印刷排版问题而放弃。在中译本排印时，我也曾经提出实现广松涉的设想，后来还是失败了。）第二，区分《德意志意识形态》第一章手稿中马克思与恩格斯的不同文字，以及马克思、恩格斯不同的删除和改写的信息，意味着科学世界观最初形成过程的历史性构境之可能，特别是中国学者可以从中了解到两位思想家在其中的不同作用，这一点，对于中国学术界尤其重要。（在这一方面，涩谷版基本上沿用了广松涉的这些做法，不过更加准确和细致了。）第三，广松版

---

① ［日］广松涉编注：《文献学语境中的〈德意志意识形态〉》，彭曦译，南京大学出版社2005年版，第11页。
② 2004年，《马克思恩格斯年鉴·2003》出版了由陶伯特等人编辑的 MEGA² 第一部分第5卷《德意志意识形态》第一卷第一、二篇的"先行本"。

汇集了在他之前主要版次的相关文献信息，并且第一次完整地在手稿排印中直观地呈现出来，这也让中国学者第一次直接了解到了《德意志意识形态》第一章手稿版本研究的历史线索。

令人费解的是，为什么大村泉等人要执意贬低广松涉版的《德意志意识形态》呢？他们所说的"倒退四十年"到底是说什么呢？

四、是谁的编辑水平"倒退四十年"？

现在来看一下大村泉等人"四十年倒退说"的基本内容。

第一，大村泉等人认为，广松版（包括小林版）的编辑过程并不复杂，在有电脑的情况下，懂一点点德文，谁都能做，因为广松涉只是将40年前的阿多拉茨基版的"异文一览"中草稿修改过程的信息"原封不动地用小号字置于〈〉内，将马克思的插入用粗体表示"①。此言真是离奇得过分。首先，谁都知道，1932年的阿多拉茨基版最重要的排版方式，是将马克思、恩格斯的补入部分直接排印到正文中，更重要的是，阿多拉茨基以自己的主观理解重新分割和拼合了手稿的文本，完全破坏了原稿的理论逻辑。广松涉对阿多拉茨基版是基本否定的，每个看过两个版本的人都不可能得出大村泉等人的这种误识。其次，广松版上的版本信息从头到尾都清楚地标注着梁赞诺夫版、阿多拉茨基版、新德文版和MEGA²试编本四个版本的文献信息，大村泉等人为什么看不见呢？再次，"懂一点德文"就能做广松涉的工作，这是一句不负责任的空话，我可以负责任地说，至少在今天的中国学术界，就不可能有人（即使懂不少德文）能够做好广松涉已经完成的事情。

第二，大村泉等人认为，广松涉在编辑过程中根本没有理解MEGA²先行本中"异文一览"的核心部分，即改稿过程中的异文标注。虽然中译本也附排了这个"异文一览"的样稿，但我和译者都因没有对此发表评论

---

① ［日］大村泉、涩谷正、平子友长：《MEGA²〈德意志意识形态〉之编辑与广松涉版的根本何题》，载《学术月刊》2007年第1期。

而受到了责问。大村泉等人告诉我们，这个"异文一览"是"对《德意志意识形态》文本进行极为简单的编辑整理的方法"。这是所谓第二次世界大战后"编纂学的成果"，也是 MEGA^2 编辑体制转换的结果。广松涉没有按照这一新的方式来做，也就使《德意志意识形态》的文献学研究"倒退四十年"。很有意思，我怎么看都觉得这段话与前面中国的鲁克俭的腔调相似。怎么 MEGA^2 编辑人员制定的编辑要点就成了硬性标准了呢？我承认，在过去 MEGA^2 编辑工作仍然由前苏东当局控制的时候，它的编辑工作就理所当然地成为"儿子党"、"兄弟党"马列主义文献编译工作的天然准则，可是这种老子党的"王法"不是已经成为历史遗迹了吗？如果 MEGA 版的编辑工作及其编辑标准就是阻止所有其他马克思主义研究者的独立性，我以为它真的可以休矣。事实上，我知道这绝不是 MEGA 编辑专家们的意志，而是少数根本不理解 MEGA 事业真谛的人在拉着大旗做虎皮。据我了解，目前 MEGA 编辑机构的专家们与各国马克思主义研究者都保持有良好的相互尊重的建设性关系，他们十分注意听取各国学者的不同意见，之所以不断地出版"试编本"、"先行本"，就是因为他们知道为什么要编辑 MEGA！更何况，任何一个看到过 1972 年出版的 MEGA^2《德意志意识形态》第一篇试编本的研究者，都不会觉得这个所谓的"异文一览"是科学的文献编排方式和便于研究者使用的做法。

第三，大村泉等人认为，涩谷版的《德意志意识形态》（完全复原版），是作为消除和校正了学术水平倒退 40 年的广松涉版以及所有"至今为止的日译本的共通的致命缺陷的版本出现的"，可是，张一兵在涩谷版出版之后，却无视这一划时代的成果，反倒跑去出版早就过时的广松版，误导中国学术界。这样，中国学者"在依据有缺陷的版本进行研究的时候，成果中会出现各种各样的问题"。客观地说，涩谷版的确是在广松涉版基础上取得一定进展的成果。也基于这样的认识，在出版广松版中译本的翻译和研讨工作刚刚开始时，我们就专程从日本购买了涩谷正的"完全复原版"。在多次的译文研讨会中，我们已经觉察到涩谷正的研究在文献学的意义上已经取得了不少细节上的新认识，特别是在德文原文的考据和第一手的信息上，都使《德意志意识形态》第一篇手稿的研究登上了一个新的学术水平。也因此，我们在第一时间就专门邀请了涩谷正前来南京参加会议。（后来只是因国际旅费问题，涩谷正赴会之事未果。）同时，我们在中译本中加注了涩谷版的近四十条信息，以表示对涩谷版的必要尊重。（当然，我们也加注了小林版提供的一百余条新的文献信息。）这恐怕不能叫"无视"涩谷版的成果吧？

首先，我们是在编译广松涉哲学系列中出版这本书，并非是打算出版日本在《德意志意识形态》文献研究领域中的最新研究成果，所以，我们不会因为有了日本的涩谷版、小林版、服部版和德国陶伯特2004年的试行新版，就放弃出版广松版。其次，广松版所依据的主要文本信息并非如大村泉等人所说是倒退40年的过时的东西，而是自20世纪20年代以来，列宁亲自建立的苏联马克思主义文献研究机构中一大批马克思主义文献专家近半个世纪精心研究的成果，这里包括梁赞诺夫、阿多拉茨基领导下的文献辨识专家（如保尔·韦勒尔、弗兰茨、尼娜·伊尔伊尼奇娜·涅波姆尼亚夏亚）默默无闻的工作，以及后来苏联巴加图利亚、东德一批文献专家的努力结果。我认为，这些原文辨识专家和研究者才提供了马克思大量手稿中复杂手写体原文基本信息。这些厚重的、经得起时间检验的基本文献成果，绝不是在阿姆斯特丹待上一年"对草稿进行调查，在对记载状态进行确认"就可以动摇和改写的。再次，广松版的《德意志意识形态》时至今日也有它极为重要的文献学价值。在我看来，广松版的价值是一种重要的文献结构的变革，而不仅仅是文本细节的精确性。还应指出的是，涩谷版的基本编排逻辑就是广松涉版的进一步完善。

令我感到不快的一点是三位大学教授对小林昌人这样一位工人出身的自学者的傲慢态度。在译介广松涉的著作之前，我并不认识小林昌人。但在此后的三次接触中（两次在南京，一次在东京），通过交谈，我能感觉得到这位非专业的学者对学术的敬业精神和对自己老师的敬重之情。这即使在我们的身边，也是不多见的令人顿生敬意的学者。然而三位研究马克思思想和文献的专家对小林昌人和他所编著的"文库版"《德意志意识形态》的批判和贬斥却不够厚道和尊重——我始终觉得，学问之道，应当是一种敦实宽厚的为人之道，而后才能有治学宽阔的眼界和胸怀。

五、文献学研究与马克思主义的文本学理论研究

说到这里，我觉得有一些问题不得不认真严肃地讨论一下，即如何正确看待文献研究的方法以及文献研究与马克思主义基本理论研究，特别是文献学与文本学研究的关系问题。近年来，中国国内的马克思主义基本理论研究，已经越来越背离了假、大、空的叙事模式，重读马克思经典文本的研究成为中国年轻一代马克思主义理论工作者的共同学术旨趣。于是，对第一手文本原始信息和原初逻辑结构的文献学考证研究，也开始逐步引起中国学者的注意。但是，由于特殊的历史原因，我们马列主义编译机构没有拥有足够多的第一手的经典文献原稿，也没有培养出专业的文献辨识专家，在相当长一个历史时段中，我们的马列主义文献编译和出版工作主要依据了苏东学术界的现成成果，这使我们在经典文献的整理和编译工作上始终不可能有太大的自主性和独立性。特别是在苏东剧变之后，国际马列主义文献整理的主体已经从国家意识形态机构转型为民间的基金组织，从马克思主义者的专家队伍转向西方马克思学的专家群体。（我个人觉得，至少目前我们也没有能找到与这种新情况、新状态具体结合的路向，这的确是值得我们有关部门认真思考的重要问题。）

上述问题的出现，使得中国学术界的马列主义文献整理和考据水平与当下的国际水平有一定的差距。更重要的是，这种情况也使我们的一部分青年学者在遭遇西方马克思学的文献学研究时容易迷失行进的方向，出现随波逐流的现象（前述鲁克俭的思考方式就是一个当下的典型）。然而，是不是在这种时候，我们中国的马克思主义研究者就只能跟在西方马克思学的后面人云亦云呢？对此，我不以为然。

我认为，一方面，我们应该像十月革命刚刚胜利时的列宁那样[1]，高

---

[1] 早在20世纪前期，十月革命刚刚胜利，列宁就立即指示阿多拉茨基和梁赞诺夫等人调用一切可能的资金和人力全面收集和整理马克思、恩格斯的全部第一手的文献，着手建立马克思主义文献档案馆和编译机构，这奠定了后来整个苏联东欧社会主义国家中的马克思列宁主义著作的编译事业的重要基础。

度重视马列主义基本文献的专业研究队伍的建设，立即着手建设马列主义文献原文（拷贝）的基本数据库，积极培养自己的原文辨识专家，哪怕是从零开始，也要独立自主地开展真正意义上的文献学研究，而不是在二手文献上做所谓的伪文献考据。（说到底，这种不是基于原文辨识和原始信息的文献考据和版本研究是一种变形的抄袭和非法挪用。）另一方面，应积极关注西方学者、俄罗斯以及日本等国学者在马克思、恩格斯、列宁文献学上的重要研究进展，谨慎小心地辨识其中的积极内容，特别是在客观考据中的新发现，但必须要批判性地思考他们处理文献中的基本结论和所谓"新观念"。这只有一个目的，即真正使这种研究结果有益于中国的马克思主义的理论建设和当代发展，而绝不是破坏和损害这种学术事业的进程。

我认为，要正确处理好文献学研究与当前马克思主义文本学理论研究的关系。文献学研究，特别是基于经典文献原稿的历史考证研究，的确是我们开展学术研究的一般基础。但是，在基本文献信息准确的情况下，在如何理解文本与马克思主义科学理论的学术关系问题上，我们还是有很大的能动性空间，这个空间就是文本学理论研究的领域。这里所讲的文本学，是对文本思想内容的学术理解和深层逻辑结构的认识，这是基于文献学又超越文献学的一种科学努力。文本学不同于文献学的本质性差异，就在于文本学的基础是从主要文献事实出发的创造性的独立思考。当然，在这一点上，马克思主义的文本学有其自身很强的意识形态性和科学性。也因此，我们的基本立场、研究方法和学术思想的本质都会根本异质于西方马克思学。我们可以来看一个具体的例子。

根据德国学者陶伯特的文献学研究，新编 MEGA^2 第一部分第五卷中，《德意志意识形态》不再是一本马克思、恩格斯独立撰写的论著，而变成了一部由多人参加撰写的论文集，这部文集由马克思、恩格斯、赫斯等人共同撰写，编排方式也按合作文集的结构独立为 19 篇文献的集合，并以《德意志意识形态。手稿和刊印（1845 年 11 月至 1846 年 6 月）》为名出版。据说，陶伯特等人认为，自梁赞诺夫 1926 年第一次发表《德意志意识形态》的文献以来，所有关于这一手稿的编排方式都是将其作为"一部著作加以编辑、评述",而他们则在上述新的编排方式中,"将力图避免将自己的诠释抬高为绝对真理,并因此排除其他有道理的观点"①。因为如果要将此手稿"编成一部著作《德意志意识形态》,那就意味着要去完成马克思、恩格斯所没有完成的工作。由于缺少足够的线索和根据,这样做的结果将是一种随意编成的结构"②。听起来,陶伯特等人的方案似乎是一种排除了任何主观猜测的纯客观的文献处理方式,就像鲁克俭所欢呼的那样,是一项文献学的最新成果。果真如此吗?

据我所知,这一方案一出台,就遭到了部分韩国学者、日本学者以及俄国学者特别是巴加图利亚的坚决反对。为什么?我们仔细看陶伯特的编辑方案所依从的新的客观依据,无非有三:一是以当时马克思、恩格斯本人或相关当事人在其他论著、信件和回忆文献中的直接指认;二是文本当时所处社会中的出版物、出版日期以及相关信件提供的评论信息;三是手稿留下的各种文献信息,特别是马克思、恩格斯及他人的页码编号、题名、调序、修改、删除、笔迹、纸张、墨迹重新辨识等等。这些信息对于文本结构的重新认证的确都有着重要的意义,依据这些信息,当然也可以对过去八十多年马克思主义文献专家们的基本认识提出一定的修订,但是这些修订必须是在不破坏马克思主义思想史的内在逻辑的前提下才是可行的。因为不难发现,陶伯特等人的文字在最新文本信息收集的工作上几乎是无可指责的,可是,唯独我们看不到他们对文本思想内容即历史唯物主义生成过程的理解线索!因为他们不再是马克思主义者,所以他们不会觉得《德意志意识形态》(前述的《关于费尔巴哈的提纲》)是马克思主义形成中的关键性文本,这些文本结构和基本逻辑的变化直接可能影响到我们对马克思主义产生、形成和发展等重大理论问题的理解。这是我们与他们研究立场上的根本区别。

在陶伯特等人的《德意志意识形态》新处理方案中,《德意志意识形

---

① 参见:赫尔穆特·埃斯纳特:《特里尔马克思故居研究所〈德意志意识形态〉的编纂工作》,见王东等主编:《马克思主义与全球化》,北京大学出版社2003年版,第7页。
② [英]陶伯特:《〈德意志意识形态〉手稿和刊印稿的同题和结果》,载《马克思恩格斯列宁斯大林研究》2001年第2期。

态》不再是马克思、恩格斯的一部独立的著作,基本理论逻辑结构也不再是他们最后确定的用新世界观全面批判"德意志意识形态"的科学著作,而是一部马克思、恩格斯、赫斯三人仅仅为了反击在报刊上攻击了他们的鲍威尔、施蒂纳的争吵之作的论文集。他们完全根据《维干德季刊》第三卷的出版日期来确认《德意志意识形态》的写作时间,以鲍威尔、施蒂纳的论文内容来确认马克思、恩格斯的写作意图,他们根本看不到马克思从1844年《巴黎笔记》就开始的经济学研究的深刻学术影响,看不到《1844年经济学哲学手稿》中马克思思想逻辑的内在矛盾运动,看不到马克思在《评弗里德里希·李斯特的著作〈政治经济学的国民体系〉》一文中的思想变化,看不到《提纲》中的思想革命以及这一革命与《神圣家族》之间的质性逻辑差异,看不到《布鲁塞尔笔记》和《曼彻斯特笔记》对马克思、恩格斯思想的实质性影响,看不到现实工人运动对马克思、恩格斯理论思想的深刻作用。也因此,《提纲》和《德意志意识形态》才成了可随意处置的历史文献,马克思、恩格斯与赫斯等人成了同等地位的独立论文的作者。

更致命的问题还在于:第一,据说马克思、恩格斯写下的《答布鲁诺·鲍威尔》①成了开篇之作,显然,这篇东西并没有什么重要的学术价值和思想内容。从这篇文献中,我们看到马克思和恩格斯竟然还在维护《神圣家族》中在人本主义话语框架内对鲍威尔等人的批判。(我个人对这篇没有署名的文献是否为马克思、恩格斯所写深表怀疑。)如果这一编排方案得到普遍确认,那历史唯物主义形成的逻辑起点将被改写,因为《德意志意识形态》的起点竟然是以肯定《神圣家族》的理论逻辑为前提的。(这一点,倒是与我们已经看到的陶伯特等人贬低马克思《关于费尔巴哈的提纲》的想法一致,如果连《德意志意识形态》都与《神圣家族》同质,那么何况《提纲》呢?)第二,把马克思、恩格斯最终确定为批判对象的赫斯放到《德意志意识形态》的作者之中,这就等于承认了马克思、恩格斯理论逻辑的混乱。因为,马克思、恩格斯创立的历史唯物主

---

① 参见《马克思恩格斯全集》第42卷,人民出版社1979年版,第364—367页。

义，特别是这种新世界观对整个德意志意识形态和所谓"真正的社会主义"的批判，尤其是对费尔巴哈式人本主义话语的批判当然包括了对赫斯哲学的直接否定。这种根本性的思想决裂从马克思与赫斯的最终分手已经可以清楚地看到。当把赫斯的文本（哪怕是经过马克思修改的东西）再放进《德意志意识形态》中，这将是可怕的引起内部爆炸的逻辑炸弹。这些问题，都是作为西方马克思学学者的陶伯特等人看不到或者在他们看来根本无足轻重的东西。我以为，在西方马克思学的文献专家那里，这只是文献处理的一种方式，可是，这对马克思主义者来说，是一件大事。作为一个马克思主义的研究者，我对此方案是坚决反对的；并且，我认为中国编译机构也不应采用这种编排方案。①

所以，文献学研究，特别是西方马克思学的文献学研究与我们马克思主义的文本学研究有着十分复杂的关系，是我们必须认真谨慎处理的问题。这个关系，既是学术关系也是重要的政治立场关系。西方马克思学的文献专家们不了解的是，他们所关心的文字辨识、版本细节、字母后缀和版本差别，固然是十分重要的东西，但对马克思主义研究者解读文本来说并不是至关重要的内容。我们关心的是影响到马克思主义思想史发展和整个马克思主义科学理论本质的思想内容。在当代发展马克思主义基本理论，除去新的文献信息，更重要的是深化对马克思主义内在理论逻辑的认识，以及用当代中国改革的新现实、自然科学实践的新进展以及社会实践新发展中最重要的实践成果推进这一科学思想运动。这一事业任重道远。

---

① 令我担心的是，目前肯定性介绍和评介陶伯特这些"新成果"的国内学者大多为编译系统专家学者。

作为方法的历史唯物主义

孙伯鍨

马克思并没有赋予自己的哲学一个具体的名称,如辩证唯物主义、历史唯物主义或实践唯物主义,但马克思和恩格斯曾经在不同场合把自己的哲学学说称为"新唯物主义"、"现代唯物主义",将费尔巴哈之前的唯物主义都称为"旧唯物主义"。新唯物主义相对于旧唯物主义有两个基本的特点:它既是历史的唯物主义,又是辩证的唯物主义。但这并不是说它们是两个"主义",而是同一个"主义",称之为辩证的唯物主义也可以,称之为历史的唯物主义也可以,名称和内容并不能画等号。列宁在《唯物主义和经验批判主义》中反复强调对于马克思主义哲学来说重要的是"**辩证**唯物主义"而不是"辩证**唯物主义**",是"**历史**唯物主义"而不是"历史**唯物主义**"。也就是说,在历史主义的方法中涵盖着辩证方法的原则,在辩证方法中涵盖着历史主义的内容,二者是统一的。但是,受苏联哲学的影响,我国传统的哲学教科书人为地把马克思主义哲学划分为辩证唯物主义和历史唯物主义两大块,导致人们错误地认为辩证唯物主义是马克思主义哲学的一般理论,历史唯物主义不过是它在社会历史中的运用而已,这与马克思的原意不符。

实际上,在马克思主义哲学中,历史唯物主义范畴中的"历史"并不是通常所理解的时空范畴中的社会历史,而是把事物当作"过程"而不是当作"实体"来理解的辩证思维方法,其内容很宽泛。马克思在《德意志

---

① 原载《河南大学学报》2001年第3期。

意识形态》中提出的"历史科学",主要是指把事物当作过程来研究和理解的方法。历史包括人类史和自然史,这两种历史不能人为地分割开来,它们是有机统一的。一切严格意义上的科学都是"历史科学",也就是说,只有把一门科学提高到对其整个历史过程作总体研究时,才能算是上升到了科学的水平。费尔巴哈直观地抽象出人的"类本质",抛开了人的历史过程即特定历史时期人的社会关系,运用的是非历史主义的方法,所得到的结果必然是抽象的人。在当前的人学研究中也普遍地存在着一种逻辑,即由一种抽象的人性(感性经验或普遍理性)出发来解释和阐发人的本质、人的规定和人的发展,从而达到一种肤浅的、抽象的具体。而在马克思那里,对人的研究恰恰不是从抽象的人性出发,而是从现实的人,即从人生活于其中的社会现实的客观基础出发,根据历史发展的客观进程,具体地把握体现着人的现实社会差别的本质。这种本质并不表现为人的抽象的规定性,而是在社会现实的生产和生活中活生生地展现出来的东西。有人认为,劳动是人的本质是马克思的观点,其实并不正确。马克思坚持人是历史的产物,人在历史发展的动态过程中表现出自己的本质,并没有一种固定的、永恒不变的"类本质",哪怕是劳动。所以,马克思始终强调无论对自然还是对社会的研究,只有运用历史主义的方法才能得出科学的结论。马克思在《资本论》中运用的正是这种历史主义的研究方法,他通过对资本主义社会及其理论的科学批判,提出了一个最强有力的论点,即资本主义不是永恒的,它也有一个产生、发展、繁荣并逐步走向衰亡的历史过程。相反,非马克思主义的经济学,如古典政治经济学用的是实证主义的研究方法,它们只关注具体的现象和现实间的表面联系,而不去揭示这些现象背后的社会关系,不把它们放到社会发展的历史过程中来研究,因而也就不可能得出正确的结论。它们把资本主义社会看作永恒的制度,从而沦为庸俗政治经济学,成为为资本主义社会制度进行辩护的辩护经济学。当前的西方经济学同样没有超出这一基本思路。

马克思把辩证认识的对象归结为自然史和人类史,把历史科学看作唯一的科学。他强调,历史有两种,一种是自然史,一种是人类史,它们可以分别进行研究,也可以联系起来加以讨论。辩证法的基本观点不是把研究对象仅仅当作实体,而是把它放在历史过程中,从其产生发展的具体过程中来加以研究。因此,对辩证法来说,没有任何东西是绝对的。绝对的问题在哲学史上讨论得很多。什么是绝对?譬如黑格尔的绝对观念,其基本精神是继承基督教文化传统,把神看作是人类精神的至高无上的源泉,作为神性的代替物,绝对精神无所不在、永恒不变,是人类安身立命的最终归宿,一切变化发展都只是在绝对精神自身之内的变化。黑格尔这种绝对主义的思维方式,对后世产生的影响至今仍然存在。费尔巴哈哲学中的绝对是抽象的"人类之爱",鲍威尔哲学的绝对是无限的自我意识,这些都没有从根本上抛弃形而上学对绝对之物的假定。马克思主义之前的自然哲学也追求绝对,即绝对的物质(以太、原子等),不同的是,辩证法把一切事物都看成是一个历史过程,用发展变化的观点来认识,这就要求把有关绝对的东西排除出哲学思维之外。没有什么东西是绝对的,用辩证的观点看问题就要推翻绝对。那么,科学研究是否有一个绝对的起点?任何过程都是有起点的,但起点并不具有绝对性。事物的产生和发展不是从"宇宙本体"开始,辩证法不承认任何超感觉的本体,一切所谓的本体都是有限物,是可感知的。可进入科学认识范围之内的东西,列宁都称之为有形实体,它们不同于海德格尔的存在,能存在的只是个别事物,抽象的普遍性名词不能讲它是存在的(这是柏拉图主义)。有形实体即有限的事物,都是有始有终的,存在于历史之中的,绝不是绝对的东西。费尔巴哈的"类",也只能存在于现实社会的个体之中。施蒂纳把个体绝对化,变成了神秘的利己主义。经济人的假定虽有其现实的社会基础,但它又把人的经济规定性绝对化了。关于始基、原初等旧哲学观点,同样要批判地来看待。在出发点的问题上,唯物辩证法首先坚持的是有形实体而不是超感觉之物,其次是过程和关系而不是僵化之物。恩格斯在世时还没有原子物理学,但已提出了辩证的原子概念。恩格斯预见原子也不是绝对之物,而仅表示一种关系,它把认识事物的层次更推进了一步。随着现代物理学的发展,有人提出了物质湮灭论,这实质上是物质存在的形式发生了变化,而不是物质消失了,他们运用的仍是一种形而上学的绝对化的思维方式。近些年来,我国学界对马克思主义本体论(如实践本体论)的讨论曾经热闹一时，但仔细分析就会发现，这种提问方法本身就是不科学的、非辩证的。马克思主义并不是一种本体论哲学，所以，研究马克思主义不能把它降低到形而上学的水平。

总的来说，辩证方法的特点不是就事物看事物，而是就过程来看待事物，不是把事物看成一个实体，而是看成一个过程，不是把事物看成静止的现状，而是看做处在不断发展过程中的现状。因此，辩证的观点同时就是历史的观点，反之亦然，即把事物当成一个"过程"来看待。所以说，当我们不是从通常的角度来理解"历史"，而是把"历史"当成一种方法来理解时，"历史"和"辩证"就达到了内在的统一，辩证的唯物主义和历史的唯物主义也就不再存在所谓的一般原理和特殊应用的关系了。所以说，今天我们坚持马克思主义，重要的一点就是要坚持历史主义的研究方法，因为只有运用这种历史主义的方法，才能使我们的研究更加贴近现实，从事物的发生、发展的过程中来理解它的本质和规律，才能真正达到一种实事求是的境界。这也是邓小平理论与马克思恩格斯学说一脉相承的内在根基。

在这个意义上，历史唯物主义可以从两个方面来理解：其一个方面是指对社会历史的认识及其理论；但更重要的一个方面是指历史主义的研究方法，运用这种方法来研究问题，是更宽泛意义上的历史唯物主义。所以说，马克思主义哲学主要的是方法，方法统率体系。马克思主义哲学从来不是要建立某种封闭的或半封闭的体系，它主要体现为一种认知、理解和把握、改造现实的思维方法。当前已有的只是教科书体系，但传统教科书并不能够真正当作马克思主义哲学体系来看待，它只是一种教学安排。构建马克思主义哲学完整体系是个完不成的"难题"。但作为一门成熟的科学，可有一个体系，如马克思主义政治经济学即《资本论》的结构体系。但哲学本身却永远是开放的，难以形成完美无缺的学说体系。黑格尔的唯心主义辩证法体系是哲学体系的最后一次流产。所以说，哲学最珍贵的是方法，马克思主义哲学的功能和作用都表现在方法上，如果历史唯物主义没有被当作方法，那就是没有真正理解历史唯物主义。原则不是出发点，马克思主义哲学的出发点是历史发展本身，从社会现实中引出原则而非相反。如个人本位还是社会本位之争，就不应该从原则而应该从社会经济发展的客观状况和需要出发来考察。要具体看待问题。在今天不应该把批判个人主义变成批判个人利益，也不应当把维护个人正当利益变成宣扬个人主义。马克思主义坚持从社会的立场看问题，但绝非排除、抹杀、忽视个人利益。从实际出发需要分析、辨识和正确处理各种极为复杂的社会现象和利益关系问题，决不能根据某一个抽象的理论原则化繁为简地草率处理。现实与事实是两个范畴，现实是过程和关系的总体，较难把握。历史不是由单纯的事实堆积起来的，其唯一的出发点应该是现实。研究经济学的出发点是资本主义现状，偏离这一出发点就不是历史唯物主义。如何更好地从现实出发，这里必须有正确的方法，这就是历史主义方法，即运用发生学的观点来看待现实，资本主义生产关系从什么地方产生出来，一步步获得发展。资产阶级经济学从来不追问资本主义生产关系是如何产生的，在什么限度内具有历史合理性。他们只研究在资本主义经济结构下财富是如何被创造出来的，从来不问现存制度的历史合理性。古典政治经济学的观点不是唯心主义，而是唯物主义，但这种唯物主义却是非历史的。他们将资本主义看作古已有之，所以一再遭到马克思的批判。庸俗政治经济学的观点是庸俗唯物主义，目前西方经济学所用的方法基本上仍然是庸俗唯物主义的方法。马克思在《资本论》中讲到：自然科学的唯物主义在自然研究中取得某种成就，但其一旦涉足于历史领域就立刻陷入唯心主义。这是因为他们的方法是非历史的和非辩证的。在自然现象中历史性的变化相对来说要缓慢得多，社会领域的过程性则比较明显，因而在自然科学中形而上学的思维方法有时可以大行其道，但在社会历史领域中，则很快会暴露出其局限性。马克思对资产阶级经济学批判得最多的就是这种非辩证、非历史主义的方法。马克思主义经济学也是以资本主义经济现实为出发点的，但运用方法不同，因而研究的结果和得出的结论也不相同。和资产阶级经济学相比，何者更实事求是，更贴近资本主义社会的经济现实呢？在资本主义社会形态之前有前资本主义社会形态：封建社会、奴隶社会。马克思关于社会形态依次更替的学说是历史事实，不是逻辑推论。辩证地看问题必须是历史的。经济学家在这点上就不是辩证的、历史主义的，他们只重视经验、直观、实证。他们只肯定地看待事实，但对事实本身及其联系、历史源流却不加研究，是直观的庸俗唯物主义。《关于费尔巴哈的提纲》中批判的直观唯物主义也包括经济学家。英国经济学的哲学基础是洛克、休谟的经验主义，是非历史的、非辩证的、不彻底的唯物主义。马克思真正把唯物主义运用到经济学中，因为他继承了德国古典哲学的成果——黑格尔哲学。《经济学手稿（1857—1858年）》较之《1844年经济学哲学手稿》，运用的方法更为科学。《1844年经济学哲学手稿》也是从经济事实出发的，但还没有能够从资本主义现实出发（要从现实出发必须深入资本主义的历史运动，把握工人与资本家、资本与劳动的多方面关系），当时提出异化劳动理论，与《经济学手稿（1857—1858年）》相比，观察现实还不够深入，实事求是还不彻底。因为虽然1844年马克思已是唯物主义者，但仍属简单化的唯物主义，真正的唯物主义要有穿透力。历史是人创造的这个命题似乎是被广泛认同的，但创造历史的主体可以理解为"人的理性"或"人的活动"（实践）。历史归根结底是人的理性发展史还是生产发展史，在这个问题上历史唯心主义和历史唯物主义就分道扬镳了。历史主义不是简单还原而是着眼于用发生学的观点研究现实，不是线性思维方式而是开放的研究方式，遵循从简单到复杂，由抽象到具体的辩证思想路线。马克思的历史主义体现了彻底的唯物主义，也体现了彻底的辩证法。认识就是把握历史的运动，所以说，研究是否是科学的，根本在于是否是真正彻底的、历史的唯物主义。

关于马克思主义哲学性质的争论，重要的不是它的名称，而是它的内容和实质。马克思主义哲学不是体系哲学（不像黑格尔哲学），其灵魂突现在世界观和方法论中。它不存在一个用思想来建构存在的问题，只有认知和把握现实的方法正确与否的问题。它不关注对某一现象研究结果的维护，而是注重不断地运用正确方法研究新的问题。方法与研究的对象是两回事，从这个意义上讲，马克思主义哲学并不因为历史和现实都发生了变化因而就过时了。马克思的研究结果相对于他那个时代来讲永远是真理，但这并不意味着我们要照搬他的结论，重要的是继承和发扬他研究现实问题的方法。马克思主义哲学不是主体哲学，也不是意识哲学，但不是说它不研究主体，不研究意识。同样，马克思主义哲学也不是人学，但也不是说它就不研究人。从根本上来说，它首先是一种历史主义的世界观，是对人类历史包括其自然前提的一种以科学认识为基础的价值批判。现象学提出"建构"问题，马克思主义哲学不使用"建构"一词，因为，"建构"必须是主体有意识的建构，它是历史目的论的余波。而唯物史观清楚地表明自己的基本观点，即"个体有意识，整体无意识"，也就是说，历史是人创造的，但不是主体有意识的创造，而是成千上万个主体在有意识地追求自己的目的和利益的过程中形成的合力所创造出来的，它是任何一个个别主体都不能够预先规划和如愿以偿的。这才是历史的真实面目。所以，马克思主义哲学讲历史与逻辑的统一，是以历史为基石的逻辑的升华。哲学意识不可能去重构历史，重构最多也只是一种反映，是一种哲学逻辑的抽象，它必须尊重历史，遵循历史发展的客观原则。

从方法论的意义上来说，马克思主义哲学绝没有被超越。其一，只要方法是从现实历史发展过程中科学地抽象出来的，因而相对于一定的历史发展阶段是正确的，那么它在这个一定的时空条件中就是不可被超越的。马克思主义哲学是资本主义这个特定历史阶段的产物，只要资本主义还没有退出历史舞台，它所具有的方法论意义就不会过时。黄楠森教授说得对，哲学不是服装，可以一天换一个样子；哲学也不是流行歌曲，可以一天换一个调子，它必须有一些基本的一以贯之的东西。亚里士多德、孔子、老子等人的哲学思想比马克思的思想更古老，但仍然不能说完全过时了，为什么一定要说马克思主义哲学就过时了呢？其二，现在有很多主义，但主义与主义不一样，有些是可以比较的，有些则不存在可比性，因为谈的不是同一类问题，所以不能随便说某一种哲学超越了另一种哲学。马克思主义哲学不同于旧哲学，它不是包治百病的药方，也不是包罗万象的百科全书，它提供的是一种研究社会历史的大思路，即生产方式的发展和社会发展的相关性问题。马克思主义哲学有其基本的研究主题和研究方法，例如它对待人的自由问题的基本原则就体现了这个精神。不同于近代以来的其他流派的哲学家，马克思从不直接地从人的自由和人格独立入手来进行研究，它首先考察的是人类的历史发展和制约着人的个性发展和自由实现的社会制度。因为作为在一定社会关系下现实地生活着的个人，不改变他所依存的社会关系，就谈不上人的个性和自由发展问题，要谈也至多是道德层次上的说教。这并不是什么难以理解的哲学问题，但如今却被一些哲学家搞得混乱不堪。有些哲学家先给个人自由设定一个理想的定义，然后根据这个定义规范现实应该如何如何，这对增进人的自由是毫无帮助的。人的自由无须靠他人设计，自由条件的改变必须是人们的集体行动。人们在一定的社会条件下，通过自觉努力，可以为自己设计符合自己个性的自由，它不是一个哲学家的推理论证所能解决的问题。所以马克思主义哲学给出的思路是通过无产阶级的整体实践，为人的自由创造客观的社会条件。

当代哲学从表面上看，没有一个固定的形式，有点儿像艺术流派，层出不穷，获得大多数人的认同现代几乎还没有。但近代哲学并不如此，它比较稳定。如英国经验主义，有一套固定的方法论原则，较容易得到认同。黑格尔主义的传统虽有变化，但同样比较稳定。中国哲学更为稳定，儒学、佛学、道学形成的传统，历经沧桑，至今仍保持其基本原则。新儒家在继承传统的基础上要求融入现代社会，对儒学思想作重新解释，加以革新。冯友兰先生的新理学，本质上仍是儒学，是儒学的一种现代诠释。而现代哲学变化如此之快，根本的原因是人类生活的变化在加快，类似电子产品的更新换代，已是目不暇接。信息社会对人类社会发展产生积极的影响，科学技术日新月异，知识经济方兴未艾，生活方式、思维方式的加速变化，很容易形成各种各样的新思想新学说，哲学因而也随之出现加速的流派更新。在这种情况下，我们的哲学应该怎么讲？把这些内容全部接纳到马克思主义哲学中来是不可能的，只能运用马克思主义哲学的方法加以总结和抽象，从中掌握一些基本趋势和规律。哲学作为传统既古老，又常新，因此给研究者提出的任务是非常艰巨的。但是，现在有些文章写得比较浮躁，对经典作家的学术思想消化得并不够，对现实历史发展的理解也并不准确，却天天都在进行哲学创造，这就势必把一批青年学者引入歧途。现代哲学的表达方式越来越思辨，生造新词，搅混概念，明明说是不可言说的东西，却变着法子在说它，有意识地把人们引入精心编制的语言怪圈，把哲学变成思想的陷阱，实在是不可取的。现在生活在市场经济条件下的人，很多方面受非理性因素的支配，非理性主义作为一种根本的情绪几乎成了西方哲学中风靡一时的思想潮流。对于当代西方涌现出来的这些潮流，我们不接触、不了解不行，但绝对不要盲目地投身到里面去，而应当以我为主，坚持用马克思主义哲学的观点和方法冷静地加以分析和批判，要用辩证和历史的唯物主义眼光来研究诸如此类的问题，而不能跟着西方学者的极度思辨的乃至非理性的思路走，因为我们还有很多更为重要的工作要做。对于马克思主义哲学工作者来说，必须更多地关注现实的历史发展和社会生活课题。

目前如何看待马克思主义的历史命运问题，是社会和学界存在的一个焦点问题。

以上的内容，已经从原则上回答了关于马克思主义哲学的当代命运问题。既然马克思主义哲学的活的灵魂是与现代科学和现代历史发展相一致的世界观和方法论，那么它就根本谈不上过时和被超越的问题。在今天的中国，历史赋予我们的使命是实现社会主义现代化，而不是任何别的现代化。如果离开社会主义这个大目标来谈现代化、现代性，甚至错误地把社会主义当作实现现代化的障碍必欲除之而后快，并进而得出结论：只有欧美式的现代化，而不可能有别的现代化，这实际上就不是在谈哲学，而是在谈政治。在这种思想的支配和影响下，马克思主义哲学就只能面对两种选择：它或者坚持其原本的阶级属性和政治选择（科学社会主义）而成为过时的历史陈迹，或者放弃它固有的意识形态特性而融入现代泛人道主义的哲学思潮，成为当代哲学流派中的一个派别。因此，我认为，关于马克思主义哲学的历史命运问题，所涉及的不仅是马克思主义哲学作为世界观和方法论的理论性质和内容问题，而且更多的是它为之服务的无产阶级和人类解放的宏大理想和目标问题，在今天的中国，就是关于社会主义道路的政治选择和理想信念问题。换句话说，只要我们对实现社会主义现代化持有坚定的信念，我们就不会感到马克思主义哲学已经过时或已被超越。

再论马克思主义哲学的体系与方法[①]

孙伯鍨

马克思主义哲学的实质究竟是它的体系还是方法？这个问题历经多年的讨论而至今难有共识。五六十年代[②]以前，国内持传统观点的学者大都强调马克思主义哲学的观点与方法。所谓观点指的是世界观、宇宙观，进而至于人生观；所谓方法指的便是辩证法以及它在自然、历史和人文科学中的应用。其实，观点和方法是贯通的，其实质就是唯物主义辩证法，它既是根本的观点，也是根本的方法，把它运用于研究作为总体的自然，就产生马克思主义哲学的自然观；把它运用于研究作为总体的社会和历史，就产生马克思主义哲学的历史观；依次还有马克思主义哲学的人生观、认识论和伦理学等。在旧版以及后来稍稍改进了的教科书体系中，上述内容一般是这样安排的：首先是马克思主义哲学的自然观，为了和旧唯物主义的自然观以及黑格尔的唯心主义辩证法区别开来，在这一部分不得不加大分量地介绍一般的唯物主义辩证法，取材主要来自恩格斯的《自然辩证法》、《反杜林论》和列宁的《唯物主义与经验批判主义》以及《哲学笔记》中的有关部分；其次是马克思主义哲学的历史观，由于在这一部分中强调为现实斗争服务，因此在基本历史哲学理论方面缺乏系统深入的阐述和论证，对马克思、恩格斯在创立历史唯物主义过程中的极为丰富的思想资料吸收和阐发得极为粗浅，大大损害了作为马克思主义哲学核心内容的历史唯物主义的科学性和批判性；再次是马克思主义哲学的认识论，这一

[①] 原载《江海学刊》2001年第2期。
[②] 指20世纪五六十年代。——编者注

部分在强调唯物主义反映论的同时虽然也突出了实践论，但由于实践范畴仅仅在认识论上被强调，而没有首先在社会存在论上被强调，因此历史中的主体—客体辩证法就未能纳入认识论的视域而获得充分的表述，结果就使辩证法（历史辩证法）、逻辑学和唯物主义认识论不能真正地统一（同一）起来，从而大大地损害了马克思主义哲学认识论的完整性和科学性。至于旧版教科书中因形势和任务的变化而随机增加的政策和策略论证，虽然难以用纯理论、纯学术的标准去评价，但我认为不应多加指责。

旧版教科书体系的上述缺点归纳起来就是理论阐述上的简单化和庸俗化，而造成这些缺点的原因却是多方面的。

第一，旧版教科书体系不是理解体系而是教学（宣传）体系，因此它在阐述马克思主义哲学的理论内容时重点不在于它的思想形成过程，而在于它最后形成的原理和结论，在表述方式上也不专注于思想的转变和逻辑的运演，而只作原理式的陈述，这就给人一种缺乏细致论证的、非批判的、独断论的感觉，并由此招来所谓教条式的、官方的、非学术性的种种非议；第二，旧版教科书由于突出了马克思主义哲学方法论（唯物主义辩证法）的普遍适用性，因而必须运用于自然、社会和人类思维等诸多不同领域，但对这诸多领域之间的内在关联、中介环节和过渡形式，却由于材料的欠缺和研究尚未深入而无法作出有科学根据的陈述，这就给人以这样的印象，即旧教科书体系不过是一种缺乏逻辑论证的板块组合，而不是有机构成（整合）的严密体系；第三，旧版教科书承担着政治理论教育和马克思主义思想灌输的任务，它不得不在教学体系中贯彻政治立场和党性原则，而这是马克思主义哲学作为改造现存世界秩序的理论武器的应有之义，为此，它必然要承受来自各种非马克思主义和不同政见者的责难和非议；第四，旧版教科书作为一种面向非专业读者的大众化教材，要求在内容陈述和语言表达上的简明和通俗，以及体例上的稳定和一致，这就往往要流于刻板和因袭而缺乏变通和创新，由此招来业内专家和学术界的鄙薄与批评就是在所难免的了。

但是，无论旧版教科书体系存在多么严重的弊病和缺点，也无论人们在设计和编撰新的教科书时能够作出怎样的改进，我们都不能把它和马克思主义哲学自身的理论逻辑结构等同视之。因为理解马克思主义哲学的内在逻辑结构是一回事，而用通俗易懂、简洁明了的话语体系传授这种哲学的理论内容又是一回事。难怪从否定旧版教科书的编写体例以来，至今还没有创造出一种能令大多数业内专家都感到满意的教学体系。

事实上，从20世纪80年代初期以来，中国哲学界围绕马克思主义哲学体系的争论焦点并不在于教科书本身，不是一些人要维护旧版教科书体系，而另一些人力图改变这种体系，问题的焦点是对马克思主义哲学根本性质的理解。毋庸置疑的是，随着改革开放的逐步深入，禁锢已久的西方社会思潮大量涌入国内，马克思主义学说的主导地位受到冲击、削弱而发生动摇，一部分人置马克思主义的指导地位于不顾，干脆打出了"全盘西化"的旗帜；另一部分人慑于形势的剧变急于要跟上时代的潮流，力主从内部改革马克思主义学说，这种主张在哲学、政治经济学和社会主义学说中都有强烈的反应，于是一股重新解读马克思主义的学术潮流成为时尚，风行全国，在哲学领域，长期因袭苏联传统的旧版教科书体系便成为众矢之的。在新潮哲学家们看来，旧版教科书中最不能令人容忍的是，它不是从人及人的生活世界出发谈哲学，而是从自然界出发谈哲学，这样，它就势必承认自然对历史的优先性，自然辩证法对历史辩证法的奠基性，承认历史规律对于主体意识的外在性和客观性，承认唯物主义反映论和社会发展的非目的论（决定论）等。所有这些都被指责为直观唯物主义和机械决定论，是应当被抛弃、被革除、被扬弃的旧哲学的残余，他们认为，马克思主义哲学应当现代化，应当背弃世界观，转向生存论，用西方现代和后现代的最新哲学来充实、补充、革新它的内容。依据这种主张，不仅旧版教科书体系是完全陈旧、完全不适用的，而且全部马克思主义哲学的经典文本都必须根据这个标准加以取舍、重新解读、进行再造。然而沿着这条道路走下去，只能导致无休止的体系之争，而不能产生任何能为多数人肯定的结果，正像我们在"西方马克思主义"发展史上已经看到的那样。

在主张重建马克思主义哲学体系的国内学者中，也有另一种情况，他们力图在传统教科书框架体系的基础上加以改进、充实和完善，运用马克思主义经典文本中的基本哲学范畴建立起一种能够包容马克思主义哲学全部内容的规范体系，这样，就可以使马克思主义哲学获得一种严整的理论形态和稳定的逻辑结构，一方面足以抵御和应对西方流行思潮的侵袭和挑战，另一方面又便于人们完整、系统、准确地把握它的精神实质。但是，面对世界历史的复杂变化和科学技术的迅猛发展，要想在日新月异的新形势下完成上述这种建构哲学新体系的任务，几乎是不可能的事。我们从现代西方哲学的诸多派别中不难看到，每当他们的新体系建立之时，也就是这种哲学寿终正寝之日。这就是说，任何体系的生命都是短暂的，能够保存下来并继续发挥作用的，也许只是它的方法。

马克思恩格斯生前并未打算要建立自己的哲学体系，但是他们研究的对象却涉及自然、社会和人类思维，在社会领域中尤其注重对经济的研究，人们据此把各个相关领域的研究成果衔接起来而构成一种教学体系，这原非马克思和恩格斯的本意。但是尽管这样，有一点却是肯定的，就是在马克思恩格斯有时是合作、有时是分别研究上述各个不同领域的时候，他们在哲学方法上却是完全一致、始终一贯的，这个方法就是唯物主义辩证法或者叫做辩证唯物主义。正像恩格斯后来所一再强调的那样，他和马克思所阐发的唯物主义（新唯物主义或辩证唯物主义）既不是教条，也不是公式，而是方法，即研究问题的指南。作为方法，唯物主义应如何应用于具体的研究领域，这要视研究对象的具体特性而定。因此，我们只把辩证唯物主义或唯物主义辩证法当作哲学方法来看，而不是特指马克思主义的"自然哲学"或"一般唯物主义"。按照我们的理解，并不存在这样的情形，即历史唯物主义是自然唯物主义的推广和延伸。事实上，当马克思和恩格斯着手运用辩证的而不是直观的唯物主义揭开人类历史的奥秘（历史之谜）和社会生活的本质的时候，他们还没有在改造旧唯物主义自然观的问题上进行过认真的思考。可见，他们对作为哲学方法的辩证唯物主义的运用是在历史领域中开始而在政治经济学和对资本主义的现实批判中臻于成熟的。《资本论》可以说是马克思成功地运用唯物主义辩证法全面透视一个特定的经济社会形态的光辉典范，因此《资本论》的方法（大写的逻辑）对于历史科学（包括自然史和人类史）的研究无疑具有普遍性，但即使这样，人们也不能把它当作公式到处乱套。正如列宁指出的，《资本论》的逻辑仅仅是辩证法的局部情形。对于真正懂得辩证唯物主义并能在科学实践中有效地加以运用的人们来说，它就绝不是几个名词、几个套语，而是极其严整、严密的科学方法和治学态度，坚持这种方法，哪怕对于一个细节问题也必须作出艰苦的努力才能有所成就。否则，就绝不是什么唯物主义，更无须去谈论辩证法。

因此依据上述观点，我们认为仅仅围绕体系的争论并不能真正触及马克思主义哲学的根本性质问题，问题的关键不在体系而在方法。如果抛弃或者背离了马克思主义哲学的根本方法，那么任何哲学体系，即使仍然冠以马克思主义的名称，也不能视为是马克思主义的。在马克思主义哲学体系中，能不能有人学的、生存论的以及价值论等等的地位，这并不关涉到马克思主义哲学的根本性质问题，关键是在研究上述这些问题时是否坚持并运用了马克思主义哲学的根本方法——唯物主义辩证法或辩证唯物主义。这就是我们在体系与方法问题上的基本看法。

历史唯物主义的方法论视角及学术意义
—— 从对西方学界的几种社会批判理论的批判入手

唐正东

历史唯物主义有两个基本的方法论视角：历史的和社会关系的。我们在理解这一点时应该注意以下两点：（1）这两个视角不是相互割裂的，而是内在统一的。此处所讲的历史的方法论是社会关系的历史的方法论，而不是某种技术要素或劳动工具的历史的方法论。此处所讲的社会关系的方法论也不是静态的社会关系方法论，不是去凸显经验层面上的社会关系的异化本性，而是一种历史性的社会关系方法论。（2）更须指出的是，这种历史性的社会关系方法论不是去描述经验历史层面的社会关系的前后相继性，不是用一种结构形式去描述封建主义的社会关系，用另一种结构形式去描述资本主义的社会关系，然后把它们置放在前后的时间序列之中，而是把私有制社会的历史发展当作一个整体，把生产力生产关系的矛盾运动当作这一历史整体的本质线索，从而把历史上每个时代的社会关系都当作这一本质矛盾之历史发展的结果。马克思就是在这一意义上来运用历史唯物主义的方法论的，所以，他在完成历史唯物主义的建构之后，主要的理论精力不是去凸显现有社会关系的异化本性，而是去研究这种社会关系与私有制社会内在矛盾的发展之间的关联性；不是去研究历史上各种社会关系的经验内容，而是去研究资本主义的社会关系是如何体现私有制内在矛盾发展的最高阶段的。历史唯物主义的这种方法论视角及其相应的理论内

---

① 原载《中国社会科学》2013 年第 5 期。

容，的确是具有客观性特征的，这其实就是科学性的特征。但遗憾的是，在当今国外"左"派学界，这种观点遭到了很大的质疑。从表面上看，当代西方社会中似乎已经不具备坚持历史唯物主义的这种方法论视角的现实条件了，因为，当资本完成了在经济领域中的殖民之后，西方社会似乎已经没有经济矛盾了，再加上随着西方社会去工业化进程的推进，阶级结构也发生了变化，因此，社会批判理论似乎理应转向对文化范式、性别、权力、种族等问题的研究。我们尽管可以承认西方"左"翼学者在其特定的实践语境中为了延续革命或批判的学术传统而作出的学术努力的价值，但当他们的学术思路影响到我们的理论建构时，就必须考虑以下两个问题：一是他们的学理逻辑是否是严谨和完整的；二是我们的时代背景是否与他们的理论范式相对应。

一、对文化范式的批判不能取代对历史内在矛盾的批判

从文化的角度来界定现实存在的本质，从思维、认识的建构作用的角度来理解现实历史的本质，这尽管相对于把思维与存在在现实层面上机械地割裂开来的研究范式而言，的确有可取之处，因为从认识论的层面上说，现实，尤其是能对人类生活起影响作用的现实，无疑是要经过思维图式或文化范式的建构这一中介的。也就是说，只有那些经过文化范式中介过的客观现实，才可能对现实的人的生活世界起作用。但如果把这一解读逻辑的作用无限地夸大，那就会走向认识上的误区。譬如，如果基于上述解读逻辑而把对客观现实的批判，简单化地理解为对关于客观现实的文化范式的批判，那就会在一定意义上重蹈当年青年黑格尔派的学术老路，从而最终走向用思想来解救思想的学术道路。因此我以为，这一解读思路应该进一步追问如下问题：对客观现实进行中介的文化范式又是从哪里来的？只要它不是先验的，它就要回答这一问题。基于历史唯物主义的方法论，我们必须承认它是由现实历史的运动所建构出来的。这样一来，思维

与现实之间的关系似乎又回到了原先的层面。其实，这并非是一种回复，而是对现实本身的一种深度追问。应该看到，思维本身也是内在于现实之中的，除了在本体论上追问谁是第一性的问题之外，历史唯物主义讲的现实当然是包括思维在内的完整的现实。而真正能回答上述提到的思维与现实之间的看似循环论证的那个问题的，恰恰是作为发展过程的现实本身，而不是作为静态对象的经验现实。而谈到作为发展过程的现实本身，就必须去回答这一现实发展过程的本质问题，即生产力生产关系的矛盾运动在其中所起的本质作用，而不是停留在文化范式对人的行动的中介作用的层面上。

应该说，在当代西方左派学界，以思维图式或文化范式为切入口来解读马克思哲学的本质以及展开当代资本主义批判理论的学者，还不在少数。譬如英国的卡弗教授就认为，"马克思的观点似乎是：新近社会建构（如商品社会）有其'本性的规律'或具体的概念结构，因此个人就是以一种可预知的方式得以社会地建构的，据此社会的兴衰也就是可以预测的了。不过，马克思并没有最终牺牲个人的能动性，因为他认为个人依然可以很好地认识这一概念结构。而且，如果这一概念结构改变了，人们也一定会起而反之。马克思设想了一个概念结构以替代商品'本性的规律'，这样社会（以及社会性建构的个人）就可以更新和发展了……"① 美国的吉布森、澳大利亚的格雷汉姆教授也有相似的观点："对福特制和后福特制的种种认识可以视为政治干预。在某种社会表述背景中，它们不仅通过构建某种主体地位来动员政治主题，而且也通过勾勒总体社会结构、一系列具体社会形式，及其可变的各种方式，来确立一个大致的政治构想……从另外的角度把社会描述为一个无中心的、不连贯的和复合性的整体，就可以在阶级活动（和其他活动）中从任何角度、任何时间提供许多干预点。"②

---

① ［美］卡弗：《政治性写作：后现代视野中的马克思形象》，张秀琴译，北京师范大学出版社2009年版，第40页。
② ［美］J. K. 吉布森－格雷汉姆：《资本主义的终结——关于政治经济学的女性主义批判》，陈冬生译，社会科学文献出版社2002年版，第216—217页。

尽管这些观点初看起来很有说服力，但我们还是应该看到以下两点。

首先，这些观点都是从所谓的革命政治学的角度来展开其学理逻辑的，在这些学者看来，资本逻辑在当代语境中已经成功地完成了对经济、政治、文化等领域的殖民，因此，作为左派学者，现在唯一能做的就是通过颠覆既有的文化范式来重新找到批判的主体或革命的动力，由此来推进他们所说的革命政治学的进程。但问题恰恰在于，他们所假定的那个前提是不存在的，或者说只是他们从文化人的角度对当代资本主义现实的一种误读。因为，就像很多学者所看到的那样，从20世纪80年代中叶开始，当代西方资本主义社会的资本积累危机就已经出现了，"经济停滞（到现在，已经成为体系的特征长达25年了）势必引起大量在生产性投资上找不到出口的过剩资本。在这些条件下，主导性资本对这个情况的反应是完全符合逻辑的：优先管理大量流动资本。这种管理需要最大程度的世界金融开放和高利息率……这个体系毫无疑问有以下弊端：（1）它没有提供稳定的汇率……从而扭曲了国际竞争的规则；（2）它导致了世界经济停滞的螺旋式发展，使失业成为西方社会的长期特征；（3）它阻碍了许多外围地区寻求发展的可能"①。实际上，后来在西方资本主义国家出现的金融危机以及由失业所带来的严重的贫富分化，就是由此而来的。上述左派学者之所以忽视这种客观的经济矛盾，一个重要的原因就在于，在当今西方左派学界，哲学家、政治学家与经济学家之间没有很好的学术联系。因而，在缺失了对资本主义经济现实的客观分析线索的前提下，这些左派的哲学家或政治学家就很容易从左派抗议运动的式微和马克思主义理论相对处于低潮的现象中，得出资本主义经济过程已无矛盾可言的结论。殊不知，这只是一种虚拟的结论，事实并非如此。当然，我此处的论述并没有忽视戴维·哈维等学者对资本主义金融危机或经济危机的论述，但一来，这部分学者的观点不在我所论述的线索之中，二来，他们中的大多数人尽管谈到了经济危机，但实际上并没有从资本主义本质矛盾运动的角度来理解这种经济危机的必然性，而只是从经验层面上的矛盾性，如剩余资本与剩余劳

---

① ［埃及］萨米尔·阿明：《全球化时代的资本主义》，丁开杰等译，中国人民大学出版社2005年，第31页。

动力的同时存在等角度来加以理解。因此，此处对他们的观点就不加以展开了。

　　法国哲学家莫里斯·梅洛-庞蒂曾说过："文化人是一种现代类型……依据一种根本的选择——它弥漫在这个时代的各种思想、意愿和行为中，因此从来都不可能对它做出总结——来探究每一个时代的这种成见，乃是一个领略过知识之树的时代所具有的现象。科学的历史从原则上来说与它想要重新发现的素朴的历史相差甚远。它在它要重建的东西中假设了它自身……"① 套用这种思路，我们可以追问：上述这些以文化范式批判为切入口的"文化人"，他们的"根本的选择"是什么？如果这种"根本的选择"本身就是通过思想的改变来改变世界的话，那么，他们看不到当代资本主义在经济、政治等层面的内在矛盾性也就是很自然的了。但需要进一步指出的是，莫里斯·梅洛-庞蒂在说了上述那番话后，还说出了如下的观点："正如卡尔·洛维特所指出的，韦伯清楚地知道，科学的历史本身就是历史的一种产物，就是'理性化'的或者说资本主义历史的一个环节。正是这同一种历史转向了它自身，并假定我们可以在理论上和实践上主宰我们的生活，对生活的阐明是可能的。"② 我觉得，这一观点是很有意思的。按照这一思路，莫非上述那种以文化范式批判为切入点的社会批判理论，本身就是当代资本逻辑在文化层面上所建构出的一个环节？如果我们观察到如下的事实：身处在发达资本主义国家中的左派学者较多地关注文化范式的批判，而身处不发达国家的左派学者却更多地关注全球化语境中落后国家被剥削的事实，那么，上述这一追问还真的能在方法论上给我们一些有益的启示。

　　其次，上述革命政治学观点在当代西方左派学界其实也只是其中的一种观点，或者可称为左翼学界中的乐观主义观点，因为在西方左派学界，还有一种悲观主义的观点恰恰是把文化置放在经济、政治过程的基础上来

---

① ［法］莫里斯·梅洛-庞蒂：《辩证法的历险》，杨大春等译，上海译文出版社2009年版，第16页。
② ［法］莫里斯·梅洛-庞蒂：《辩证法的历险》，杨大春等译，上海译文出版社2009年版，第16—17页。

加以理解的。他们所得出的结论当然是文化已经被资本逻辑所殖民,因而文化本身也不可能在社会变革的维度上掀起任何波澜,"正因为资本主义是扩张性的和帝国主义的,所以越来越多领域里的文化生活都陷入了现金交易的掌握与资本流通的逻辑之中。诚然,这已经激起了从愤怒与反抗到屈从与欣赏(而这两方面都没有任何可以预料的东西)等各种反应。但是,随着时间扩大与加深的资本主义的社会关系,肯定是近代历史地理学最独特和最无可争议的事实之一"①。从表面上看,西方左翼学界中的乐观主义和悲观主义观点在解析同一种文化现象(如后现代主义文化)时所得出的观点是完全迥异的:悲观主义观点会把后现代主义文化视为后福特主义的非集权化和私有化经济进程在文化上的一种延续,而乐观主义观点则把它视为对商业性的交换文化以及精英主义的高雅文化的一种挑战。② 因此,我们首先应当清楚地认识到,即使是在西方左派学界,是否能用文化图式或文化范式来支撑起革命政治学的解读逻辑,学者们是有不同看法的。在此基础上,我们还需对上述乐观主义观点作进一步的分析。这些学者绕开阶级来谈文化,本身就内含着一种话语权力。尽管他们在人性论、存在论、性别、种族等维度上也能够展开对传统话语权力的批判,但他们所理解的这种话语权力只是在微观意义上的,真正宏观意义上的话语权力是以资本主义经济矛盾运动为依托的资产阶级意识形态话语,这种话语权力是不可能在绕开阶级的前提下作出解读的。

我承认,这些持乐观主义观点的左派学者的革命政治学热情是值得肯定的,但问题是他们的学理逻辑不自觉地陷入了资产阶级宏观话语权力的意识形态之中。也就是说,他们在微观话语权力的层面展开对资本主义的批判,却在宏观话语权力的层面陷入了资产阶级的意识形态。他们首先承认了资本主义经济逻辑的成功布展以及在政治、文化层面上完成了其殖民过程,然后再从基于知识分子视角的新文化范式或新文化图式的角度来奋

---

① [美] 戴维·哈维:《后现代的状况——对文化变迁之缘起的探究》,阎嘉译,商务印书馆2003年版,第426—427页。
② 参见 [美] J. K. 吉布森-格雷汉姆:《资本主义的终结——关于政治经济学的女性主义批判》,陈冬生译,社会科学文献出版社2002年版,第193页。

起反击。这不仅使他们的文化反击不自觉地具有无政府主义和自由意志论的倾向，而且还使他们的这种文化反击对现实资本主义的发展所具有的干预力很不够。从客观事实的层面来看，当代资本主义在发展过程中似乎对这些左派批判文化具有免疫力，其发展似乎并未受到它们的影响。而且更加不可思议的是，在上述左派批判文化中占据重要地位的一些概念，如全球资本主义、后工业资本主义、晚期资本主义等，恰恰是在资本主义发展模式的思维框架中提出来的。而以发展模式为切入点来解读当代资本主义发展历程的观点，在本质上与资产阶级主流意识形态的观点并没有根本性的区别。基于此，我们可以看到，当这些左派批判学者急于在理论上告别工人阶级、告别历史唯物主义的时候，他们的学理逻辑还存在着一些重要的漏洞。当然，我这样说并不意味着我们应该赞同上述悲观主义的观点。在当代西方左派学界文化反击问题上的悲观主义和乐观主义的学理框架中来谈论我们自己的理论立场，这本身是不可取的，因为它们都没有领悟到历史唯物主义方法论逻辑的学术意义。像马克思在《资本论》中所做的那样，深入到资本主义社会历史过程的内部去寻找其内在矛盾的根源，去寻找社会危机的真正可能性，去寻找文化批判或文化反击的社会经济基础并梳理出文化反击的现实可能性路径，这才是我们基于历史唯物主义视角来思考文化批判问题时所应该持有的方法论立场。

二、经验主义的解读思路无法理解历史过程的矛盾运动

历史唯物主义在解读社会生活，尤其是当代资本主义的社会生活时，碰到的另一个理论对手是经验主义的学术思路。当西方学界的一些学者在解读当代资本主义所出现的一些新现象时，往往只从物质存在形式以及一般性社会关系（而非历史性社会关系）的角度来展开学术解读。在当代西方学界流行的一些关于当代资本主义的定义，譬如后工业社会、后资本主义社会、后福特制资本主义社会、晚期资本主义社会、数字资本主义社会

等，其背后的学术思路均有上述局限性。丹尼尔·贝尔从经济部门、职业分布等五个要素的角度对后工业社会概念进行了界定："1. 经济部门：从商品生产向服务经济的转变。2. 职业分布：专业、技术阶级占首位。3. 轴心原则：理论知识居于中心地位，成为创新的源泉和制定社会政策的根据。4. 未来方向：技术的控制与评价。5. 决策：创造新的'智力技术'。"① 贝尔除了谈到经济形式等物质存在形式之外，的确也谈到了以技术阶级占首位的职业分布为内容的社会关系形式，但他所讲的只是一般性的社会关系，而非历史性形成的社会关系。或者说，他所谈的只是实证社会学意义上的社会关系，而非历史哲学意义上的社会关系。我在此处所讲的"历史性形成的社会关系"以及"历史哲学意义上的社会关系"是在马克思主义哲学的层面上来讲的，它们指的是基于私有制社会本质矛盾的历史运动来展开的对特定社会关系的理解，而非历史学意义上的、前后时间关系维度中的历史性社会关系。这两者的区别在于，前者把资本主义社会关系理解为私有制社会内在矛盾的历史运动的结果，而后者则把它理解为某种事实本身，并把这种事实置放在与前一种事实的前后时间关系之中，但不去解读这两种事实在私有制社会内在矛盾运动维度上的内在关系。贝尔没有阐明新的职业分布状况与基于内在矛盾运动的资本主义生产关系的发展过程之间的关系，因此，他所讲的社会关系只是一般性的或社会学意义上的社会关系。

著名管理学家德鲁克在《后资本主义社会》一书中同样也有类似的方法论缺陷。在论述后资本主义社会的特征时，他说："基本经济资源……不再是资本、自然资源（经济学家的'土地'）或'劳动力'。它现在是并且将来也是知识。创造财富的中心活动将既不是把资本用于生产，也不是'劳动'，而上述两者曾是 19 世纪和 20 世纪经济理论的两极，不论是古典理论、马克思主义理论、凯恩斯理论还是新古典理论都是如此。现在，价值由'生产力'和'技术创新'来创造，而这两者都是将知识应用于工作。"② 德鲁克只从经济资源的角度来看待"知识"，而没有把"知

---

① ［美］丹尼尔·贝尔：《后工业社会》，彭强编译，科学普及出版社 1985 年版，第 2 页。
② ［美］彼得·德鲁克：《后资本主义社会》，张星岩译，上海译文出版社 1998 年版，第 8 页。

识"放在社会历史现象的层面上来加以理解,这就注定了他无法准确地回答知识社会(即他所讲的后资本主义社会)中的权力分配及其背后的资本主义生产关系问题,无法回答为什么知识社会的权力越来越集中在管理者手中。德鲁克在此书中曾高度评价后资本主义社会的如下特征:"在实践中,所有这些知识人员都受雇于各种组织之中。可是,不像资本主义制度下的雇员,他们既拥有'生产资料',又拥有'生产工具',前者由于他们的养老基金正在所有发达国家中形成而成为唯一真正所有者,而后者因为知识工作者拥有知识并能随身带着到处走。"① 可正像美国左派历史学家德里克所说的那样,"德鲁克20世纪90年代就说,退休基金提供了用于有效投资的资本的一半以上……我们也会注意到,这不会带来收入和财富的更加公平合理的分配,因为在美国,所有收入和财富的一半都控制在百分之一的人手中!"② 2011年发生在美国的占领华尔街运动中所喊出的"我们是99%"的口号,所印证的正是德里克对德鲁克的这些批评。德里克说,德鲁克把自己的听众和读者对象设定为"资本的管理者"③,这也许点出了德鲁克解读思路的症结所在:他关心的是为资本的管理者献计献策,而不是把当代资本主义新变化的真实内涵讲清楚。

我以为,马克思的历史唯物主义哲学在这一问题上讲得要比上述学者深刻得多。以对资本的理解为例,一般认为马克思在这一问题上的贡献在于不仅把资本理解为物,而且把它理解为社会关系,似乎马克思跃升到社会关系的角度来解读资本的本质,就意味着他在理论立足点上对斯密、李嘉图等古典经济学家的超越。其实,这种理解是需要进一步推进的。斯密等人也是从社会关系即交换关系的角度来理解资本的,只不过他们是从非历史性的、天然的、自然的社会关系即资本主义交换关系的角度来建构其解读思路的。也许有人会说,斯密不是也研究了前资本主义社会的经济关系吗?因此,他也应该是具有历史性的研究思路的。但需要指出的是,斯密并没有研究前资本主义的经济关系与资本主义社会的经济关系之间的内

---

① [美]彼得·德鲁克:《后资本主义社会》,张星岩译,上海译文出版社1998年版,第8页。
② 参见李惠斌、李朝晖主编:《后资本主义》,中央编译出版社2007年版,第16页。
③ 参见李惠斌、李朝晖主编:《后资本主义》,中央编译出版社2007年版,第17—18页。

在关联性，而只是指出了它们的前后相继性，因此，当我们把研究对象定位在斯密的资本主义社会分析理论时，就会发现他的思想是非历史性的。而马克思则不同，他不仅看到了资本是"物"，是"关系"，而且更为重要的是，他看到了资本是一种过程，"资本决不是简单的关系，而是一种过程，资本在这个过程的各种不同的要素上始终是资本。因而这个过程需要加以说明。"① 恕我直言，国外学界的很多学者在建构其当代资本主义研究的学术思路时，都没能很好地领悟马克思这一思路的深层内涵。对马克思来说，资本主义的社会关系并不是一般性的人与人之间的关系，譬如斯密所说的那种契约性的交换关系，而是在资本主义生产方式这种具体的、历史的生产方式条件下，资本家通过剥削和占有雇佣劳动的剩余价值来实现的一种权力关系。马克思在社会关系问题上对古典经济学家真正的超越在于剥离了纯粹契约关系的假象，即透过社会关系的经验现象，深入到了矛盾性的内在本质的层面。法国学者雅克·比岱对这一点是看得清楚的，"《资本论》一反常理地以描述建立在个体之间自由平等的纯粹契约关系基础之上的社会为开端，即从对自然—理性法支配的世界的现代虚构开始，我将之称为'元结构'式的虚构。马克思表明只能从这一虚构出发，现代阶级结构可以被看做一个倒置"②。

以此为基础，我们再来看看当代西方左派学者中即使谈到社会关系的那些观点，应该说，他们都没有达到马克思所讲的这种"过程"性社会关系的层次。美国学者波斯特在其著名的《信息方式》一书中大谈信息方式前提下权力支配的新形式，并强调了从马克思主义理论前提中转移出来的必要性，"与电子媒介语言的兴起相联系的是权力的种种新形式的出现，这些结构系统地绕开了自由主义的暴政概念和马克思主义者的剥削概念……信息方式的诸多层面，如数据库，都能以种种方式产生新的支配形式。为了使这些方式能被理解，分析家们必须从自由主义的及马克思主义

---

① 《马克思恩格斯全集》第30卷，人民出版社1995年版，第214页。
② [法] 雅克·比岱等主编：《当代马克思辞典》，许国艳等译，社会科学文献出版社2011年，第5页。

的基本假设转过头来,走向后结构主义的福柯式变体"①。波斯特既然讲到了权力支配的形式,这就意味着他当然具有了社会关系的解读思路。只可惜,他根本不了解权力形式背后的社会经济过程,因而也不可能了解信息化资本主义的"数字鸿沟"问题,即因为在占有信息技术和信息工具方面的差距而产生的新的不平等和不公正。②这就是他不从马克思意义上的历史过程性的社会关系而只从一般性的社会关系入手来展开解读思路所付出的理论代价。

哈特和奈格里也是一样,他们比波斯特深刻的地方在于看到了帝国条件下资本是一种冲突性的社会关系,"资本不是一件物品,而是一种社会关系,一种冲突性的关系"。③在《诸众》一书,他们还指出了非物质劳动条件下资本的剥削问题,"我们并不认为非物质生产的模式是一种我们能在其中自由地共同生产以及平等地分享社会公共财富的天堂。就像物质劳动一样,非物质劳动仍然在资本的规则下遭受着剥削。"④在哈特和奈格里看来,正因为如此,帝国的生命政治的推进过程对于诸众来说,"不仅仅是一个反应的过程,而且还是一个行动和创造的过程"⑤。从表面上看,仅就冲突性的社会关系以及由此而带来的历史主体的行动过程等内容来看,哈特、奈格里的思路似乎与马克思的思路并没有太大的不同,但仔细分析却不难发现其中的重要区别。哈特、奈格里延续了20世纪60年代在意大利出现的工人自治主义的学术思路,简单地认为因生产关系内在于由资本所产生的生产力,因而对资本主义生产关系的颠覆已经不可能。以此为基础,他们在弱化劳资之间经济矛盾关系的前提下,建构了一种所谓的劳资权力矛盾关系,并强调与教条式马克思主义相反,他们所关注的不是资本对劳动的统治,而是劳动对资本所具有的可能性反抗权力。可以想

---

① [美]马克·波斯特:《信息方式》,范静哗译,商务印书馆2000年版,第119—120页。
② 参见李惠斌、叶汝贤主编:《当代西方资本主义研究》,社会科学文献出版社2006年版,第20页。
③ [美]麦克尔·哈特、安东尼奥·奈格里:《帝国》,杨建国等译,江苏人民出版社2008年版,第33页。
④ Michael Hardt and Antonio Negri, *Multitude*, New York: The Penguin Press, 2004, p.149.
⑤ Michael Hardt and Antonio Negri, *Multitude*, New York: The Penguin Press, 2004, p.215.

象，这种解读思路是不可能认识到历史性的社会关系即由当代资本主义的社会发展过程所建构出的具体的、历史的劳资关系的重要性的。事实上也是如此，他们并不关心从物质劳动到非物质劳动的社会发展过程，也不关心从传统的帝国主义时代到新帝国时代的社会发展过程以及由此而显现出来的社会内在本质，只关心上述两者之间的断裂。在缺失了对当代资本主义经济矛盾的深层分析的基础上，简单地借助于福柯的微观权力理论来指认资本主义生产关系的不可颠覆性，并因此而把自己的理论目标局限在"在帝国的范围内，通过一种民主政治行动的伦理工程来进行反抗帝国的事业"①。有的学者在评价奈格里等人的观点时说："工人主义成为一个蹩脚理论：一个没有进行任何批判，没有澄清事实的阻滞的思想，一个令人欣慰的意识形态，或者一个确实的幻觉，阻碍着人们发觉与其愿望不相符的东西。"② 我认为，这种评价尽管听起来有点极端，但哈特、奈格里因为轻易地抛弃了历史唯物主义的解读思路，因而其学理逻辑上的确存在着明显的局限。

三、深化对经典作家相关思想的理解

能不能深刻领悟历史唯物主义哲学的基本意义，尤其是其中的方法论意义，对于我们是否能够准确地把握马克思主义经典作家的思想也是极其重要的。以马克思哲学文本的解读为例，我认为能否真正地理解马克思的一些概念背后所运用的社会历史方法论，不仅关系到能否正确解读马克思哲学发展的不同阶段的思想递进过程，而且还关系到能否正确地解读马克思成熟时期的哲学思想。

譬如，在早期哲学著作《黑格尔法哲学批判》中，马克思对所有权概

---

① Michael Hardt and Antonio Negri, *Commonwealth*, Cambridge, Massachusetts: The Belknap Press of Harvard University Press, 2009, p. VII.
② 参见［法］雅克·比岱等主编：《当代马克思辞典》，许国艳等译，社会科学文献出版社2011年版，第353页。

念的使用还明显地受制于黑格尔法哲学的理论视域，还没有赋予这一概念以社会历史的内涵。在一定意义上，我们可以说，马克思此时的所有权概念是在法权层面上使用的。即使是在《德意志意识形态》中，尽管马克思恩格斯对所有制或所有权概念的界定水平有了明显的提高，他们已经开始从较为丰富的经验性内容的角度来理解这一概念，但不容回避的是，这里的所有制概念只被赋予了历史学意义上的历史内涵，还没有被赋予历史哲学意义上的社会历史内涵，即还没有从所有权的内部客观矛盾运动的角度来理解这一概念的内涵变迁过程。因此，我们可以说，此时的所有权概念是在经验历史层面上来加以使用的。我以为，只是到了《资本论》及其手稿阶段，马克思对这一概念的使用才真正被置放在基于内在矛盾运动的社会历史观层面上。在这一阶段，马克思很有意思地说，资本主义所有权的核心其实是资本对雇佣工人劳动能力的占有权，它恰恰是以工人失去生产资料所有权为前提的，"我们看到，通过一种奇异的结果，所有权在资本方面就辩证地转化为对他人的产品所拥有的权利，或者说转化为对他人劳动的所有权，转化为不支付等价物便占有他人劳动的权利，而在劳动能力方面则辩证地转化为必须把它本身的劳动或它本身的产品看作他人财产的义务"①。

此处有两层内涵必须厘清：首先，资产阶级占有权已经不是一般意义上的法权或经验历史观意义上的所有权，因为它已经是以工人失去生产资料为前提了；其次，同时必须看到的是，这种占有权又是私有制条件下所有权发展的一种必然形式，是所有权规律的一个必然结果，"所有权和劳动的分离，成了似乎是一个以它们的同一性为出发点的规律的必然结果。因此，不论资本主义占有方式好像同最初的商品生产规律如何矛盾，但这种占有方式的产生决不是由于这些规律遭到违反，相反地，是由于这些规律得到应用"②。也就是说，资本主义阶段的所有权就是以这种占有权为表现形式的。应该说，这种"既"、"又"的客观现实只有以历史唯物主义的社会历史观为方法论前提才可能加以正确地理解，否则，它只可能表现为一种无法理解的魔幻般的现实。资产阶级法学家和历史学家就无法理解

---

① 《马克思恩格斯全集》第30卷，人民出版社1995年版，第450页。
② 《马克思恩格斯全集》第44卷，人民出版社2001年版，第674页。

这种蕴含着深刻历史辩证法内涵的客观现实，正因如此，他们才只能用资产阶级法权即一般意义上的或者说抽象的人拥有生产资料所有权的意识形态观念，来欺骗社会公众尤其是工人阶级。他们用抽象的法权观念建构起了主流的所有权思想并试图让工人接受这种思想。很显然，对这种意识形态观念的批判绝不是简单地把它斥责为人的物化就可以完成的，因为这种异化或物化的思路只能连接伦理学意义上的人本主义批判，而无法从科学性的角度揭示这种异化或物化的历史生成基础。在这一意义上，马克思在《资本论》及其手稿中对资产阶级抽象法权的批判，其实既是对资产阶级法权意识形态的批判，又是对资本主义占有权的客观现实的批判，还是对私有制条件下所有权发展过程之本质的一种深刻揭示。弄懂了这一点，我们就不难看清国外有的学者把马克思的社会批判理论仅仅定位为对资产阶级观念体系的批判，这种观点显然是片面的；同时，我们也不难看清国内学界的传统解读思路把马克思成熟时期的理论努力仅仅定位为对客观规律的揭示而似乎与观念、意识的批判无关，这种观点也是不准确的。

再以马克思著作中的交换概念为例。我们知道，马克思在其早期作品中经常使用交换概念，譬如在《1844年经济学哲学手稿》、《詹姆斯·穆勒〈政治经济学原理〉一书摘要》等文本中。但从国内外学界目前对这一概念的研究现状来看，学者们似乎并没有太多地在意这一概念的方法论基础。我以为，我们必须看到，在马克思的这些早期文本中，交换概念是在经济学意义上来加以使用的。也就是说，马克思是从以货币为媒介的物与物之间的交换的角度来理解这一概念的。他还因此而批评资本主义社会中人与人之间的关系被物化或异化成了物与物之间的关系。就这一阶段的马克思来说，他对像交换这样的经济学概念的了解显然是受到斯密等人的经济学思想的影响的。他致力于批判斯密等人的古典经济学的异在性，但客观地说，他还没有对作为古典经济学理论基础的像交换这样的经济学概念进行有效的剥离和批判。这种局限在接下来的几年中曾在一定程度上妨碍了马克思对资本主义生产关系进行科学批判的理论拓展，但反过来也可以说，马克思在社会历史方法论研究上的推进也帮助他有效地扬弃了古典经济学的概念本身。在《资本论》及其手稿中，马克思明确地指出，劳动力与资本之间的交换其实已经不是一般意义上的交换，用"交换"来指认这一关系其实是滥用词汇，因为它们之间已经是一种不平等的交换关系，已经越出了平等交换的学理边界，它在本质上是以资本对劳动力的剩余价值剥削为基本内涵的，"在资本和劳动的交换中第一个行为是交换，它完全属于普通的流通范畴；第二个行为是在质上与交换不同的过程，只是由于滥用字眼，它才会被称为某种交换。这个过程是直接同交换对立的；它本质上是另一种范畴。"①

如果马克思的思路至此为止的话，那么，他无非是揭示了资本主义社会与其他社会形态在交换问题上的异质性，可以说，他只是为经验性的经济科学提供了一种断代史的新素材。难道马克思在哲学方法论上的贡献就是在这样一种经验科学的层面上得以展开的吗？我以为不是。因为在《资本论》及其手稿中，马克思就交换问题还讲到了下面这一层的观点：劳资之间的不平等交换恰恰是交换关系在私有制条件下发展的一种必然形式，"但是这种自由的工人——从而货币所有者和劳动能力所有者之间，资本和劳动之间，资本家和工人之间的交换——显然是已往历史发展的产物，结果，是许多经济变革的总结，要以其他社会生产关系的灭亡和社会劳动的生产力的一定发展为前提。"② 也就是说，资本主义条件下的交换关系就是这样的，它不是越出交换关系的内涵边界，而是交换关系概念之内涵的一种高级形态。马克思在交换问题上的这种深刻思想如果放在资产阶级经济学或经验历史观的层面上是无法理解的，它一定会被当作"抽象"观点而被简单地排斥掉。但如果放在基于内在矛盾运动的社会历史方法论的层面上，我们恰恰可以看到其中所蕴含的对社会历史现实的深刻揭示。

四、深化对马克思主义理论整体性的理解

对历史唯物主义深层内涵的领悟，还能帮助我们进一步认识在马克思

---

① 《马克思恩格斯全集》第30卷，人民出版社1995年版，第233页。
② 《马克思恩格斯全集》第32卷，人民出版社1998年版，第42页。

主义的理论框架中哲学、政治经济学、科学社会主义这三者之间的内在关联性。传统解释框架中的那种看似合理的观点，即从德国古典哲学的角度来理解马克思主义哲学的来源、从英国古典经济学的角度来理解马克思主义政治经济学的来源、从法国空想社会主义的角度来理解科学社会主义的来源的做法，实则是有欠缺的，因为它只是表述了马克思主义理论三大组成部分之间的外在关联性，而弱化或忽视了它们之间的内在关联，没有看到即使在基本理论逻辑的层面，上述三者之间也是有内在统一性的。

我认为，把这一问题阐述得比较到位的是西方马克思主义的第一代哲学家柯尔施。他准确地用革命性来解释了马克思恩格斯成熟时期的哲学、政治经济学及科学社会主义的内涵，并以此抓住了上述三者之间的内在联系。就马克思恩格斯成熟时期的哲学，柯尔施说："在整个后期，在马克思和恩格斯的头脑中，它的最初的面貌自然在实质上没有变化，虽然在他们的著作中它没有全然保持不变。尽管有所有这些对哲学的否定，但是这个理论的最初形态却是完完全全为哲学思想所渗透的。它是一种把社会发展作为活的整体来理解和把握的理论；或者更确切地说，它是一种把社会革命作为活的整体来把握和实践的理论。"① 这就使柯尔施一方面把马克思主义哲学与以德国古典哲学为代表的资产阶级唯心主义哲学区别了开来，另一方面又把它与单纯的实证主义科学区分了开来。应该说，如果没有对马克思主义哲学的独特品格与深层内涵的深入理解，要想得出上述这种观点是很困难的。柯尔施用"新的马克思主义哲学"② 来界定成熟时期的马克思恩格斯哲学思想，这说明他的确在这一问题上有较好的领悟。就马克思主义政治经济学而言，柯尔施并没有把它仅仅视为马克思恩格斯在完成了哲学的建构之后所展开的一项独立的、至多具有政治倾向性的理论活动，或者说，他并没有游离于哲学视域之外来思考马克思主义政治经济学的内涵，而是明确地把它与"新的马克思主义哲学"联系了起来，"看起

---

① ［德］卡尔·柯尔施：《马克思主义和哲学》，王南湜、荣新海译，重庆出版社1989年版，第22—23页。
② ［德］卡尔·柯尔施：《马克思主义和哲学》，王南湜、荣新海译，重庆出版社1989年版，第15页。

来好像马克思恩格斯后来对哲学的批判仅仅是以一种偶然的、临时的方式进行的。事实上,他们远非忽视了这一问题,他们实际上在更深刻、更彻底的方向上发展了他们的哲学批判。要证明这一点,只需要与某些关于这个问题现在流行的错误观念相对立,恢复马克思的政治经济学批判的充分的革命意义就够了。这也可以用于澄清在整个马克思的社会批判体系中它的地位和它同像哲学这样的意识形态的批判关系"。①就科学社会主义而言,柯尔施更是直截了当地把它界定为马克思主义"社会革命理论的唯一整体"。②他并没有把科学社会主义理解成马克思主义哲学、政治经济学之外的一种独立的、基于纯粹的科学观察的理论,而是把它界定为包含着马克思主义的哲学、政治经济学的理论事业在内,同时又包含着推翻资本主义的实践事业的一个整体。柯尔施有时候直接用"科学社会主义"来指称"马克思和恩格斯的马克思主义"③,其原因正在于此。他实际上是认为在《资本论》等著作中,马克思恩格斯的科学社会主义所包含的政治、经济、意识形态等要素以一种新的方式结合了起来,并在政治经济学的基础上呈现了出来。依此推论,柯尔施也一定会认为在恩格斯后期的一些哲学著作中,科学社会主义的各要素在以一种新的方式结合起来之后又在哲学的基础上呈现了出来(尽管在《马克思主义和哲学》一书中他并没有明确提及此种观点)。应该说,这种思路是深刻的,要远比把马克思主义的三个组成部分进行条块分割的观点精彩得多。

但是,也应该指出的是,柯尔施尽管清楚地表达了在革命性的基础上把马克思主义的哲学、政治经济学、科学社会主义有机统一起来的思路,但客观地说,他并没有对这种思路本身作出进一步的说明。也就是说,他更多的是停留在解读原则的层面上来阐明这种思路,并以此来反击当时学术界流行的各种错误观点,但他对上述三者是怎么有机统一起来的这一问

---

① [德] 卡尔·柯尔施:《马克思主义和哲学》,王南湜、荣新海译,重庆出版社1989年版,第45页。
② [德] 卡尔·柯尔施:《马克思主义和哲学》,王南湜、荣新海译,重庆出版社1989年版,第24页。
③ [德] 卡尔·柯尔施:《马克思主义和哲学》,王南湜、荣新海译,重庆出版社1989年版,第24页。

题似乎并没有加以详细的阐述。而我认为，这后一个问题恰恰是更为重要的，因为只有把握住了它，才能真正理解为什么上述三者必须统一起来的原因，而不只是停留在它们应该统一起来的理论层面上。

其实，马克思主义的上述三个组成部分的确是有内在一致的逻辑联系的。下面对这一点作出分析。在《关于费尔巴哈的提纲》第一条的结尾处，马克思批评费尔巴哈只从卑污的犹太人的经商活动的角度来理解实践，而"不了解'革命的'、'实践批判的'活动的意义"[①]。把这句话理解成费尔巴哈不了解实践活动的革命的、批判的意义也是可以的。马克思实际上是想表明，现实的实践活动尽管在唯心主义及旧唯物主义者那里没有什么理论地位，但它本身恰恰是具有革命的、批判的意义的。也就是说，真正具有革命的、批判的意义的东西，既不是费尔巴哈所指称的以人的本质为基础的理论的活动，也不是黑格尔所说的那种绝对精神的思辨运动，而是现实的实践活动。把这一点跟第六条中关于人的本质在现实性上是一切社会关系的总和的观点联系起来，不难看出，马克思此处所讲的现实的实践活动，无疑是指现实的社会实践活动。它所体现出来的不是个体的自由自主活动，而是客观的社会实践活动。至于这种客观的社会实践活动为什么具有革命的、批判的意义，那就是《德意志意识形态》所回答的问题了。正是因为生产力与交往形式（生产关系）的矛盾运动构成了上述客观的社会实践活动的本质内涵，而这种矛盾运动推动了生产关系的不断更新与革命，所以，上述这种客观的社会实践活动才具有革命的、批判的意义。因此，《关于费尔巴哈的提纲》所展现出的新世界观的萌芽，即对实践活动的批判的、革命的意义的强调，是必须要被推进到《德意志意识形态》所说的生产力生产关系矛盾运动的理论层面的，否则的话，其理论逻辑就还没有完成，因为这种实践活动对为什么具有革命的、批判的意义这一问题还没有加以回答。

马克思恩格斯新唯物主义哲学的这种深刻内涵，不仅直接提供了科学社会主义的哲学基础（生产力生产关系的矛盾运动为科学社会主义运动提

---

① 《马克思恩格斯选集》第 1 卷，人民出版社 1995 年版，第 54 页。

供了重要的哲学基础),而且也为马克思主义的政治经济学提供了重要的方法论指导。这不仅体现在我们所熟悉的从抽象上升到具体的科学方法论上(只有在历史观上站在历史唯物主义的层面上,才可能在政治经济学的方法论上坚持从抽象上升到具体的科学方法论,经验主义者是不可能理解这种科学方法论的理论意义的),而且还体现在一些基本概念的使用上。当我们说历史唯物主义哲学的基本概念是生产力、生产关系等的时候,也许我们会觉得有点奇怪:怎么把一些经济学概念当成哲学概念了,这在哲学史上可是绝无仅有的。殊不知,这种理解是不对的。马克思恩格斯在历史唯物主义哲学层面上所使用的生产力、生产关系等概念,绝不是古典经济学或庸俗经济学意义上的直接的经济学概念,而是已经被提升到了社会历史观层面的哲学概念,或者最起码要说,它们已经是马克思主义政治经济学层面上的经济学概念。这两种说法其实是一样的,因为马克思主义政治经济学就是以马克思主义哲学为方法论指导的。我们从这一角度看下去就不难理解,为什么当其他经济学家以交往价值为核心概念的时候,马克思在《资本论》中会以价值为核心概念,并把交往价值仅仅视为价值的表现形式;为什么当其他经济学家专注于利润的分析的时候,马克思会从剩余价值的角度入手把资本主义经济过程彻底地剥离开来;为什么当其他经济学家把资本主义经济过程视为天然的、合理的过程的时候,马克思会说它一定会走向经济危机。以上阐述表明,马克思主义的政治经济学在基本逻辑层面是与马克思主义哲学息息相通的,就像它们都与科学社会主义的理论逻辑息息相通一样。

基于这种理论视域,我们不难发现,国外学界的一些观点其实是无法进入马克思主义理论的这种内在统一的学术层面的。我们以德国的海德格尔和法国的阿兰·巴迪欧为例来说明这一点。海德格尔在《关于人道主义的通信》中的一段话常常被解读为他对马克思哲学思想的高度评价,"马克思在基本而重要的意义上从黑格尔那里作为人的异化来认识到的东西,和它的根子一起又复归为新时代的人的无家可归状态了……因为马克思在体会到异化的时候深入到历史的本质性的一度中去了,所以马克思主义关于历史的观点比其余的历史学优越。但因为胡塞尔没有,据我看来萨特也没有在存在中认识到历史事物的本质性,所以现象学没有、存在主义也没有达到这样的一度中,在此一度中才有可能有资格和马克思主义交谈"①。但问题是,如果马克思的哲学真的像海德格尔所讲的那样,只是从人的无家可归的视角来深入到历史的本质性维度中去,那么,他尽管可以通过异化的理论环节来完成对现实的批判,但这种哲学思路显然是无法与马克思后来所呈现出来的马克思主义政治经济学息息相通的。于是,便只能这样解释:马克思在完成哲学批判之后,哲学的任务便结束了,剩余的事就由政治经济学去完成了,而这两个理论之间是没有内在的关联性的,有的只是时间上的连接关系。从总体上看,这种解释还是停留在近代以来严格的学术分工的视域中,还没有认识到马克思的哲学革命正是建立在与政治经济学及科学社会主义理论的相融性之基础上的。

这里需要加以辨识的是:青年马克思在形成历史唯物主义哲学之前的一段时间内,的确是从海德格尔所说的那种历史的本质性维度来思考人的异化的,"现在要问,人怎么使他的劳动外化、异化?这种异化又怎么以人的发展的本质为根据?我们把私有财产的起源问题变为外化劳动对人类发展进程的关系问题,就已经为解决这一任务得到了许多东西。因为人们谈到私有财产时,认为他们谈的是人之外的东西。而人们谈到劳动时,则认为是直接谈到人本身"②。但问题是,马克思此时的历史本质性维度只是抽象人本主义的历史性维度,他凭借这一学术维度实际上还无法为工人运动提供科学上的依据。而且,在之后的思想发展中,马克思凭借对现实社会实践活动的革命性、批判性意义的揭示,用历史唯物主义哲学完全取代了这种抽象人本主义哲学。譬如,在《德意志意识形态》中,马克思不再从人本身的异化性不断加剧的角度来理解历史发展进程了,而是从生产力与交往形式的矛盾运动的角度来加以阐释,"交往形式的联系就在于:已成为桎梏的旧交往形式被适应于比较发达的生产力,因而也适应于进步的个人自主活动方式的新交往形式所代替;新的交往形式又会成为桎梏,然

---

① 孙周兴选编:《海德格尔选集》上卷,上海三联书店1996年版,第383页。
② 《马克思恩格斯全集》第3卷,人民出版社2002年版,第279页。

后又为别的交往形式所代替。由于这些条件在历史发展的每一阶段都是与同一时期的生产力的发展相适应的,所以它们的历史同时也是发展着的、由每一个新的一代承受下来的生产力的历史,从而也是个人本身力量发展的历史"①。而仔细观察马克思这一段时间的哲学思想发展进程,我们不难发现,当他停留在抽象人本主义哲学阶段时,他是无法把哲学思想与政治经济学及社会主义理论有机地统一起来的。相反,对此时的马克思来说,政治经济学只是其哲学理论的一个批判对象,他还没有发现政治经济学被改造成批判的、革命的理论的可能性。而社会主义理论对此时的马克思来说,也只是达到了一般的社会主义理论的水平,尚未达到科学社会主义的层次。也就是说,共产主义对此时的马克思来说,只是一种基于人性的历史必然,而不是基于工人阶级历史使命的一种必然结果。如果站在现实可能性的角度来看,它更像是一场打赌,是基于人性必然回归的一场对人类之未来的打赌。这显然不可能是科学的社会主义理论。而所有这些状况在马克思达成历史唯物主义哲学之后都被消解了,这就是为什么马克思的哲学不可能具有像海德格尔所说的那种基于人的异化的历史性本质维度的原因。

法国当代哲学家阿兰·巴迪欧就更有意思了,他居然把马克思想象成了尼采,并把马克思在社会历史观上的贡献仅仅界定为宣布一切固定的东西都烟消云散了,"正是在这个问题上,这个世纪比起想象的更深入地涉及马克思主义。出于对一种与尼采相关的马克思的忠实,马克思在《共产党宣言》中宣称一切传统习俗都终结了,亦即,一切传统的忠诚和稳定的联系都终结了。资本那令人生畏的力量,在'自私自利的算计的坚冰中',销毁了最神圣的契约,也让最不朽的联盟四分五裂。资本宣布它终结了一切建立在纽带之上的文明。的确,20世纪试图超越资本那纯粹否定性的力量,寻找一个没有纽带的秩序……一种松散的集体力量,试图在它的真实的创造性力量的技术上重建人性"②。巴迪欧费劲地把马克思打扮成尼采式的思想家,其目的在于让马克思来为巴迪欧自己的基于游牧规则的新主体

---

① 《马克思恩格斯选集》第1卷,人民出版社1995年版,第124页。
② [法]阿兰·巴迪欧:《世纪》,蓝江译,南京大学出版社2011年版,第103页。

哲学作思想的支撑。但问题是,巴迪欧的这种说法既没有文本依据,也没有思想史的依据。马克思恩格斯恰恰是在谈到"现代资产阶级本身是一个长期发展过程的产物,是生产方式和交换方式的一系列变革的产物"① 的时候,才谈到一切等级的和固定的东西都烟消云散了的观点。这种观点其实只是他们对资本主义的时代特征的描述,而不是他们在社会历史观层面上的理论观点。否则的话,他们岂不是与资产阶级经济学家站在同一理论层面上了吗?因为亚当·斯密等人正是从市场交换关系的角度来阐明封建时代的等级及僵化的要素被解构的必然性的。而马克思恩格斯恰恰是要驳斥斯密等人把这种资本主义生产关系视为天然的、自然的生产关系的观点,他们所要做的是阐明这种生产关系的具体历史性。这就是为什么马克思恩格斯在哲学历史观层面必然不可能尊崇尼采式的解构一切的观点的原因,因为他们所要做的,恰恰是从客观内在矛盾运动的角度来解释这种看似一切固定的东西都烟消云散了的社会。

我在本文中之所以要从多个层面来强调历史唯物主义的方法论视角及其学术意义,就是希望凸显如下的观点:在经历了 2008 年的金融危机之后,我们在构建资本主义批判理论时,是仍然停留在文化范式的批判层面,还是应该深入到私有制社会内在矛盾运动的本质层面?我们对人类命运的思考,是否应该上升到社会历史发展的命运的层面?我以为,历史唯物主义独特的方法论视角所具有的学术意义,就在于告诉我们应该从历史发展过程的角度去研究当下社会的内在矛盾,并致力于找到解决这种内在矛盾的路径。这一科学的方法论,对于帮助我们解读当下中国社会也是有益的。从这一角度,我们就能更好地理解历史唯物主义的方法论与我们现在所倡导的研究中国特色社会主义的建设规律、研究社会主义的发展规律、研究人类社会的发展规律的理论需求之间的一致性。一旦意识到这一点,我们在学术概念及学术路径的选择上就会具有更多的方法论自觉,而不会像一些西方左派学者那样,轻易地得出历史唯物主义已经过时的结论了。

---

① 《马克思恩格斯选集》第 1 卷,人民出版社 1995 年版,第 274 页。

先在的自然、基始的实践与第一级的物质生产[①]

张一兵

近来，关于实践唯物主义的研讨仍在深入。而深入则必定会有难题。这里仅举两例：一是自然与实践的关系。不少论者为了克服旧有的抽象自然本体论和带有人学色彩的"人化自然论"，开始将外部自然区分为二，即客观的自在自然和在实践中向主体呈现的自然图景。无意识的悖结是，这会不会回到康德？二是实践与物质生产的关系。我们都说，实践是马克思哲学新视界的基点，这似乎是所有实践唯物主义赞成者的共识。然而，为什么马克思在正面表述自己哲学逻辑系统的《德意志意识形态》（以下简称《形态》）中却没有从实践出发，而从生产出发？难题很多，但这两个难题解不了，实践唯物主义深层逻辑的钥匙是取不到的。

众所周知，马克思1845年春天写下了《关于费尔巴哈的提纲》（以下简称《提纲》），这标示着他实现了一个哲学逻辑框架上的格式塔转换：在人类主体的能动的创造性的客观物质实践中，马克思原有理论逻辑中的问题在一个科学的统一基点上被整合式地解决了，即在实践这一新的哲学逻辑起点上，他创立了全新的实践唯物主义。在这里，马克思的革命有三个"坚持"和三个"扬弃"。一是坚持了黑格尔消除了唯心主义杂质的辩证法和费尔巴哈消除了人本主义的人类主体（个体）能动性，二是坚持了费尔巴哈消除了机械性和非历史性的唯物主义基础和黑格尔那种消除了思

[①] 原载《哲学动态》1994年第3期。

辨性的客观历史逻辑，三是坚持了消除了空想性和抽象伦理色彩的无产阶级起来革命的科学共产主义。三个"扬弃"主要是针对费尔巴哈和一切旧唯物主义的：一是扬弃了抽象的物质（感性直观中的自然），而使外部对象在历史的实践进程中获得中介式的确定；二是扬弃了抽象的意识（感性直观），使意识恢复了自身只有在实践中才能具有的社会历史本质；三是扬弃了抽象的人和人的先验本质，重新确定了作为实践主体的在具体历史中存在的现实的个人。前两个"扬弃"正构成了对一切传统哲学那种抽象的物质与意识对置的旧式哲学基本问题；而形成了在实践的基础上社会生活与人类社会意识的历史关系这一新的哲学基本问题。自然物质与人类实践虽然都是客观存在的，都是第一性，并且自然物质是先在的，是人类社会存在的基础，但是从人类历史主体的视角上看，先在的对象只能在人的实践之客观掘进中才能被历史地确定。所以，在马克思的实践唯物主义逻辑中，实践则具有了逻辑上的优先性和基始性（不是先在性）。而作为实践真正主体的现实的个人当然是历史发展最真实的主体，也是历史发展的最终目的。我认为，在《提纲》中，马克思的逻辑是全面的，这与不久后着重反对历史唯心主义的《形态》是有差别的。

在这个《提纲》中，物质与精神都被放在历史的具体的现实的人类主体的社会实践中重新界定了。物质对象一旦进入人类社会历史，就受到人的实践的历史改造，自然对象作为人类生活的基础已经是经过一定的实践中介的"人化自然"；而社会物质生活则形成新人的生存层系。精神只是人类在一定社会历史条件下特定实践的认知结果，自然认知图景是历史的，社会历史意识就更是历史的产物了。马克思哲学新视界中的哲学基本问题是崭新的：即实践棱镜中的社会物质生活与社会意识的科学关系。而辩证法与唯物主义不是外在地拼合在哲学体系中的部分，而是从能动的物质实践迸发出来的统一功能特征。马克思在这里创立的是实践的唯物主义和客观的实践辩证法。

必须指出，在更深刻的哲学思想史层面上，马克思在这里是将被黑格尔哲学用一元绝对理念抽象解决和掩盖起来的康德悖结（对象世界与属人世界的对立）重现了，并在一个新的人类主体能动的客观物质实践活动和过程的尺度上科学和真实地解决了。注意这一点，对于我们今天正确地进行实践唯物主义研究是重要的，在这一观点理解上，我们应该注意不能由此再倒退到康德的立场，不能将外部对象划分为人之外自在的本体世界——"物自身"和经验（实践）活动中的现象世界。其实在马克思那里，他既没有用人类实践去构造一个新的本体论模式，也没有界划出新的"二元分裂"。自然对象在其自身的客观实在性和历史先在性这一点是绝对的，这并不以实践的发生而转移，这是马克思哲学逻辑的客观视角。同时，自然对象在何等程度上成为人类生活的基础和实践（认识）对象，这是由实践发展的历史条件决定的，这是马克思哲学逻辑的主体视角。在这里，不过是由于在重点批判费尔巴哈直观唯物主义的特定理论层面上被凸显出来罢了。人与自然通过实践的连接是真实统一的，而不是二元对立的。马克思这里的两个视角都不应该被片面地夸大（传统哲学解释框架是夸大了前者，而我们一些实践唯物主义的研究者是夸大了后者）。

另一方面，在我们以往的实践唯物主义研究中，大家普遍关注的是马克思的《提纲》，因为这里有明确的"从主体出发的"实践基点。可是，马克思第一次从正面系统表述自己哲学新视界的文本是《形态》，特别是它的第一章。这恰恰是《提纲》的哲学逻辑的理论实现！因为在这一重要文本中，除去"实践的唯物主义者"一语外，我们无法使之与"提纲"发生逻辑接合。《形态》的哲学逻辑是从人类社会物质生活的生产与再生产发生的。我觉得，只有正视这一点，才能向前走。

我认为，1845年的实践唯物主义革命是哲学逻辑总体的转换，但即使在马克思的《提纲》中，他从来没有打算要用实践去重新直接地构造世界（"实践本体论"）。而当他与恩格斯共同撰写《形态》一书时，他们的思路有了一点细微的变化：一是使自己的哲学新视界总体逻辑思路进一步对象化了和具体化了；二是为了反对当时德国的唯心主义历史观，这就使他们的理论逻辑的层面更深入了一步，并且出现了理论重心的突出指向。前者是从实践的一般逻辑本质，进入到在社会历史进程中具体确定实践过程的内部有序结构；后者则是着重说明了历史唯物主义和历史辩证法的客体向度。所以我们看到，在《形态》一书中，马克思恩格斯是在同是第一性的客观实践中，又进一步确认了作为实践具体结构中原初性的物质生产与再生产。并把生产的内在结构确定为社会大厦的基础，由此决定上层建筑。这是强调社会生活一般客观基础的广义的历史唯物主义，也是我们所说的历史辩证法的客体向度。虽然，在这里我们也可以看到主体与客体（"人与环境"）、基础与上层建筑之间的辩证法，但其中的人类主体和社会意识都是作为客观辩证法中的对象来认知的。

对此我们可以作一些进一步的分析。我们看到，在《形态》一书中，哲学新视界基本构架是从理论的出发点的确定开始的，这个出发点即是人的现实生活的生产与再生产，而这个出发点恰恰与社会历史的初始发生是合一的。《形态》第一章手稿中已经没有再从"提纲"中的实践出发，而是从社会历史中物质生产出发了。原因非常简单，首先是一旦他们进入具体的历史过程，社会实践本身就进一步分解为一个复杂的多层面人类主体行为系统了，而在历史的现实的具体的社会实践中，人类主体通过物质活动改变自然对象的生产和再生产过程就成为具体的真实基础了。我以为，从实践的总体范式向生产和再生产范式的过渡是从总体逻辑向具体理论运演的回归。前者是马克思主义哲学总体理论框架的逻辑起点，而后者理论建构特别是历史唯物主义和历史辩证法学说的具体的理论出发点。这两者是不矛盾的。

其次，更重要的一点是《提纲》中的从主体出发是特指从人类能动的客观物质实践出发，这是说明新视界不同于一般唯物主义的根本点。即在同是第一性的一般对象物质和人们改变物质对象的历史的现实的具体的感性物质活动中，马克思更强调后者的逻辑基始性。这是他观察整个世界的新的基点。但是，当他们回到具体的社会生活过程中时，《提纲》中原来那种与对象相对的广义的主体方面（实践活动）却再一次发生逻辑层面上的微观分化，即马克思进而去确定在自然物质前提之上的人类社会存在中的基始因素——物质生产与再生产，这是历史本身的起点。在这里，原来在逻辑总体上作为（对外部对象对立的）主体方面中的物质生产活动却在一个新的理论层面上被确定为狭义的社会历史的客体方面！并且是社会客体方面（马克思的狭义的社会客体是包括了在实践中介了的自然物质基础上的，人类的一切客观社会活动以及社会物化存在，而与此相对应的则是不同于广义人类社会主体的狭义主体，即现实的历史具体的个人）中"第一级"的东西！这个"第一级"不仅仅是物质客观性，而是社会物质存在中基础性和归根结底的决定性。这一点，是十分重要的。所谓"实践本体论"的错误特别是这种观点与马克思哲学新视界的差别，在这里就一目了然了。"实践本体论"是从广义的主体方面走向抽象人的主体性，而马克思是从客观物质实践走向社会历史本身更深层的客观基础。

总之，在马克思的实践唯物主义新视界中，自然物质与实践都是第一性，但自然是先在的，而实践则具有哲学逻辑上的基始性；进而在实践中，物质生产又是第一级和原生的。这是个有序的理论递进关系。

最后还要指出的一点现实意义是，晚年的毛泽东也是实践唯物主义，但他的出发点是实践活动中的政治斗争。而邓小平的中国特色的社会主义的理论内核同样是实践唯物主义，但邓小平是从物质实践中的第一级和原生的物质生产力出发的。对这一重要论题，笔者准备另文专述。

马克思社会历史理论的深层内涵之我见[①]

唐正东

随着现实社会的发展，国内外理论界的许多人在致力于研究马克思主义的科学历史观特别是马克思的社会历史理论在当代的发展问题。在这样的历史条件下，弄清马克思社会历史理论的"本文"内容就显得尤其重要。我国学术界传统上是从生产关系（生产力基础之上的）的线索去理解马克思的社会历史理论的。近几年，一些学者开始从主体能动性的角度去理解这一问题。笔者在这里提出一个观点：马克思的社会历史理论中存在着这样一个深层的内涵，即以社会的物质活动（物质生产）为基础的个体主体性、社会关系的发展性和革命性三者的统一。本文准备着力阐述这一观点，以求教于同仁。

一、从马克思的思想来源来看

18、19世纪的西欧思想界，本质上正处于经验理性和个体感性的交锋期。从中世纪走出来的人们，起初崇尚的是纯感性的个人自由精神，但这只是很短的一段时间。人们不久就折服于透过自然科学的伟大成就而闪耀出来的经验理性精神。弗兰西斯·培根、笛卡尔、洛克是这种精神的代表。可以这么说，16、17世纪的西欧是经验理性的天下。凡是经验理性

[①] 原载《南京大学学报（哲学社会科学版）》1995年第4期。

实在无法解决的问题，思想家就用超理性的直觉等形式来弥补。这一段时期的哲学思想主要集中在认识论中。进入 18 世纪以后，在社会背景上是由于资产阶级迫切要求登上政治舞台的愿望的增强，在哲学上的反映就是产生了以下两点重要的现象：（1）历史主义的思想迈出了实质性的一步。在整个西方哲学史上有一条线索是很明显的，在古希腊罗马时期，哲学理论的重点在于本体论和认识论，这两者在当时是同一的，因为当时的哲学和自然科学是同一的。中世纪哲学的对象是宗教，这是把本体论和认识论的研究引向歧路的表现。进入近代以后，随着自然科学的胜利，哲学的对象便集中于认识论。从 18 世纪开始，历史主义的思想开始抬头，这标明哲学已经开始注重人。真正的历史主义是历史进步的思想，跟所谓的"返回本原"的思想（文艺复兴时期的思想家就持这种观点）是不同的。它由德国启蒙时代的思想家所开创。（2）个体感性精神的增强。由卢梭等法国唯物主义者倡导的个体感性原则对当时的整个西欧产生了很大的影响，就连德国古典哲学从康德到黑格尔的线索中，这种原则也时常可以感觉到。

那么，为什么说这一时期的个体感性和经验理性是处于交锋状况呢？这里关键的一点就在于以上这两点现象是彼此脱离的。由卢梭等人倡导的个体感性原则对德国古典哲学家的思想产生了很大的影响，但却没能融进其历史主义的思想之中。德国古典哲学家提倡的是自律、伦理等，这些都是排斥个人的。他们中间在历史观领域对个体精神把握得最好的是黑格尔。他以辩证法的独特魅力向世人阐释了个体与历史发展的关系，然而黑格尔所使用的也只是概念的辩证法。他在概念游戏上的功夫的确很深，可毕竟离真实地把握个体与历史的关系问题还差一段距离。撇开黑格尔概念辩证法中隐藏的一些科学的颗粒，那么，整个德国古典哲学是排斥个体精神的。在康德那里，个体精神消失在伦理团体之中。费希特的个体消失在"自我"之中，注意，费希特的"自我"不是个体，这是他一再强调的。在谢林和黑格尔那里，个体消失在一种超感性的精神之中。无论是康德的伦理团体、费希特的"自我"，还是谢林和黑格尔的超感性的精神，其实本质上都是一种容纳和消解个体的"社会关系"。因此，这里有一个问题很明显，个体主体性、个体与个体之间的"社会关系"性和历史发展之间到底是什么关系?对忽视个体的"社会关系"的重视其实就是一种社会历史领域内的经验理性精神,因此,我把以上讲的情况归结为个体感性与经验理性的交锋。此乃哲学领域的现象。

另外,在政治领域由法国唯物主义倡导的革命的精神以及在经济领域内由英国古典经济学所倡导的劳动的原则也是和哲学领域内的历史主义思想等相互脱节的。天才的黑格尔尽管把握住了这些原则、精神之间相互结合的重要性①,但他毕竟拖着一根庸人的辫子。总的来说,在18、19世纪西欧思想界中以上各种原则是存在的,但却是相互分离的。

马克思社会历史理论的杰出贡献就在于他把以上分散的各种原则有机地、科学地统一了起来。其中黑格尔的辩证法思想给了马克思很大的影响,然而,克服黑格尔辩证法的局限性也是马克思花力气最大的一件事。考察一下马克思社会历史思想的形成史,我们就可以发现以上的这些原则在马克思那里是怎么一步步地被结合在一起的。

二、马克思社会历史理论的形成过程

1835年是马克思有据可查的理论活动的最早时期,从这里我们可以看出马克思思想中的最初"元素"。我国理论界传统上只是从康德的理性主义启蒙思想的角度去界定马克思这一时期的思想状况。我认为,事实情况比这要复杂得多。在这时马克思的思想中,至少有以下三点因素是不容忽视的:(1)康德、费希特式的理性主义。这主要体现在马克思的中学毕业论文《青年在选择职业时的考虑》中,其特征是强调人的"社会关系"性,主张个人的幸福与人类幸福的结合。(2)浪漫主义思想。我国理论界一般地把马克思这一时期的浪漫主义仅仅视为文学上的事情,我认为是欠妥的。流行于18世纪末的德国的这股浪漫主义思潮尽管主要表现在文学上,但它却为德国哲学的新的思考打下了基础,这是一种个体主体性的基

---

① 参见他的《精神现象学》中"主奴关系"的论述。

础。这股思潮对早期马克思的影响清楚地反映在马克思这一时期所写的诗歌中,"高高的天空正笑逐颜开,我的道路宽阔,自由自在,我极目四望无拘无束,我心中装满整个世界"①。这里充满了对个体主体性的强调,跟上面一种思想显然是不完全一致的。(3)虔诚主义的思想。虔诚派运动是17世纪末作为对精神停滞、对路德教派蜕化变质的抗议而出现的,它否定宗教仪式,把宗教的重心转移到内在信仰上。马克思受虔诚主义影响的标志是他在中学时代写的宗教作文《根据约翰福音第十五章第一至十四节论信徒与基督的一致,这种一致的原因和实质,它的绝对必要及其影响》。粗看起来,马克思这时的虔诚主义思想似乎对他以后的思想发展没有什么影响,其实不然。虔诚主义本质上预示了一种把个人与"众"结合起来的方法,马克思在上面这篇作文中就已经认识到个人道德水平的提高和对基督的爱是相互一致的。尽管这时马克思尚未认识到个人与"众"相互统一的方法论上的重要性,但是,这种虔诚主义的方法论传统为他以后思想的发展提供了可能。

因此,在马克思最初的思想状况中应该说已经具备了以下三点"元素":对"社会关系"性的重视,对个体主体性的重视,对个体与"众"之结合的重视。这些"元素"在这时还是相互分离的,其内容也还是相当稀薄的。马克思思想以后的发展就在于一步步地把握个体主体性和社会关系性的准确内容,并且借助于革命,把它们在现实历史感的基础上统一起来。

1837年,马克思的思想发展迈出了第一步,他放弃了康德、费希特式的割裂现实和理想的主观理想主义,开始接受黑格尔、席勒等人的思想特别是他们的美学思想,"我们已陷进黑格尔的学说,无法来摆脱他的美学观点"②。黑格尔和席勒的美学思想超越康德之处就在于它们具有历史主义的精神,强调对理想的获得必须要建立在对现实"征服"的基础上。马克思在钻研黑格尔哲学的一开始就接受了其中的这部分思想,其本质原因,我认为,就在于那种虔诚主义的方法论传统。个人对基督的爱不能停在空

---

① 参见《马克思恩格斯全集》第40卷,人民出版社1974年版,第471页。
② 参见《马克思恩格斯全集》第40卷,人民出版社1974年版,第652页。

中，而应落实到个人道德实实在在的提高上。跟这一样，对理想的向往也不能凭空，而应落实在对现实的"征服"上。这里的方法是相通的。马克思1837年11月"给父亲的信"很清楚地反映了这一部分内容。

1839年至1841年这段时间，马克思由于受青年黑格尔派的影响，特别注重对个体主体性（精神上的）即自我意识的研究，《关于伊壁鸠鲁哲学的笔记》和《博士论文》反映了这一点。在1835年，马克思认为伊壁鸠鲁主义是"极其肤浅的哲学"[①]，而现在，他却倾向于伊壁鸠鲁，从理论发展的线索来看这是不是一种进步？我国理论界传统的解释对此没能作很好的说明。我认为，在这段时期，马克思由于靠近"青年黑格尔派"，因此，其理论兴趣主要在自我意识的阐述上，他以前曾经意识到的一些问题如个人与"众"的结合问题现在却没能加以注意。在这时的马克思看来，面对一个支离破碎的世界，哲学的客观普遍性只能以"个别意识的主观形式"出现。尽管马克思的"个别意识"与伊壁鸠鲁的不尽相同，但其差别只在于自我意识的内容本身。就个体与"众"的关系而言，马克思这时没有回答。马克思十分赞同伊壁鸠鲁的"并不把状态看得比观念更重要"的思想，因此，对于他来说，重要的是自我意识的观念，而不是自我意识怎么和别的东西相处的状态，正像在伊壁鸠鲁那里只注重原子的偶然性而不去关心原子之间怎么结合的一样。很显然，这是马克思思想中个体主体性的线索得以孤立发展的结果。

在一年之后的《莱茵报》时期，马克思又站在黑格尔理性主义国家观的基础上对普鲁士专制制度进行了猛烈抨击。尽管他也提到过个体精神自由的重要性，但这一时期占据马克思思想主要地位的是人民精神、国家理性等非个体的因素。这里便出现了一个问题：马克思是怎么从一年前的对自我意识的强调转变到现在的对国家理性的强调的？我认为这种看来似乎并不相互衔接的现象正好说明了马克思早期思想的一个特点：其革命性和个体主体性、"社会"关系性之间是相互脱节的。在《博士论文》期间马克思可以通过对自我意识的强调来表明其革命性，而在《莱茵报》时期马

[①] 参见《马克思恩格斯全集》第40卷，人民出版社1974年版，第822页。

克思又可以把其思想的革命性和对国家理性的强调结合起来。其背后的原因就在于马克思这时的思想只具有"批判"感而没有历史感。我们知道，19世纪的德国被一种要求实现国家统一的强烈愿意所笼罩着，马克思自然也不可能不受其影响，因此，当要寻找一个批判现实普鲁士国家制度的支点时，其思想尚未具有历史感的马克思必然会想到黑格尔理性主义的国家观，这也是他思想中"社会"关系性线索的自然延伸。

然而，黑格尔的理性主义国家观并不是灵丹妙药。随着"苦恼的疑问"的加剧，从1843年3月开始，马克思接纳了费尔巴哈人本主义的思维方法，"我们的全部任务只能是赋予宗教问题和哲学问题以适合于自觉的人的形态，像费尔巴哈在批判宗教时所做的那样"。费尔巴哈的人本主义有两个特点：一是没有历史感，他甚至把宗教的更替看成是历史的发展；二是个体与类的直接同一。马克思在1843年夏至1844年期间受到费尔巴哈以上两个特点的很大影响。在《黑格尔法哲学批判》中，马克思就是从个体与类的直接同一出发去批判黑格尔唯心主义的国家学说的，"国家的职能等等只不过是人的社会特质的存在和活动的方式"，由此只能要求产生这样的国家制度："它是一个决定性的起点和原则，它本身具有和意识的发展一同进步、和现实的人一同进步的能力。但是这只有在'人'成为国家制度的原则的条件下才有可能"①。这样的方法论前提必然也决定了其思想缺乏历史感。马克思在这段时期就是这样，他把现实的发展视为异化，把革命视为对异化的克服，而真正的"人"的发展却是和这些分开的。从《论犹太人问题》到《1844年经济学哲学手稿》，马克思的思想基本上都是在这一层次上的。另外，到1844年初为止，马克思还没有涉足到人与自然的关系的层次，即还没深入到人的物质活动的领域，马克思的眼光还只停留在人与人之间的关系上，这也决定了其思想必然不可能有什么现实历史感。在抽象的"人"的领域，个人与类的直接同一也就很自然的了。黑格尔在"劳动"基础上的个体与类的矛盾统一的思想尚未引起马克思的重视。

---

① 参见《马克思恩格斯全集》第1卷，人民出版社1960年版，第268页。

1844年上半年，马克思开始研究经济学，即开始涉足人的物质生活领域，这为他理顺个体、类、革命之间的关系提供了可能。然而，前进之路是一步一步的。

首先我们来看马克思在1844年上半年写的两本著作：《詹姆斯·穆勒〈政治经济学原理〉一书摘要》和《1844年经济学哲学手稿》。马克思在这里的思想可以概括为以下几点：（1）已经深入到人与自然的关系的层面。不管是在对抽象的类活动的论证，还是在对现实的异化劳动的批判上，马克思都注意到了劳动活动的两个方面：人与自然界、人与人的关系。尽管现在马克思还不能理清这两个方面之间的关系，但它毕竟为最终科学地界定人与自然界的关系决定人与人的关系打下了基础。（2）加深了对个人与类的关系是建立在"活动"基础之上的认识。尽管在《黑格尔法哲学批判》中马克思已经认识到了"进步"在个人与国家相互统一方面的重要性，但只有在已经研究了物质生活领域的现在，他才真正把握住了劳动活动对于解决个人与类之间关系的必要性。当然，马克思这时正面肯定的劳动还是抽象的，真正的现实的劳动还被他视为"异化"而加以批判。（3）已经看到了个体与类（"社会"）之间的两层关系：一是在真正的"人"的社会中的直接同一，二是现实社会中的矛盾统一。在抽象的（理想的）"人"的社会，马克思认为，个体与社会是直接同一的，"我在我的生产中物化了我的个性和我的个性的特点，因此我既在活动时享受了个人的生命表现，又在对产品的直观中由于认识到我的个性是物质的，可以直观地感知的因而是毫无疑问的权力而感受到个人的乐趣"①。马克思甚至还批判了资产阶级政治经济学"以不考察工人（即劳动）同产品的直接（着重号为原文所有——作者注）关系来掩盖劳动本质的异化"②。"直接同一"，这是费尔巴哈的"话语"。另一方面，在现实的（异化的）社会中，马克思认识到的是个体与社会之间的矛盾统一关系。工人作为一个个体，他要生存，就必须要与资本主义社会发生矛盾的关系，即他必须要被剥削，"他首先作为工人，其次作为肉体的生存，才能够生存"。如果一个

---

① 参见《马克思恩格斯全集》第42卷，人民出版社1979年版，第37页。
② 参见《马克思恩格斯全集》第42卷，人民出版社1979年版，第93页。

工人只希望与社会发生直接同一的关系，那么他最终必然被饿死。资本家也一样，他要生存也必须与社会发生矛盾的关系，即他必须去剥削工人。当然，工人与资本家在这种矛盾关系中的感受是不同的，这就是马克思所谓的异化的"活动"与"状态"、"现实的、实践的态度"与"理论的态度"之区分。①"矛盾统一"是典型的黑格尔的"话语"。马克思在"手稿"中对工人与资本家关系的论述跟黑格尔在《精神现象学》中对"主奴关系"的论述是很相似的。在黑格尔看来，劳动使人得到了发展，奴隶制造事物，但同时也造就自己本身。作为劳动的结果，奴隶的意识便凌驾于自己先前的低下水平之上。奴隶达到了自我意识，达到了对这样一点的理解：他不仅为了主人，而且也为了自身而存在。主人在享受奴隶给他创造的东西时，他便陷入了完全依赖奴隶的境地。而奴隶在造成事物时，他却获得了不仅对事物，而且对自己的主人的统治。结果，他们的关系被倒转过来：主人成为奴隶的奴隶，而奴隶成为主人的主人。主人展现为奴隶，而奴隶则在自己的实现中成为与原来相反的人。奴隶的地位导致自我意识的产生，导致争取自由的斗争。

如果撇开黑格尔辩证法的概念唯心主义和不完整性（个体精神在"国家"、"绝对精神"那里不发展了），那么，可以说黑格尔在"劳动"的基础上令人信服地解决了个体、社会的发展及其革命（在黑格尔那里就是个体精神的发展、社会本身的演变及其意识形态的更替）的关系问题。无怪乎马克思会把《精神现象学》看成是"黑格尔哲学的真正诞生地和秘密"。②马克思在《手稿》中对黑格尔精神现象学的本质的把握也是很正确的。由于他是用这种方法来研究现实社会的，因此，如果马克思能沿着这条线索走下去，那么，他离科学的历史观就不远了。然而马克思在《手稿》中却没能这样做。

囿于人本主义的抽象方法，马克思这时把个体与社会在现实劳动基础之上的矛盾统一看成是异化，是作为批判的对象来看待的。对黑格尔精神现象学在方法论上的合理性也注意得不够，更多的是注意其唯心主义的非

---

① 参见《马克思恩格斯全集》第42卷，人民出版社1979年版，第103页。
② 参见《马克思恩格斯全集》第42卷，人民出版社1979年版，第159页。

批判性。这种情况的一个直接后果就是其理论中的"革命性"和个人与社会的发展相脱节。《手稿》中马克思把"共产主义"和"社会主义"区分为两个不同性质（前者为环节，后者为社会形式）的概念便很清楚地说明了这一点。"共产主义"在这里是扬弃异化的"革命"的动力，马克思只把它看成向"社会主义"过渡中的一个环节，"社会主义"才是真正的人类社会的形式。在"社会主义"中是没有"革命"的，因为个人与社会之间没有矛盾，是直接同一的。由此可见，缺乏了现实的历史感，要想在一个理论中把个人、社会的发展与革命统一起来是不可能的。

要想在哲学的范围内找到现实发展的基础（即经济的基础），这几乎是不可能的，不过，在哲学思考的范围内把注意力从抽象的"人"的运动引向现实的历史运动，这倒是可能的，马克思在 1844 年 9 月至 11 月间撰写的《神圣家族》（与恩格斯合著）一书就说明了这一点。在批判布鲁诺·鲍威尔及其伙伴的以自我意识的概念运动为基础的唯心史观的过程中，马克思开始放弃了《手稿》时对抽象的"人"的运动的强调，转而倾向于"感性世界中和现实的个人当中的现实的发展"[①]，并且喊出了"历史什么事情也没有做……创造了一切、拥有这一切并为这一切而斗争的，不是'历史'而正是人，现实的、活生生的人。'历史'并不是把人当做达到自己目的的工具来利用的某种特殊的人格。历史不过是追求着自己目的的人的活动而已"[②]的口号。在这一批判的过程中，马克思的确也认识到：在"市民社会"（即私有制社会）中，工商业的实践、自私自利的个人是其基础。然而，问题在于：怎样把思考"市民社会"时的这种"经济"的观点辐射到对整个人类历史的思想中去？马克思这时还没能解决好这一问题，以至于《神圣家族》给人的印象是"异化史观"和"实践史观"的并存、"人"的概念和"利益"概念的并存。"市民社会"在马克思早期思想的发展中是个很重要的概念，只有当他真正把市民社会看成是人类社会发展的一个有机组成部分的时候，他的社会历史观才可能走向科学。

---

① 参见《马克思恩格斯全集》第 2 卷，人民出版社 1957 年版，第 26 页。
② 参见《马克思恩格斯全集》第 2 卷，人民出版社 1957 年版，第 118 页。

在《神圣家族》中，马克思尽管已经认识到了工商业的实践、劳动等在现实历史中的作用，但它们并非被视为历史发展的本质动力。针对鲍威尔等人把自我意识视为历史的创造因素的观点，马克思强调的是现实的人、群众、无产阶级是历史的创造因素。我认为，在这里马克思的思路是这样的：现实的劳动教育了无产阶级，使他们认识到其非人性的状态，转而激发他们起来推翻私有制的统治。中心的线索还是从"非人"走向"人"的线索。这也是马克思说无产阶级"不是白白地经受了劳动那种严酷的但是能把人锻炼成钢铁的教育的"的原因。

《神圣家族》中有这么一段话："的确，私有制在自己的经济运动中自己把自己推向灭亡，但是它只有通过不以它为转移的、不自觉的、同它的意志相违背的、为客观事物的本性所制约的发展，只有通过无产阶级作为无产阶级这种意识到自己在精神上和肉体上贫困的贫困、这种意识到自己的非人性从而把自己消灭的非人性——的产生，才能做到这点。"[①] 有的同志仅看了前半句就推断出马克思这时已经找到了私有制社会运动的经济基础的结论，我认为这是不对的。马克思说这句话的前提是：面对私有制和无产阶级之间的矛盾，"批判的批判"只停留于在思想中把这二者整合起来，然后去追寻这一整体本身的存在之前提，这是典型的黑格尔概念运动中"来自何处"、"走向何方"理论的翻板，其基础是概念的自身运动。针对于此，马克思是想指出（正像他后半句所强调的）：私有制的经济运动的确是自己把自己推向灭亡的，然而这并不是因为私有制"概念"的力量，而是因为私有制经济的运动造就了无产阶级，并使其认识到了自身的非人性，从而起来推翻这样的社会。这才是马克思意义上的私有制经济运动的本性。我们对此不应作过高的评价。

马克思在《神圣家族》中没能明确经济运动在历史发展中的基础地位，而要做到这一点，正像我在前面所说的，仅仅在哲学的范围内是很难达到的。这也是马克思在此时还不可能完全理顺个体的发展、社会的发展和革命之间的关系的原因。

[①] 参见《马克思恩格斯全集》第2卷，人民出版社1957年版，第44页。

1844年底至1845年1月间，马克思在巴黎继续研究了18世纪和19世纪头几十年英法经济学家的著作。这段时间的研究对马克思社会理论的成熟起了十分关键的作用，这是众所周知的。然而，问题在于这里面到底存在一种什么样的促进关系？我认为，关键在于在这之前马克思研究经济学著作主要在确认"市民社会"的"利益"特征即非人的特征，尽管在态度上有一个从否定到肯定的慢慢的转变过程，但他一直没把"市民社会"的这种特征与社会历史的发展联系起来考虑。然而，在此时马克思在思想上的一个重要突破就在于他开始把思考"市民社会"的方法（经济的、利益的方法）扩展到了对整个社会历史发展的思考上去。我们可以从马克思在1845年3月写的《评弗里德里希·李斯特的著作〈政治经济学的国民体系〉》中看出这一点。

　　在这部手稿中，至少以下三个方面是我们必须要加以注意的：（1）马克思延续了在《神圣家族》中已经得出的从经济、利益的角度界定私有制社会的思想。李斯特认为，如果去掉国际的"交换价值"而仅保留国内的"交换价值"，那么，德国工人的劳动就可能是一种集"利益"与"精神"于一身的"劳动"。针对这种观点，马克思指出："劳动（指李斯特意义上的理想劳动——作者注），按其本质来说，是非自由的、非人的、非社会的、被私有财产所决定的并且创造私有财产的活动"①，"现实的社会组织是无精神的唯物主义，个人唯灵主义，个人主义"②。可以这么说，就对"市民社会"的认识而言，马克思此时已经成熟了。（2）马克思认识到了废除私有财产的革命只能从现实劳动的发展的角度去理解，而不能被理解为以抽象的劳动为出发点的范畴之间的更替。革命的环节开始和现实劳动发展的环节结合了起来。这和《神圣家族》相比显然是一大进步，在《神圣家族》中马克思的"革命"主要还是通过"人"的线索来表达的。促使马克思对自己的革命观进行反思的是李斯特的这么一个观点：德国只要采取保护关税的民族主义政策，就可以"废除"国际间的交换价值了。"交换价值"在马克思看来是和私有制社会的本质相联系在一起的，李斯

---

① 参见《马克思恩格斯全集》第42卷，人民出版社1979年版，第254页。
② 参见《马克思恩格斯全集》第42卷，人民出版社1979年版，第252页。

特居然认为只要调整一下国家的政策就可以解决这一问题了,马克思当然是不会同意的。李斯特的观点本质上和从抽象的人出发的用一种范畴代替另一种范畴的方法是相近的。受到李斯特观点的反面激发,马克思此时已明确地认识到"废除私有财产只有被理解为废除劳动(当然,这种废除只有通过劳动本身才有可能,就是说,只有通过社会的物质活动才有可能,而决不能把它理解为用一种范畴代替另一种范畴)的时候,才能成为现实。"① 在这一思想的背后,是马克思对历史领域的个人与社会相互关系的重新思考。马克思明确了个人与社会的矛盾统一是这二者在现实历史中的真实关系(不再是个人与类的直接同一),"一种劳动组织,就是一种矛盾。这种能够获得劳动的最好的组织,就是现在的组织,就是自由竞争,就是所有它先前的似乎是'社会的'组织的解体。"②(3)上面这些思想上的进步归功于马克思此时已经在历史观的层次上对劳动的对象化作了正面的肯定。在《1844年经济学哲学手稿》,马克思提到了劳动的对象化,但被排除在其历史观(人本主义的)之外。在《神圣家族》中,马克思也提到了与劳动的对象化相关的内容(工商业的实践等),然而,却未曾明确在历史发展的基础层次上,劳动的对象化的逻辑力量与人本主义的逻辑力量哪一个更重要?此时,马克思终于在思想上明确了劳动的对象化的力量即创造人的生活条件的活动在历史上的基础地位。他说:"也可以从与肮脏的买卖利益的观点"、"完全不同的观点来看待工业。工业可以被看作是大作坊,在这里人第一次占有他自己的和自然的力量,使自己对象化,为自己创造人的生活的条件。如果这样看待工业,那就不是按照工业目前对人来说是什么,而是按照现在的人对人类来说是什么,即历史地说他是什么来看待工业"。③ 马克思的意思是:如果是在历史观的层次而不是在对"市民社会"的批判的层次上,那么,我们就应当把注意力集中在劳动的对象化方面。这是一个十分重要的思想,马克思花了几年时间才认识到这一点。

---

① 参见《马克思恩格斯全集》第42卷,人民出版社1979年版,第255页。
② 参见《马克思恩格斯全集》第42卷,人民出版社1979年版,第255页。
③ 参见《马克思恩格斯全集》第42卷,人民出版社1979年版,第257页。

从上面的分析我们可以看出，在1845年3月评李斯特的这部手稿中，马克思已经能够把个体主体性、社会关系的发展性和革命性这三个环节在工业（社会的物质活动）的基础上很好地统一了起来。尽管马克思此时还没有提出"物质生产活动"的概念，但就其内容来说，实际上已经达到了科学历史观的水平。半年之后，马克思与恩格斯合著的《德意志意识形态》应当说是对此时已具备的思想的正面阐述和发挥。

通过对马克思社会历史理论形成史的考察，我们可以看出，马克思科学历史观的成熟与否本质上是以个体主体性、社会关系的发展性、革命性这三者能否在现实物质生产的基础上正确地结合起来为标志的。我认为，这正是马克思社会历史理论的深刻内涵。

三、对《德意志意识形态》、《资本论》及其手稿中马克思科学历史观内涵的再思考

理论界的传统解释框架是从作为个人的现实基础、现实制约性的社会关系（以生产关系为主）的角度去阐释马克思《德意志意识形态》和《资本论》中科学历史观的内涵的。这是一种以"客体尺度"为线索的理解。近几年来，有的同志提出了以"主体尺度"为线索的理解方式。笔者认为，这里的关键并不在于笼统地讲马克思的科学历史观是以客体为尺度或者以主体为尺度的，而在于要区别马克思科学历史观中的两个层次：基础的层次和主导的层次。

以《德意志意识形态》为例。过去我们一直引以为是马克思唯物观的本质内容的，其实只是主导的层次上的观点。此书的主要章节"费尔巴哈"这一章中有三部分内容：A. 一般"意识形态，德意志意识形态"；B."意识形态的现实基础"；C."共产主义"。这三个部分的内容对马克思的科学历史观来说是不可分割的。然而，传统的理论框架却偏重于前两部分的内容，即强调物质生产基础之上的社会关系对人的制约的内容，把第三部分"共产主义"的内容看成是和前面的内容不是处于同一逻辑体系之

中的东西。笔者认为，这是欠妥的。马克思为了批判以纯粹思想为基础的德意志意识形态，自然要强调自我意识的现实基础，即社会关系对人的制约性的一面。另外，马克思认为，在从古到今的私有制社会（这时他还没有认清原始社会的本质）中，人的确是受社会关系制约的，这就是现实的人的现实基础。无产阶级革命就是要从这种现实的基础出发的，所以，马克思在此书中的理论重点在于阐述人的社会关系的制约性。从马克思科学历史观的整体来看，这应该是主导的方面，因为马克思不是学院派的学者，而是革命家。

然而，仅停留于此是不行的。马克思在《德意志意识形态》中讲得很明确，在到资本主义社会为止的历史中，社会关系和劳动条件都是凌驾于个人之上的，这是私有制社会的必然性。共产主义运动的特点恰恰就在于"推翻了一切旧的生产关系和交往关系的基础，并且破天荒第一次自觉地把一切自发产生的前提看做是先前世世代代的创造，消除这些前提的自发性，使它们受联合起来的个人的支配"①。马克思的思想中具有一个否定上面讲到的私有制社会中的现实基础的环节。对这一点的忽视必然造成这样一个理论结果：把私有制社会中的必然性看成是整个人类社会中的必然性。这是一个明显的理论误区！

那么，在以整个人类历史为背景的马克思科学历史观的内涵又是什么呢？单纯地归于主体的线索显然是不合适的。笔者认为，这里存在着一条物质生产基础之上的个人与社会的结合方式的线索，当然，这和革命的环节是不可分割的。在马克思的历史观中，物质生产是一条固定的基础线索，在这之上，马克思思考着社会形态在革命的环节之中的发展（同时，这又是个体主体的发展过程）。在资本主义以前的社会阶段，马克思认为，个体（主体）与社会（客体）的关系是矛盾统一的关系。尽管在资本主义社会中个人与社会的关系也是矛盾统一的，但是，在马克思看来，前后是不同的。前者，个体在社会之中，同时，社会或多或少地也在个体之中，因为在这一阶段，物质生产的社会关系是以人身依附为特征的，"人

---

① 参见《马克思恩格斯全集》第1卷，人民出版社1960年版，第77页。

们在劳动中的社会关系始终表现为他们本身之间的个人的关系"。后者就不同了，在资本主义社会中，个体在社会之中，社会却在个体之外。人与人的关系、人与社会的关系变成了物的关系。这种物的关系的最大受害者是无产阶级，他们和社会之间已完全地对立，这就是对资本主义社会进行革命的动力来源。到了共产主义阶段，同样是以物质生产为基础，但个体与社会之间的结合方式却转变成了直接同一的关系，这就是"自由人联合体"的内涵。

从以上的分析可以看出，马克思的科学历史观中还有一个同其"显性"话语不同的"隐性"（或者说是基础的）话语。这是以整个人类历史为背景的，我把它称为马克思科学历史观的基础层次的内容。其实，主导层次上的思想恰恰是以基础层次的内容为大背景的。

同时，我们也不难发现，这一基础层次上的马克思的科学历史观的丰富内涵和我们在第二部分中考察的马克思社会历史理论的发展过程是相互衔接的。

在《资本论》及其手稿中，我们也可以清晰地发现马克思科学历史观的这一基础层次的内容。限于篇幅，在此就不详述了。

最后，笔者还想指出一点：即使是在晚年的人类学笔记中，马克思思考社会发展的指导思想也没有离开我们上面所说的线索。从表面上看，马克思注意到的是原始社会中血缘关系的决定性，其实，细心研究即可发现，马克思对原始社会进化过程的理解还是从物质生产的发展过程的线索出发的。血缘关系是人类社会早期个人与社会的一种特定的结合方式。这一点在此就不展开了。

关于马克思哲学逻辑转换中三个难题的深层解决

张一兵

众所周知，马克思于1845年写下的两部论著《关于费尔巴哈的提纲》和《德意志意识形态》，标志着马克思主义哲学新世界观的产生。之所以如此，因为它并不是青年马克思《1844年经济学哲学手稿》逻辑思路的简单延续，而是一个重大的质的飞跃（法国哲学家阿尔都塞评论它时使用了一个近乎形而上学的词："断裂"），在这里，马克思的哲学逻辑框架发生了重大的格式塔转换：那条从"人"的先验主体本质出发的逻辑在总体上被扬弃了，马克思找到了一个新的逻辑基点，这就是历史的、具体的、现实的社会实践。

马克思的哲学逻辑的转换，不是一种简单的"场地更换"，而是他对存在于自己哲学深层逻辑悖论的一个解决。马克思在1843年前后实现的哲学思想的第一次转变中，他的哲学思路里就暗含着一个多重逻辑矛盾的交织：一方面，他从黑格尔的唯心主义转向了费尔巴哈的唯物主义，从资产阶级民主主义转向了共产主义。另一方面，他又在自己的哲学思考中，把费尔巴哈的自然人本主义和宗教异化批判推向了关注社会历史主体地位的劳动异化批判，并将其作为自己寻求无产阶级起来革命的根据，而这种主体要求中又内含了他对黑格尔能动辩证法的肯定；从更深一层看，马克思在关注无产阶级的现实历史境地时，真实地使自己的哲学逻辑回落到客

---

① 原载《江苏社会科学》1993年第5期。

观历史过程中，这使他的哲学思路中出现了一个从实际工业生产出发的新的观察点。（这也就是下面我们将要看到的历史唯物主义新视界的理论生长点。）问题的要害还不仅仅停留在以上这几种一般逻辑倾向的冲突上，更在于此时马克思自己哲学逻辑深层中面对的多重难题。我们知道，1838—1842年间，马克思哲学逻辑中主导的方面是对人类主体创造能力的崇尚，但他开始的那种仅仅将主体能动性依从于主观精神（黑格尔哲学中的自我意识）的落点，在现实中已经破碎。他不得不转向费尔巴哈的唯物主义。但是，他在成为一名唯物主义哲学家以后，却没有停在费尔巴哈的自然唯物主义立场上，因为他不能容忍人类主体被外部力量奴役的非主体异化状态，所以，他又从费尔巴哈的自然人类主体的消极受动质点走到了社会主体本位的能动质点上，而这一理论立点又是与他正在寻求的无产阶级革命的根据相一致的！在这里，马克思的思想中基本逻辑框架是费尔巴哈的人本主义异化史观，但他又很不情愿放弃十分符合他内在思路的黑格尔的辩证法，同时，更重要的是他自己一旦接近客观经济过程，他就不自觉地走上一条客观正视历史现实的逻辑，可是如果走进现实的合理性，这又会与他要打倒资本主义的基本政治立场相冲突。马克思是非常为难的。当然，在1844年的《手稿》中，马克思显然还是从共产主义的立点上去建构自己的逻辑思路的。但在此时，马克思是把人类主体本质作为一种"应该"（理想化的劳动）与现实存在（人的类本质的异化状态）对立起来，共产主义只是一种抽象的价值悬设和扬弃异化劳动的逻辑结果。因为，人类社会历史发展的内驱力还是落在主体理性的理想化的"类"的要求上，所以，在这里，马克思的哲学逻辑仍然是一种隐性唯心主义历史观。

马克思要突破上述逻辑困境，就必须找到一个新的逻辑入口，这个理论的基点必须同时具有这样几个质点：

1. 能够从人类主体出发，特别是可以保持人类主体自我确立的创造性之功能性发挥。这既是马克思哲学逻辑中始终如一的主导线索，也是他在自己哲学逻辑结构中最能自我认证的黑格尔的能动的辩证方法。

2. 能够从客观现实出发，特别是可以让自己的理论建构与现实社会生活相接近。这是马克思此时已经确立的哲学唯物主义的基本立场，也是他在反对了黑格尔唯心主义主体性后所依托的费尔巴哈的框架。

3. 能够从社会革命出发，特别是可以使他已获得的无产阶级使命感真正站立起来（而不仅仅还是一种冲动的共产主义伦理要求）。这是马克思当时最最关心的现实问题，也是他理论研究的重要目的。

我们发现，在马克思原来的理论逻辑中，固然他已经消除了黑格尔的唯心主义，但其方法结构上的辩证法在理论逻辑中同时也被弱化了，人的主体能动性是通过一种曲折的理论要求表现出来的，这就是费尔巴哈的异化史观。马克思没有全部接纳费尔巴哈的自然人本主义，而是在社会批判的层面上高扬了人，而费尔巴哈的自然唯物主义同样也是被有意无意地弱化了，特别是费尔巴哈的那"半截子"式的用主体理性要求现实历史的唯心主义历史观成为了马克思此时思想逻辑的隐性本质。马克思这时的共产主义思想同样延续了空想社会主义的"应该"，批判资本主义成了浮在空中的浪漫主义的伦理口号。所以，消除唯心主义，发扬辩证法能动性；消除自然唯物主义机械性，坚持唯物主义基本立场；批判资本主义，使共产主义成为科学。这就成了马克思必须统一解决的三大难题。

我认为，马克思对问题的解决起于自身主导理论框架的自我否定和超越，首先是对费尔巴哈人本主义逻辑构架的否定，力求一种新理论逻辑以便能重新解决上述三个问题。当然，马克思哲学思想新的逻辑不是从无中生出来的，而是在理论自身的发展特别是理论与实际的联结中逐步生长起来的。这也就是说，困境是在实际的斗争中被打破的。在马克思恩格斯1844年下半年写下的《神圣家族》一书中，我们看到了这一重要的理论进展。

《神圣家族》一书的直接目的是批判布鲁诺·鲍威尔及其同伙的唯心主义历史观，但其理论矛头针对着整个德国思辨唯心主义哲学。在这里，马克思恩格斯仍然是以费尔巴哈为出发点的，也就是说，《神圣家族》一书的主要理论框架还是费尔巴哈的人本主义哲学。但是，在马克思恩格斯的理论表述中，我们开始看到一种新的动态格局。其一，马克思恩格斯越是客观地考察现实的人，就离原来那种费尔巴哈式的抽象的人越远；其二，马克思恩格斯越是从现实的历史过程出发，原来那种用人的主体本质异化和复归的总体逻辑也就越来越失去其对理论的整体支配作用。新的理论道路在被踏出，而旧的藩篱还没有拆除。这是马克思恩格斯哲学理论革命的前夜。

在这里，黑格尔和鲍威尔的唯心主义哲学被从本质上透视了，而这种透视往往是在社会历史领域中被接触的。首先，在原来的哲学逻辑中，马克思站在人本主义立场上强调了人只有恢复自己被异化的本质，即实现了人与自然以及人与人的统一之后，才能成为真正现实的人。由此他反观现实，批判了资本主义非人和反人的性质。① 马克思恩格斯又进而分析道，人的生存资料的丧失也就是人本身的丧失，即人的本质的丧失。因此，消灭人对自己的实物本质的实际异化关系，就意味着真正改变自己的现实存在，改变自己生存的现实条件，而恢复对生存资料的占有。②这里的"实物本质"，已经十分接近人的物质生活资料这一重要规定了。进而，"实物是为人的存在，是人的实物存在，同时也就是人为他人的定在，是他对他人的人的关系，是人对人的社会关系"③。我们发现，在此时马克思恩格斯的哲学逻辑框架中，费尔巴哈的人本主义构架还在主导地位上，但他们的具体分析却常常发生某种理论上的逻辑迁移，即向现实的社会历史过程的回落。

其次，最令人惊奇的是，马克思恩格斯在批判鲍威尔等人把自然科学的工业的研究排除在对历史的认识之外时，他们直接写道："难道批判的批判以为，只要它从历史运动中排除掉人对自然的理论关系和实践关系，排除掉自然科学和工业，它就能达到即使是才开始的对历史现实的认识吗？难道批判的批判以为，它不去认识（比如说）某一历史时期的工业和生活本身的直接的生产方式，它就能真正地认识这个历史时期了吗？"④在这里，马克思恩格斯的思路实际上已经超出了费尔巴哈。实践规定已经站

---

① 《马克思恩格斯全集》第2卷，人民出版社1957年版，第52页。
② 《马克思恩格斯全集》第2卷，人民出版社1957年版，第44页。
③ 《马克思恩格斯全集》第2卷，人民出版社1957年版，第52页。
④ 《马克思恩格斯全集》第2卷，人民出版社1957年版，第191页。

立在理论逻辑的地平线上了。

最后一点，也是极为重要的一点是，马克思原来在《手稿》中并不关注的生产劳动的肯定方面（那里马克思主要研究劳动的否定方面——异化），即从生产的对象化和现实创造性——生产力的视角去确证劳动的积极方面；而是从社会关系的视角去分析资本主义雇佣性质；反对黑格尔和资产阶级经济学家对劳动的完全肯定态度。在这里，马克思恩格斯开始认真地肯定了现实历史中工人生产劳动的巨大创造作用，他们看到，正是劳动者通过物质生产创造了一切，"工人甚至创造了人"。"思想从来也不能超出旧世界秩序的范围，在任何情况下它都只能超出旧世界的思想范围。思想根本不能实现什么东西。为了实现思想，就要有使用实践力量的人。"①

我们觉察到，马克思恩格斯的哲学思想在《神圣家族》一书中已经有了一个很大的发展，旧的人本主义逻辑已经千疮百孔，新的从社会历史实际出发的理论思路已经从一种总体否定性走到了质变的关节点上。可是，马克思原来哲学思路中的三大难题并没有得到真正的解决，我甚至认为，在《神圣家族》一书中，马克思的哲学思路处于一个最无序的状态之中。因为，他们在理论总体上已经开始明确倾向于现实的社会历史，可是原有的费尔巴哈式的人本主义异化史观尚没有消除；他们已经深透地批判了黑格尔的唯心主义，但重视主体的辩证法还没有找到真实的基础；更关键的是无产阶级革命的根据还是一种理论逻辑的要求，这种要求如何与社会历史进程一致起来的问题并没有真正解决。总之，原有的难题还没有得到科学的统一解决。我以为，问题的真正解决只能在新的理论框架中才会被突破。我们将看到，新的哲学视界将伴随一场革命突现出来。

1845年4月，马克思在他的1844—1847年哲学笔记本上写下了一个要点式的提纲，这就是著名的《关于费尔巴哈的提纲》。要特别注意的是，在马克思的哲学思想中，1845年春天写下的这个"提纲"的确标志着马克思理论逻辑的一种整体框架转换，它不是一种原来就已经存在的唯物

---

① 《马克思恩格斯全集》第2卷，人民出版社1957年版，第152页。

义哲学思路的简单积累后的表现，而是个结构性的革命！在这一点上，阿尔都塞是正确的。当然，并不像阿尔都塞所说的，此时马克思的哲学思想是出现了什么"认识论的断裂"，似乎马克思此前的哲学思想都被抛弃了。我以为，新世界观的突现是马克思哲学逻辑内部矛盾的一种科学解决，这是一种认识整合的结果。原来马克思关心的全部理论问题都在一个新的基础上被统一地重新估价了，并且马克思获得了一个统一的科学结论。在这个基点上，哲学与政治的难题真正有了正确的出路。因此，正是在这个提纲中，我们看到了马克思哲学逻辑的格式塔转变，一个全新的哲学逻辑出现了。也是在这个哲学革命中，马克思才最终解决了全部问题。

"提纲"由11条逻辑要点构成，在这里，费尔巴哈的人本主义哲学框架成了被批判的主要对象，他的那种抽象人本主义的出发点和异化史观的逻辑结构被整个扬弃，一个新的哲学逻辑起点被确立了：这就是作为人类主体通过客观物质创造表现出来的能动的社会历史实践活动。在"提纲"的第一条中，我们看到马克思首先把批判的矛头指向了费尔巴哈和以往的一切旧唯物主义："从前的一切唯物主义（包括费尔巴哈的唯物主义）的主要缺点是：对对象、现实、感性，只是从客体的或者直观的形式去理解，而不是把它们当作感性的人的活动，当作实践去理解，不是从主体方面去理解。"[①] 把对象直观地理解为物的东西错了，就是费尔巴哈也看到了不同于思想客体的感性客体，但是他没有能从人的对象性的活动出发，没有能把对象放到人的主体性实践中去透视，因此也错了。这是马克思在转到唯物主义立场上以后第一次说唯物主义错了。这是马克思突破旧唯物主义的入口。我们发现，马克思仍然坚持了他一贯的重视人类主体性的哲学逻辑，"从主体方面去理解"，还是他哲学思路的主导线索。当然，马克思批评旧唯物主义并非是要回到原来的唯心主义，唯心主义哲学也还是错的，因为"和唯物主义相反，能动的方面却被唯心主义抽象地发展了"，从能动的主体出发，却走到了主体的主观方面去了，唯心主义是根本"不知道现实的、感性的活动本身"才是人的主体能动性的决定性的基础。马

---

① 马克思、恩格斯：《费尔巴哈》，人民出版社1988年版，第83页。

克思从人类主体的但又是客观实现了的物质实践活动出发,把存在于他的哲学逻辑深层的第一和第二个难题在一个统一的基点上解决了,他既保持了对主体能动作用的充分肯定,又把这种主体能动作用对象化为感性的物质活动,这样,也就既保留了黑格尔辩证法的能动性,又消除了他的唯心主义根基;既立足于费尔巴哈的唯物主义前提,又将唯物主义推进到革命的实践唯物主义的新层面。

应该承认,"提纲"中以上这个方面的理论意义在传统的研究中被充分地注意了。如果还有什么补充的话,就是马克思这里实现的哲学变革并不简单地表现为黑格尔和费尔巴哈哲学合理性的相加,实践的唯物主义作为马克思哲学的新视界实际上是一种全新的理论创造和突现。在实践的科学逻辑基点上,马克思实现了一种前所未有的超越:恩格斯称之为传统哲学基本问题的物质与精神的关系在新理论框架中被重新审视了,实践唯物主义既没有站在抽象的精神("抽象在发展")一边,也没有归结为旧式的抽象的物质("客体的或直观的形式"),物质与精神都被放在历史的具体的现实的人类主体的社会实践中重新界定了。物质对象一旦进入人类社会历史,就受到人的实践的历史改造,自然对象作为人类生活的基础已经是经过一定的实践中介的"人化自然"(笔者将另文详述马克思的这一观点);而社会物质生活则形成新人的生存层系。精神只是人类在一定社会历史条件下特定实践的认知结果,自然认识图景是历史的,社会历史意识就更是历史的产物了。马克思哲学新视界中的哲学基本问题是崭新的:即实践棱镜中的社会物质生活与社会意识的科学关系。

实际上,我在此处关心的还不是上述这个马克思表述得十分明确的基本逻辑质点,而是马克思原来哲学逻辑思路中那个关于无产阶级革命的根据,即他原来哲学思路中的第三个难题。必须注意,马克思如果承认社会实践本身的现实合理性,那么无产阶级在现实资本主义社会中受到奴役和压迫的现象也一定是必然的,批判了费尔巴哈的人本主义异化史观,也就失去了人的本质价值悬设,进而失去了批判资本主义的矛盾立点。这一点,往往是以往研究者所忽略的逻辑层面。而我认为,在马克思的"提纲"中,他重点确证的一个问题恰恰是原来哲学逻辑思路中的这第三个难题。更重要的是,他是在实践的基础上完成这一逻辑突破的。

我认为,马克思在这里并没有完全否定费尔巴哈关于宗教中人类主体本质异化的基本理论质点,这也就是说,"费尔巴哈把宗教的本质归结为人的本质","致力于把宗教世界归结为它的世俗基础"并不错,他错在把人看作是"单个人所固有的抽象物",人类主体本质变成了自然性和"宗教情感",因为这样,费尔巴哈就"撇开了历史的进程"。马克思说,"全部的社会生活在本质上是实践的",费尔巴哈那种抽象的人是属于一定的社会形式的,而他的所谓"宗教感性"本身是社会的产物,人的本质"在其现实性上,它是一切社会关系的总和"①。这是马克思站在一个新的立点上论说费尔巴哈哲学的非科学性。同时,我们发现马克思还在做一种很深的理论力,他仍然要将自己的新哲学确定为能够为无产阶级争取人类主体的解放的旗帜!

在马克思对实践的规定中,我们看到他多用"革命的"、"批判的"等定语,他声称自己的新世界观与以往一切哲学的不同点,就在于它不仅仅解释世界,而要"改变世界"。从实践的客观性出发,并不归结为黑格尔式的对现存的肯定,而在于对这个并不合理的人类生存状态的真实改变。所以,"环境的改变和人的改变或自我改变的一致,只能被看作并合理地理解为革命的实践"。马克思仍然在批判现存的世俗世界以及它的不合理性,但这一次马克思没有使用"异化"这个人本主义的逻辑武器:"世俗基础使自己从自身中分离出去,并在云霄中固定为一个独立王国。这只能用这个世俗基础的自我分裂和自我矛盾来说明"②。马克思这里的说明采取了一种隐喻的手法,他实际上的意义指称是要说,在当前的资本主义社会中,人类主体存在仍然处于一个类似宗教异化的颠倒状态,人自己创造的经济生活从人类主体手中自己分离和独立出来,并在人类主体之上的"云霄"中形成一个与人作对的"独立王国"。这当然是不合理的。不过此时马克思不再用异化之类的逻辑框架评判这种状况(他尚没有找到一个恰当的表述),但他明确表示要在这一不合理的现实状态"自身中、从

---

① 马克思、恩格斯:《费尔巴哈》,人民出版社1988年版,第84—85页。
② 马克思、恩格斯:《费尔巴哈》,人民出版社1988年版,第84页。

它的矛盾中去理解，并在实践中使之革命化"，"在理论上和实践中被消灭"！①马克思的第三个难题也是在实践的基础上被重新解决的。

也由于实践自身的内在规定，新的哲学思想是从具体的历史条件出发的，马克思不再用理性逻辑（哲学）对自然和社会历史指手画脚，而是去真实揭示物质世界自身的规律了。也因此，在作为一个马克思主义哲学家的马克思的眼中，人类社会历史不再是什么人的本质的异化与复归过程，而是一个人类社会实践活动不断向前运动的现实发展进程，是人类生产客观的生长历史。这样，马克思就最终克服了历史唯心主义的隐性病结。这里需要指明的一点是：马克思恩格斯此时所重点批判的历史唯心史观的实质（特别是在那些"半截子唯物主义"思想家那里）并不是指精神简单地产生出社会历史现实，而是抽象的人类意志驱动论（即认为由于人类社会与自然界的不同质点正在于社会历史是以人的活动来构成的，而人的活动又是由意志支配的，所以社会历史超出自然界的地方恰恰在于人类社会始终是由人的精神驱动的）。马克思的历史唯物主义正是通过真实地描述历史发展规律纠正了这一错误的历史观，从而揭示了人的社会存在（物质实践）决定人的意识、人的主体社会实践（生产力）发展是人类历史运动的驱动力及人民群众是社会历史的创造者和主人等科学原则。可是长期以来，哲学解释框架在注释马克思关于人类社会历史发展状况的观点时，却将马克思不同于唯心史观人类意志驱动论的地方，界定成把人类社会历史发展视为一个永远不以人的意志为转移的外在发展过程，并误将马克思"自然历史过程"一语界说为这一误释的理论依据，这实在是对马克思的一种误解！②马克思的哲学新视界绝不仅仅是一种历史唯物主义，而且是历史辩证法，同时也是争取人类主体解放——共产主义的理论根据！

如上所述，正是在马克思的这种实践的唯物主义哲学新视界中，他第一次科学地解决了自身理论逻辑中的三大难题，既强调了人类主体的实践能动性，又坚持了从社会历史实际出发的唯物主义原则，并且将争取无产

---

① 马克思、恩格斯：《费尔巴哈》，人民出版社1988年版，第84页。
② 参见张一兵：《析马克思社会历史似自然性理论的特设规定》，载《哲学研究》1991年第2期。

阶级解放的共产主义实现为科学。我以为，马克思恩格斯将自己的哲学新视界命名为"革命的、实践的唯物主义"是有其深刻含义的，它直接说明了马克思所关注的三个理论问题的统一科学解决。这是很值得我们注意的。

"两种生产"与唯物史观的实践本质
——兼论"经济史观"和"人学史观"的错误[①]

姚顺良

一

人们通常认为,关于"两种生产"的原理,是恩格斯1884年在《家庭、私有制和国家的起源》的"序言"中第一次提出来的。

对这一原理持异议的人们认为,这表明恩格斯在晚年"改变了观点",意味着唯物史观的"破产"[②],导致了唯物主义历史学说内部结构的破坏"[③],"犯了二元论的错误"[④]。

即使在肯定这一原理的人们中间,也不承认它是唯物史观本身固有的组成部分。直到1968年,苏联学者 T. A. 巴加图利亚还认为:"两种生产"原理是"恩格斯由于利用当时科学的新成果",对他和马克思原来关于物质资料生产在历史中起决定作用这一规律的适用范围所作出的限定。[⑤]

这些观点实际上是从一个共同的错误前提出发的,即把唯物史观(至

---

① 原载《天府新论》1987年第3期。
② 这是米海洛夫斯基、卡列也夫等人的观点。参见[俄]普列汉诺夫:《论一元论历史观之发展》单行本,博古译,生活·读书·新知三联书店1965年版,第116—117页。
③ 参见[德]亨利希·库诺:《马克思的历史、社会和国家学说》第2卷,袁志英译,上海人民出版社1966年版,第4章第4、9节。
④ 参见《家庭、私有制和国家的起源》俄文版《编者说明》。
⑤ 参见[苏]T. A. 巴加图利亚:《马克思的第一个伟大发现——唯物史观的形成和发展》,陆忍译,中国人民大学出版社1981年中文版,第86、90—91页。

少是 19 世纪 70 年代以前的原初形态）中的"生产"范畴看作是纯粹经济学意义上的生产，即物质资料的生产。事实上，作为历史观范畴的"生产"历来包括"物质资料的生产"和"人本身的生产"这两个方面和环节。

早在马克思、恩格斯创立唯物史观的时期，他们就明确指出，决定社会生活和意识状况的"生产"本身包括"三个因素"：（1）物质资料生产；（2）由历史产生的新需要；（3）他人生命的生产（增殖）。他们把这三个因素归结为统一的"生命的生产"的两个方面："自己生命的生产（通过劳动）"和"他人生命的生产（通过生育）"，并指出这两个方面都"表现为双重关系：一方面是自然关系，另一方面是社会关系"[①]。这是关于"两种生产"的最初提法。

后来，在《资本论》及其手稿中，马克思在把唯物史观运用于解剖资本主义经济形态时，也并不是像资产阶级经济学家那样仅仅局限于狭隘的经济学分析，而是坚持从整个社会再生产过程的角度来考察人们物质生活的生产活动和社会生产机体的结构。马克思认为，社会的"总生产过程同时就是再生产过程"[②]，而作为整个社会生活基础的"生产方式"概念不能孤立地从一个生产过程来看，必须从再生产过程的角度来理解。再生产过程既包括"生产条件——生产结果"的过程，又包括"生产结果——再生产条件"的过程。在后一过程中，本身就包含再生产的主观因素（即人本身）的生产。马克思正是通过这种分析，完善和发展了"两种生产"的原理。

马克思指出，物质资料的生产，或其存在形式来说，"包括一切以物的形式存在的物质财富和精神财富"的生产，即物质生产和精神生产；就其使用价值的内容来说，则可以分为生产资料的生产和生活资料的生产两大部类。人本身的生产，包括三个方面：首先指消费活动，"这种与消费同一的生产是第二种生产，是靠消灭第一种生产的产品引起的。在第一种生产中，生产者物化，在第二种生产中，生产者所创造的物人化"[③]。其次

[①] 见《马克思恩格斯选集》第 1 卷，人民出版社 1972 年版，第 23—34 页。
[②] 《马克思恩格斯全集》第 24 卷，人民出版社 1972 年版，第 120 页。
[③] 见《马克思恩格斯全集》第 46 卷上册，人民出版社 1979 年版，第 28 页。

指生殖活动，由于人"象任何活的个体一样，依靠繁殖使自己永远延续下去"①，所以"人口的增长（这也属于生产）"②。第三是教育、医疗等服务性的劳动，就人仅仅作为劳动者来再生产的意义上说，也就是"直接把劳动能力本身生产、训练、发展、维持、再生产出来的劳动"③。

当然，马克思、恩格斯在不同时期关于"两种生产"的具体提法有所不同。开始，是把统一的"生命生产"分为"自己生命的生产"和"他人生命的生产"，而把物质资料的生产作为实现前者的手段。在《资本论》中则是分为"物质资料的生产"和"人本身的生产"两个环节，后一环节本身包含了劳动力的维持、延续和发展三个方面，这两个环节又统一为整个社会物质生活的再生产过程。而在恩格斯的表述中，则是在"人本身的生产"中特别强调了"他人生命的生产"即种的繁衍，而把另一个方面即原有主体的生产归结为物质资料生产的结果，从而把"直接生活的生产"分成物质资料的生产（劳动）和种的繁衍（家庭）两个方面。造成这种差别的原因，我们将通过本文第二部分加以说明。

但是，从根本上说，即从认定现实的生产和再生产是社会历史的决定因素，而这种生产本身包含着两个方面、两个环节的思想来说，这三种提法是完全一致的。只有把物质生活的生产片面化为物质资料的生产，而在考察物质资料生产时又忘记了"总生产过程同时就是再生产过程"，才会将人本身的生产仅仅看成是生产方式的外部条件，而否认它是生产方式的内部环节，才会将"两种生产"同时对社会历史起制约作用的观点看成是"二元决定论"。

二

马克思、恩格斯认为，"两种生产"的内容，它们之间的相互关系及

---

① 见《马克思恩格斯全集》第23卷，人民出版社1972年版，第194页。
② 见《马克思恩格斯全集》第46卷上册，人民出版社1979年版，第484页。
③ 见《马克思恩格斯全集》第26卷第一册，人民出版社1972年版，第164页。

其对社会的作用，不是一成不变的，而是在历史地变动着、发展着的。

(一) 原始社会

"自然共同体"是现实生活再生产的前提和最终目的。人本身生产特别是他人生命的繁衍方式决定物质资料生产是生存资料的自然占有。社会以自然—血缘关系为纽带。

人区别于动物的根本标志在于劳动（物质资料生产）。物质资料生产的出现，不仅在原有个体再生产的方面，开始改变动物那种消极依赖外部自然的状况，而且间接影响着新个体生命的生产，使那种单纯由自然选择（包括性选择）所造成的性交繁殖关系开始受到物质资料生产的限制。原始家庭的发展阶段是同劳动的发展阶段大体相应的，单纯的自然选择，不可能在猿类中产生出人类的各种家庭形式。

但是，能否认为物质资料生产已经成为原始社会的决定性的因素呢？不能。这是因为物质资料生产刚刚产生，还只是一种单纯的"占有经济"，它只限于利用自然器官和自然结合去"占有现成的、自然界本身业已为消费准备好的东西来再生产他自身的躯体"① 和自然联系，还不能从根本上改变人类对外部自然和自身自然的依赖性。人类不仅就原有个体的再生产来说在相当大的程度上受到天然产物的种类和多寡的限制，而且在新个体的生产方面，仍然直接受到自然选择（尽管是已经变了形的自然选择）的作用。

就连物质资料生产本身的状况，也反倒是由人本身生产决定的。由人类自身生产所造成的人口增长、人类个体性状的进化以及作为自然分工和简单协作基础的人类自然差别和血缘联系，直接决定着物质生产力的发展；而自然—血缘关系，又直接构成为物质资料生产中的生产关系。人们常谈论原始社会生产关系的基础是原始公有制，这只有相对于后来的私有制来说才是可以容许的，严格说来，在原始社会并不存在任何生产资料的

---

① 见《马克思恩格斯全集》第 46 卷上册，人民出版社 1979 年版，第 492 页。

所有制形式。实际上，那时只存在共同占有，即人与外部自然的原始同一，而这种关系又以自然形成的血缘关系为前提。①

"两种生产"的这种状况，决定了它们的统一即现实生活的生产和再生产，只能是以人本身的自然为前提和最终目的，以物质资料生产为中介环节之一的再生产过程。"在原始共产主义占统治地位的原始公社中……公社本身及其条件表现为生产的基础，而公社的再生产表现为生产的最终目的"②。这种情况又决定了原始社会的基本规律主要是"自然选择—家庭关系—亲属制度"，社会联系是自然—血缘关系，社会组织形式是氏族、胞族和部落。

正因为如此，马克思才在《摩尔根〈古代社会〉一书摘要》中，将经济基础决定上层建筑（生产关系决定"政治的、法律的、宗教的、哲学的体系"）同家庭关系决定亲属制度并列起来，看成是唯物史观在不同历史阶段的具体表现。恩格斯甚至直截了当地宣称："在这个阶段，生产方式不象部落的旧的血缘关系和旧的两性共有关系之解体程度那样具有决定性的作用。"③并认为史前时期的意识"大都只有否定性的经济基础"，它们不但不是经济的结果，反而是它的"补充"，甚至是它的"条件"和"原因"④。

(二) 阶级社会

> 物质财富是现实生活再生产的前提和最终目的。物质资料生产特别是剩余劳动的占有方式决定人本身生产是劳动力和私有制关系的再生产。社会以生产—经济关系为纽带。

原始社会的再生产以人本身的自然为基础和最终目的，但是，"生产本身，人口的增长（这也属于生产），必然要逐渐扬弃这些条件，破坏这

---

① 见《马克思恩格斯全集》第46卷上册，人民出版社1979年版，第489页。
② 见《马克思恩格斯全集》第25卷，人民出版社1974年版，第940页。
③ 见《马克思恩格斯全集》第35卷，人民出版社1971年版，第120页。
④ 见《马克思恩格斯全集》第37卷，人民出版社1971年版，第489页。

些条件，而不是加以再生产等等，这样，共同体就同作为其基础的所有制关系一起瓦解了。"① 以人本身自然生产为条件和最终目的的物质资料生产，在前者的推动下日益发展起来了，最后终于超出了单纯作为前者的手段的范围：一是生产资料在物质资料生产中作用的加强和它的生产的独立化；二是随着生产力的提高，独立劳动的可能和剩余产品的出现，导致了私有制的产生和交换的发展，人与人关系的物化和使用他人劳动力的可能性的产生。这两者都为物质资料生产变成自给自足的财富生产提供了条件和刺激。

物质资料的生产日益作为财富的生产而成为整个社会生活再生产过程的基础和最终目的。

从生产的前提来看，它日益减少对人本身的自然和外部自然的依赖。如果说，开始时还主要依靠人本身的自然（奴隶）及其协作，那么后来就主要依靠经过物质资料生产自身改造的自然（土地和劳动者半艺术性质的技巧），最后完全依赖于自身（积累起来的劳动）。

从生产的目的来看也是如此。如果说直到中世纪物质资料生产还主要是为了满足剥削者的直接生活需要和挥霍，那么，"作为资本家，他只是人格化的资本。他的灵魂就是资本的灵魂。而资本只有一种生活本能，这就是增殖自身"②。资本主义是为生产而生产，为发财而发财。

但是，这并非是说人本身的生产在阶级社会中不再起作用了。不，它仍然起着制约作用，不过这种作用的性质和地位发生了根本的改变。

就人的能力来说，人类的绝大部分只是作为物质资料生产的主观要素劳动力来生产，属于物质财富的再生产过程的手段之一——

在奴隶社会，劳动者的消费不过是像喂养牲畜一样，在生育上，劳动者不允许有自己的家庭，只能出于增加劳动力的需要而像牲畜一样交配。在封建社会，劳动者的消费和生育也主要是出于劳动力再生产的目的。即使到了资本主义社会，劳动者获得了人身的自由，他们的消费、生殖活动和受教育等过程，独立于物质资料生产，但是"从社会的角度来看，工人

---

① 见《马克思恩格斯全集》第46卷上册，人民出版社1979年版，第484页。
② 见《马克思恩格斯全集》第23卷，人民出版社1972年版，第260页。

阶级，即使在直接劳动过程以外，也同死的劳动工具一样是资本的附属物。甚至工人的个人消费，在一定限度内，也不过是资本再生产过程的一个要素。""工人阶级的再生产，同时也包括技能的世代传授和积累。资本家……实际上把这种熟练的工人阶级看作自己的可变资本的实际存在。"①

就人们之间相互关系的再生产来说，不仅消费关系直接受生产关系的制约，而且家庭关系也"不以自然条件为基础，而以经济为基础"②，"家庭制度完全受所有制的支配"③。

由于现实生活再生产过程的内容和性质发生了根本的变化，社会结构和历史发展的决定因素也不同了。物质资料的生产和再生产成了社会历史的决定力量，"生产力—生产关系（经济基础）—上层建筑"成为社会历史的基本规律。人们之间的联系纽带是物质资料生产所造成的生产—经济关系，而社会则成为由生产和经济联系造成的阶级、国家和民族了。

当然，物质财富生产成为整个再生产过程的基础和最终目的，是有一个过程的，经济关系也不是一下子完全取代了自然关系的。虽然一般地说，进入阶级社会以后，经济关系就对自然关系取得了支配地位，但只有在资本主义条件下，人们之间的联系才完全以人们创造出来的物化劳动（资本）为纽带。这一点使奴隶社会、封建社会在一定意义上同原始社会存在着共同点，因而马克思曾据此把社会分为"前资本主义"、资本主义和共产主义三个大的形态，并指出，在某种意义上说，"古代的观点和现代世界相比，就显得崇高得多，根据古代的观点，人，不管是处在怎样狭隘的民族的、宗教的、政治的规定上，毕竟始终表现为生产的目的，在现代世界，生产表现为人的目的，而财富则表现为生产的目的。"④ "在所有以前的生产形式下，生产力的发展不是占有的基础，相反，对生产条件的一定关系（所有制关系）表现为生产力的预先存在的限制。"⑤

---

① 见《马克思恩格斯全集》第23卷，人民出版社1972年版，第629—630页。
② 见《马克思恩格斯全集》第21卷，人民出版社1965年版，第77页。
③ 见《马克思恩格斯选集》第1卷，人民出版社1972年版，第266页。
④ 见《马克思恩格斯全集》第46卷上册，人民出版社1979年版，第486页。
⑤ 见《马克思恩格斯全集》第46卷下册，人民出版社1979年版，第105页。

（三）向人类自身生产的更高阶段过渡

"社会个人"的充分实现和全面发展即是现实生活本身。物质资料生产被人本身生产的高级活动所扬弃：既为之提供发展资料和自由时间，又是其形式之一。社会成为以自主—社会联系为纽带的"自由人联合体"。

在阶级社会里，人本身的生产成了物质财富生产的手段之一，服从于后者的需要；然而，也正因为如此，它也随着物质资料生产的发展而发展起来了，不仅超出了人本身自然生产的界限，而且日益产生了超出单纯劳动力生产的条件和要求。

这种条件和要求集中表现为必要劳动时间之外的剩余时间的增多。这种时间可以作为：（1）剩余劳动时间，用来追加物质资料生产；（2）可以自由支配的时间。

剩余劳动，一方面，发展了人类超出自然属性的新需要和新能力；另一方面，正是在剩余产品的基础上，商品货币关系发展起来了，人类个体的独立性与联系的普遍性也得到了发展。

自由时间的出现，为人本身的生产开辟了一个崭新的、有着无限前途的新领域。它不仅为人类提供了闲暇时间，更重要的是提供了从事高级活动的时间。正是在这一时间中，人们的社会交往活动、精神生产活动和以发展人的能力为直接目的的体育、保健、教育和美育等发展起来了。如果说剩余劳动时间中人本身的生产虽然超出了自然界限，但还局限于作为物质资料生产者的界限之内的话，那么，在从事高级活动的时间内，人本身的生产就不仅超出自然界限，而且造成了超出单纯物质资料生产者的范围，而把人作为自由的社会主体来加以生产的可能性和要求。因此，马克思说："整个人类的发展，就其超出对人的自然存在直接需要的发展来说，无非是对这种自由时间的运用，并且整个人类发展的前提就是把这种自由时间的运用作为必要的基础。"①

---

① 见《马克思恩格斯全集》第47卷，人民出版社1979年版，第216页。

但是，这一切又都是在阶级社会中实现的，以物质财富为基础和最终目的社会再生产过程，把人本身的生产限制在单纯劳动工具的范围之内。个人的独立性是"以物的依赖性为基础的"①，人们仍然束缚在经济关系中。特别是剥削阶级总是千方百计地把劳动者的几乎全部生存时间转化为劳动时间，并把窃取来的自由时间大部分变成享乐时间。因而，人本身的生产在能力、关系和自由活动三个方面都受到了极大的束缚。

由于物质资料生产在阶级社会中表现为财富的生产，而人本身的生产又被限制在单纯的劳动力再生产的范围内，因此"两种生产"的矛盾表现为物质资料生产中的生产力和生产关系的矛盾。无产阶级要推翻资本主义生产关系，在资本主义条件下正是作为物质资料生产力的代表出现的（而不是作为抽象的全人类代表）。但是一旦推翻了资本主义的生产关系，冲破了把人类能力限制在物质资料生产力范围的桎梏，人的发展就不再局限于人的物质资料生产力的范围，而是自身的全面发展了。所以劳动的解放同时又是人类的解放。这就是马克思的历史辩证法。

在生产力高度发展、生产关系变革的基础上，以物质财富为起点和终点的再生产过程又将扬弃自身，但这并不是要复归到原始社会去，而是进到了一个崭新的阶段。人类广义的"史前时期"终结了，人类的真正历史开始了。

共产主义社会再生产的特点，首先在于，人的全面发展，成了目的本身。物质资料生产已经不再是目的，而是这一过程的手段之一。"在资产阶级社会里，活的劳动只是增殖已经积累起来的劳动的一种手段。在共产主义社会里，已经积累起来的劳动只是扩大、丰富和提高工人的生活的一种手段。"②

再生产过程的前提和基础也发生了变化。人类能力全面发展的途径主要的不再是物质资料生产过程，而是在这一过程之外的"自由时间"中的高级活动。共产主义将"把社会必要劳动时间缩减到最低限度，那时，与此相适，由于给所有的人腾出了时间和创造了手段，个人会在艺术、科学

---

① 见《马克思恩格斯全集》第46卷上册，人民出版社1979年版，第104页。
② 见《马克思恩格斯选集》第1卷，人民出版社1972年版，第273页。

等等方面得到发展","那时,财富的尺度决不再是劳动时间,而是可以自由支配的时间"。①

最后,"两种生产"之间、劳动时间和自由时间之间的对立被扬弃。物质资料生产的性质和状况已经主要是由"作为目的本身的人类的能力的发展"即"高级活动"决定的,甚至其自身也成为这种高级活动的附属部分。早在资本主义机器大生产出现不久时,马克思就指出了物质资料生产发展的趋势是科学等成为"直接的生产力",物质资料生产过程将"作为自由结合的人的产物,处于人的有意识有计划的控制之下"②。这就是说,生产力和生产关系两个方面都不是物质生产过程本身产生的,而是由人本身的自由发展造成的。"从劳动作为支配生产过程的统一体而囊括生产过程来说,生产过程已不再是劳动过程了",它成了"驱使自然力为自己服务并使它为人类的需要服务的过程",即已经变为社会的一般自然基础(作为"改变为工业过程的自然过程"③)和高级活动的附属部分(作为"科学的应用过程"④),因而不再是社会历史的决定性基础了。

正因为共产主义社会生活的生产和再生产过程具有这种性质,因此共产主义社会是以自主—社会关系为纽带的"自由人联合体"。这种"自由"包含着三重含义:人类对自然的自由(对外界自然和人本身自然全面的支配能力);个人对社会的自由("每个人的自由发展是一切人的自由发展的条件"⑤);主体对自身活动的自由("在这里唯一的前提就是超越出发点"⑥)。当然,这里的"自由"是历史的范畴,它是相对于以前的历史阶段而言的,并不意味着在共产主义条件下,人就可以随心所欲,为所欲为。不过,有一点可以肯定,那时的"必然性"将是更高层次上的"必然性",经济规律将以被扬弃的形式包含在更高的社会规律之中。人们通常讲共产主义社会的两大特征是生产资料的全民所有制和按需分配,严格

---

① 见《马克思恩格斯全集》第46卷下册,人民出版社1980年版,第219—222页。
② 见《马克思恩格斯全集》第23卷,人民出版社1972年版,第97页。
③ 见《马克思恩格斯全集》第46卷下册,人民出版社1980年版,第218页。
④ 见《马克思恩格斯全集》第47卷,人民出版社1979年版,第570页。
⑤ 见《马克思恩格斯选集》第4卷,人民出版社1972年版,第2页。
⑥ 见《马克思恩格斯全集》第46卷上册,人民出版社1979年版,第486页。

说来，这是不准确的。实际上，生产资料那时只是被占有、被利用，就土地来说，甚至"一切同时存在的社会加在一起，都不是土地的所有者"①，而且这种占有本身又以人对自身全面本质的占有为前提。把"各取所需"改译为"按需分配"也是错误的，因为那时不存在原来意义上的分配制度，人类活动与需要的结构和性质也发生了根本的变化，劳动作为"积极的、创造性的活动"②，"本身成了生活的第一需要"③，它既是人们实现自由个性的手段，又是人们发展自由个性的手段，因此"各尽所能"和"各取所需"已不是义务与权利的对立，而是实现和发展自由个性的统一。

三

明确了作为历史观范畴的"两种生产"的原理，我们就可以清楚地看出，那种认为唯物史观的根本点就是承认物质资料的生产和分配是整个人类社会历史的唯一决定因素、它永恒地决定着人本身的生产的观点是片面的，实际上是把人类一定历史阶段上的特殊规律夸大为永恒的普遍规律。按照这种观点，不仅人类原始社会的历史无法得到正确解释，而且无法科学地阐明人类由阶级社会向共产主义社会的过渡。既然人们之间的社会关系永远只能是由经济关系决定的，人类也就注定不能摆脱经济利益的困扰，只能是一种"经济动物"，不管物质资料的生产有了怎样高度的发展，由于人们对物质利益的追求是无止境的，因而人们只能永恒地生活在一个匮乏的世界中，以人本身的全面发展为目的的共产主义社会只能是一种"乌托邦式的空想"。这种理解历史的方式不是辩证的唯物史观，而是第二国际的庸俗的"经济史观"④。

同样，那种把人本身的生产同物质资料的生产绝对对立起来，把人们

---

① 见《马克思恩格斯全集》第25卷，人民出版社1974年版，第857页。
② 见《马克思恩格斯全集》第46卷下册，人民出版社1980年版，第116页。
③ 见《马克思恩格斯选集》第3卷，人民出版社1972年版，第12页。
④ 参见［法］拉法格《马克思的经济决定论》（中译名《思想起源论》）、［俄］普列汉诺夫《论一元论历史观之发展》、［俄］考茨基《唯物主义历史观》。

受经济关系的制约看成是人丧失自己的本质或"存在"的观点，也是错误的。这种观点虽然作为对"经济史观"僵化体系的反叛有其存在的某种理论上的理由，虽然由于曲折地表达了人类个性自由的要求有其存在的某种历史价值，但是作为一种历史观，它本身是一种自我毁灭的"悖论"，因为：（1）它想理解历史，但方法却是非历史的。因为它不理解"异化"只是社会发展、历史进步的对抗形式，而把阶级社会甚至整个人类广义的"史前时期"统统看作神秘的不应有的退化。（2）它力图把握人的具体存在，主张从现实的人出发，推崇人的行动自由，但由于它认为社会现实是人"非人化"，因而人的具体存在成了"非存在"，现实的人是"非人"，而"真正的人"是不现实的，行动的自由不过意味着悲剧性的结果。（3）它反对从任何既定的东西出发，实际上却自觉或不自觉地预设了这样一个前提：人类就其固有的本性或个人就其应有的"存在"来说，本身就是自由的。人的活动及其结果、社会状况和历史发展只应当是这种本性或"存在"的自我表现和自我确证，它只应当由人来决定，而不应当反过来决定人。这种观点的典型便是某些"西方马克思主义者"所主张的"人学史观"（"人类学的历史观"①或者"历史人学"②）。这种"人学史观"表面上同"经济史观"截然对立，实际上不过是后者的一种畸形的补充。它们都不能理解人类社会由"自然形成的共同体"经过"经济的社会形态"向"自由人的联合体"上升的历史趋势，都找不到人类由自然必然性和外在必然王国通向"真正的自由王国"的道路。

"社会生活在本质上是实践的。"历史既不是冷冰冰的"物—过程"，也不是醉醺醺的"人—意识"，而是客观的、能动的"关系—活动"，唯物史观正像"它的名称一样，只能以历史本身为基础"，而不能归结为狭隘的"经济学"或抽象的"人类学"（"具体人学"）。相反，正像只有"现实生活的再生产"才是"物质资料生产"和"人本身生产"的统一一样，唯物史观即唯物主义地理解的历史，才是科学的经济学和人类学的真实基础。这就是我们的结论。

---

① 参见［美］弗洛姆：《马克思关于人的概念》，1966年纽约版，第13页。
② 参见［法］萨特尔：《辩证理性批判》，1960年巴黎版，第130页。

马克思对人类学唯物主义的超越及其理论意义[①]

唐正东

在我们关于马克思主义哲学史的解读视域中,马克思对费尔巴哈人类学唯物主义的超越的理论意义是非常清楚的,它标志着马克思不再依赖于抽象人性的支撑,站在现实物质生产实践的基础上来思考现实社会的矛盾及其解放路径。可当代西方学界的一些学者偏偏就在这一点上对马克思提出了质疑,其中以法兰克福学派的霍耐特为典型。在《为承认而斗争》等著作中,霍耐特从主体间相互承认关系的视角出发,认为马克思在《1844年经济学哲学手稿》(以下简称《手稿》)之后,用实践、物质生产等范畴取代了在《手稿》中尚保留着的一些具有费尔巴哈人类学唯物主义色彩的范畴,如异化等,这实际上使马克思彻底放弃了主体间相互承认关系的思路,并循入到功利主义的社会冲突思路之中。从此,在马克思看来,劳动者之所以要从事社会斗争,只不过是为了改变其客观的经济现状,而不再是为了实现以主体间关系为中介的自我价值感。在霍氏看来,马克思的这种历史唯物主义必然会由于基础性规范的缺失而在现实实践中导致严重的后果。[②]

霍耐特的这种观点在以启蒙理性和经验现实性的二元对立为特征的西方学界无疑会有较大的影响,而且还会导致马克思主义哲学史的研究重新关注费尔巴哈的人类学唯物主义。事实上,霍耐特的确是把费尔巴哈当作

[①] 原载《马克思主义与现实》2010年第3期。
[②] [德]霍耐特:《为承认而斗争》,胡继华译,上海人民出版社2005年版,第152—157页。

哲学人类学的创始人来看待的。应该说，这种观点由于凸显了人性规范在社会历史理论构建中的重要性，因而容易被一般人所接受，尤其是当马克思哲学的传统解释框架只是把历史唯物主义解释成经济决定论时，更是如此。霍耐特对马克思中晚期思想的批评实际上就是基于把马克思的历史唯物主义界定为功利主义的社会冲突观的。客观地说，如果马克思的历史唯物主义真的只是为了实现无产阶级的经济利益而与人类解放无关的话，那么，费尔巴哈的人类学唯物主义倒是的确应该引入马克思哲学之中的。但问题是：马克思的观点并非如此。颇为有趣的是，霍耐特大加欣赏的费尔巴哈倒是从功利主义的角度来理解人的现实实践活动的，因为在费尔巴哈看来，人们信奉了具有功利主义性质的基督教才使他们的现实实践变成功利主义的，所以才要展开对基督教的批判。当他站在观念的层面即基督教信仰的层面来界定人们的现实实践的原因时，就注定了他只能从抽象人性的角度来建构其理论批判的立足点。

与这种源自于自然法—理性的学术思路相反的历史主义学术思路上的学者非常明确地指出了存在于这种思路中的漏洞，对历史主义思路的相对主义倾向起到了纠偏作用，但与此同时，他们也忽略了历史生成性维度的哲学意义。也就是说，持这种观点的学者往往只是把现实实践活动界定为充斥着政治阴谋或愚蠢行为的过程，而看不到现实生活世界中所蕴含的辉煌壮观的景象。应该说，不管是自然法—理性传统还是历史主义的经验现实传统，都没有解决好历史生成性与确然有效性之间的辩证关系。因此，主张只要重新回到费尔巴哈的哲学人类学思路，就可以解决马克思历史唯物主义中存在的所谓功利主义倾向，同时也可以解决具体的工人运动或社会主义运动中存在的所谓全盘经济利益化的倾向，这显然是没有任何根据的。实际上，马克思的历史唯物主义所理解的实践根本不是所谓的功利主义实践，而是穿透了表面现象层面的利己主义实践之后所凸显出来的社会历史实践，它是以生产力和生产关系的矛盾运动为基础的，而不是以信奉某种宗教为基础的。正因为如此，从这种实践中才能生发出利己主义实践或功利主义实践所置立其中的资本主义生产关系的必然灭亡性，并且通过这一过程，其中的社会主体尤其是无产阶级才能逐渐在思想上摆脱观念拜物教的束缚，实现真正的自由个性。

马克思所讲的这种自由个性的实现，不是建立在简单地为社会个体的实践建立人性规范上的，而是建立在历史发展的客观进程之基础上的。"全面发展的个人——他们的社会关系作为他们自己的共同的关系，也是服从于他们自己的共同的控制的——不是自然的产物，而是历史的产物。要使这种个性成为可能，能力的发展就要达到一定的程度和全面性，这正是以建立在交换价值基础上的生产为前提的，这种生产才在产生出个人同自己和同别人相异化的普遍性的同时，也产生出个人关系和个人能力的普遍性和全面性。"① 马克思的历史唯物主义理论中不是只有历史生成性而没有确然有效性的维度，否则的话，它就是一种历史相对主义理论了。实际上，它抛弃了先验的确然有效性或伦理规范性，并把确然有效性维度建构进了对历史进程解读的方法论之中。这便使马克思的历史唯物主义不是历史偶然论或历史相对主义，而是能够提供对历史之科学解释并且能够指明人类解放道路的历史唯物主义。马克思凭借对社会历史过程之现象与本质的辩证关系的深刻解读，成功地克服了存在于西方学术传统中的自然法—理性与历史主义学术思路的二元对立，用一种崭新的理论视域深刻地剖析了社会生活过程的本质内涵。下面，我们结合马克思批判费尔巴哈人类学唯物主义的经典文本《关于费尔巴哈的提纲》（以下简称《提纲》）和《德意志意识形态》，来对上述观点作一个更为详细的说明。

一

在与《提纲》差不多同时期写作的《评弗里德里希·李斯特的著作〈政治经济学的国民体系〉》（以下简称《评李斯特》）中，马克思已经得出了从矛盾着的社会物质活动的角度来理解废除私有财产的思路："废除私有财产只有被理解为废除'劳动'（当然，这种废除只有通过劳动本身

---

① 《马克思恩格斯全集》第30卷，人民出版社1974年版，第112页。

才有可能，就是说，只有通过社会的物质活动才有可能，而决不能把它理解为用一种范畴代替另一种范畴）的时候，才能成为现实。因此，一种'劳动组织'就是一种矛盾。这种能够获得劳动的最好的组织，就是现在的组织，就是自由竞争，就是所有它先前的似乎是'社会的'组织的解体。"① 因此，我们有理由作出这样的推断：马克思在写作《提纲》时已经具有了上述这种思路。从这一角度入手我们就不难理解马克思为什么会对费尔巴哈从感性直观的角度来理解对象或现实的理论思路进行批判了，因为只有"感性的人的活动"、"实践"才能对应于矛盾着的社会物质活动，而感性直观的对象则不能。

其实，费尔巴哈从感性直观的角度来界定对象和现实是有原因的。他瞧不起感性的人的活动即具体的实践活动，因为在他看来，现实社会中的人的实践都是利己主义的实践，从这样的实践活动中是根本不可能获得人类自由的。费尔巴哈的最大问题在于：他只是从经验事实的层面来看待现实生活中的利己主义实践，因此，他看不到导致这种利己主义实践出现的资本主义社会关系，从而也看不到这种社会关系在历史过程中的自我扬弃。正因为如此，费尔巴哈只能依赖于现实之外的人性的力量，来完成对现实本身的批判与解构。但当他在这样做的时候，他没有考虑到在不改变资本主义社会关系的前提下，用人性来烛引现实生活中的利己主义的个人，这只能是一种历史唯心主义的博爱式想象而已。他的这种思路不要说无法抵抗马克思历史唯物主义理论所提出的质疑，就连休谟所提出的没有比在真实的色彩中毫无伪装地出现的人类更辉煌壮观的景象的观点②，他恐怕也无法正面加以回应。这是因为费尔巴哈所站立的理论立场，只是当时欧洲二元对立的两大学术传统中的前者的立场，这决定了他无法找到超越这种二元对立的学术传统的理论路径。

此时的马克思与费尔巴哈在理论思路上有着根本性的不同。马克思相信只有通过感性的人的活动，即现实的社会实践，才能实现对私有制的批

---

① 《马克思恩格斯全集》第42卷，人民出版社1979年版，第255页。
② 这是休谟在关于历史研究的随笔中提出的观点，参见［德］梅尼克：《历史主义的兴起》，陆月宏译，译林出版社2009年版，第174页。

判与超越。马克思在这里所讲的"实践",应该在《评李斯特》中所讲的"社会的物质活动"的意义上来加以理解。它所凸显的是社会关系中的主体的能动的活动,这种活动在私有制的条件下是非自由的、非人的、非社会的,但与此同时,就是在这种非自由的活动中不断累积着废除私有财产的力量及其可能性。正是在这一意义上,马克思说,"实践"活动具有革命的、批判的特征,而费尔巴哈当然是不可能了解这种革命的、实践批判的活动的意义的。

能否把握住这种实践的理论层面,直接关系到马克思能否超越上述二元对立的理论传统,在一个崭新的理论平台上建构自己的社会历史理论。他的这种"实践"既不是历史主义传统所说的那种个体经验性活动,因为它越出了相对主义的视域而直接导向了对私有财产的废除,也不是自然法—理性传统所说的那种基于抽象规范的活动,因为它清晰地显现着其现实历史性的内容。因此,马克思从《手稿》中的"劳动"过渡到《提纲》中的"实践",决非像霍耐特所说的那样是一种理论逻辑上的退步,而是一种真实的理论发展,因为马克思希望达到的,恰恰就是从一种与基于抽象人性的理论批判思路完全不同的历史唯物主义的视角出发,来建构自己的社会批判理论。也正是在这一意义上,对马克思的哲学思想发展来说,费尔巴哈不仅是可以超越的,而且也是应该被超越的。

马克思的这种具有革命性、批判性的"实践"思路,再发展下去必然是《德意志意识形态》、《哲学的贫困》等著作中的生产力与交往形式(生产关系)的矛盾运动的理论思路,因为要想清楚地说明社会主体的能动活动为什么会导致对私有财产的废除,就必须深入到这种能动活动过程的本质层面,去发掘出比我们在现象层面看待这种能动活动时所能看到的更多的东西。事实也是如此,当马克思看到主体实践活动的本质在于生产力与交往形式(生产关系)的矛盾运动时,他同时也找到了这种实践活动为什么会导致私有财产的废除的原因。由此我们不难看到,马克思的实践唯物主义其实是与历史唯物主义辩证地统一在一起的,实践的唯物主义者必然以历史唯物主义为理论依据,而历史唯物主义也必然以实践的唯物主义者为革命主体。马克思在《德意志意识形态》中把实践的唯物主义者直接称为共产主义者，有时甚至称为"共产主义的唯物主义者"①，其原因正在于此。

二

我们从马克思对人的本质的崭新理解中也能看到他超越费尔巴哈人类学唯物主义的理论意义。费尔巴哈在谈到人的问题时，也曾强调过现实的人，即人的现实性。"哲学的本质特点是与人的本质特点相符合的……不再彷徨于天上的神灵和地上的主人之间的人，一心一意转向现实的人，跟那些生活在混乱中的人比较起来乃是另一种人。"②但必须注意的是，费尔巴哈所谓的现实的人其实是在感性直观层面上的人，用他自己的话来说，就是"提高了的感觉实体"。在费尔巴哈的眼里，具体的生活实践中的人其实不是现实的人，而是幻象中的人。只有达到了人本身的层次的人，才是所谓的现实的人。正因为如此，当费尔巴哈论及人与人之间的关系时，尽管也谈到了"人们获得概念和一般理性并不是单独做到的，而只是靠你我相互做到的。人是由两个人生的——肉体的人是这样生的，精神的人也是这样生的：人与人的交往，乃是真理性和普遍性最基本的原则和标准"③，但是，他的这种人与人之间的交往关系显然不是现实生活实践中的社会关系，而只是抽象人性层次上的"人"际关系而已。费尔巴哈的这种理论思路当然是与他的人本主义理论框架相呼应的，对于一个相信"在思维领域中把神学转变为人类学——这等于在实践和生活领域中把君主政体转变为共和国"④的人来说，还有什么必要去研究现实生活实践中的人呢？

---

① 《德意志意识形态》（节选本），人民出版社2003年版，第22页。
② ［德］路德维希·费尔巴哈：《费尔巴哈哲学著作选集》上卷，荣震华等译，生活·读书·新知三联书店1959年版，第97页。
③ ［德］路德维希·费尔巴哈：《费尔巴哈哲学著作选集》上卷，荣震华等译，生活·读书·新知三联书店1959年版，第173页。
④ ［德］路德维希·费尔巴哈：《费尔巴哈哲学著作选集》上卷，荣震华等译，生活·读书·新知三联书店1959年版，第598页。

更何况他还认为现实生活中的人只是一群被利己主义思想所束缚的不幸的人而已。

　　此时的马克思则与费尔巴哈的观点有了根本性的不同。他不仅已经得出了市民社会决定国家的一般唯物主义结论，而且还已经清晰地认识到在市民社会的层面上要想废除私有财产，只有通过矛盾的社会物质活动本身的发展才有可能。也就是说，在费尔巴哈仅仅看出不幸的、利己主义的实践的地方，即在社会的物质活动中，马克思看出了它对于废除私有财产、实现人类自由的潜在意义。这样一来，马克思便势必会把他的社会批判理论转移到现实社会实践的平台上。而一旦完成上述理论平台的转移，马克思眼中的现实的人便绝不可能再是费尔巴哈式的抽象人性层面上的人，而只可能是现实社会关系中的人，即进行了革命的、实践批判活动的人。马克思讲的社会关系也不可能再是费尔巴哈式的抽象人性层面上的"人"际关系，而只会是具体的、历史的社会实践中人与人之间的关系。正是在这一意义上，马克思说，人的本质在其现实性上是一切社会关系的总和。

　　也许有的学者会说，费尔巴哈从感性直观的层面来界定现实的人的观点也是有道理的，因为他所探讨的是超越了人的物质需求及现实行动旨趣之后的人类沉思自由的能力，这种能力是人类所独有的，它使人具有了从利益诉求中抽身出来并走向自由的力量。这些学者认为，这种人类学的思路尽管不能排斥掉以现实劳动为基础的社会历史观的思路，但最起码也应该与之相互动，尤其是当社会历史观的思路缺乏实现的条件的时候，以主体互动为基础的人类学思路还应该成为我们思考现实改造道路的主导思路。我们以为，这种观点的问题同样在于没有思考人类沉思自由的能力要想发挥社会历史效应，需要具备什么样的社会基础的问题。如果私有制的社会关系不改变，仅通过启发人们获得沉思自由的能力，事实上是不可能让处于社会关系中的人真正走向自由的，因为正像马克思所说的，我们只有真正理解了革命的、实践批判活动的意义，才能切实地找到废除私有财产、走向人类解放的道路。

　　马克思一旦在哲学思考中找到这种"现实的个人"，就决不会再留恋费尔巴哈人类学唯物主义意义上的那种抽象的人，因为这种抽象人性的思路在根本上忽视了现实个人的活动所具有的理论意义。同样,他也决不会欣赏历史主义学术传统中的那种经验性的个人。再进一步,马克思的这种"现实的个人"是负载着特定社会关系的个人,因此,一旦他进入到对这种"现实的个人"的历史唯物主义解读之中,他必然会从社会关系尤其是社会经济关系的视角入手。站在这样的角度上,我们不仅可以理解马克思(与恩格斯一道)在《德意志意识形态》中为什么把现实的个人视为唯物史观的前提,而且也可以理解马克思在晚年所写的《评阿·瓦格纳的"政治经济学教科书"》中为什么说自己的分析方法"不是从人出发,而是从一定的社会经济时期出发的"① 了。

三

费尔巴哈人类学唯物主义是一种直观唯物主义,它主要是用来批判基督教的,但在这一过程中也涉及了对基督教统治下的以利己主义实践为特征的现实社会的批判。费尔巴哈"新哲学"的理论使命主要在于通过凸显"人"的地位、神化人的生活来排挤掉宗教的统治地位,因而他实际上也没有兴趣去研究现实生活中的人到底过得怎么样。费尔巴哈只指认了现实社会的利己主义实践的特性,却没有研究这种利己主义实践的社会历史根源,因而,他当然不可能从实践的角度来理解社会生活,并从中解读出人类走向自由的道路。这种理论观点的"立脚点"是以单子化的个人为特征的市民社会,在它的视域中,不存在任何的现实社会关系,只具有利己主义的个人。因而,它所建构出来的理想化的社会形态也只能是把许多个人自然地联系起来的普遍性,而不可能是以社会关系的根本变革为基础的自由人的联合体。正是在这一意义上,马克思说,直观唯物主义至多只能做到对单个人和市民社会的直观。

而此时的马克思在理论视域上已经远远超越了这种直观的唯物主义,

---

① 《马克思恩格斯全集》第19卷,人民出版社1963年版,第415页。

他已经从革命的、实践批判的活动的角度，来理解全部社会生活的本质。对马克思来说，不管是对市民社会的本质的理解，还是对私有财产的废除，都必须建立在上述这种实践活动的基础上。事实上，马克思在这一阶段也曾强调过现实市民社会的利己主义实践的特性。在《评李斯特》中，他就说过现实的社会组织是无精神的唯物主义、个人的唯灵主义、个人主义，但问题的关键是，他不像费尔巴哈那样仅停留于此，而是把解读思路继续往前推进了一步，指出了是现存的私有制社会才导致了这种以交换价值为中介、以利己主义实践为特征的市民社会的出现。由此，马克思指出，要想废除这种以交换价值为中介的利己主义实践，就必须废除私有制度，废除私有制条件的社会劳动形式。再进一步，马克思还指出了只有通过现实的社会物质活动才能废除这种劳动形式。因此，马克思眼里的市民社会，绝不是经验表象层面的市民社会，而是现实的社会制度及劳动组织发展过程的一个阶段，是基于私有制度及被私有财产所决定的劳动形式的一种社会形态。

马克思对费尔巴哈人类学唯物主义的超越还与其哲学理论的改造世界的功能直接联系在一起。如果撇开"拖着一根庸人的辫子"的黑格尔哲学不谈，青年黑格尔派的鲍威尔等人其实是想改造世界的，但由于他们无法找到改造世界的正确道路，因而事实上只停留在解释世界的层面上。鲍威尔在早期阶段之所以要倡导自由的自我意识并以此来批判宗教，一个重要的原因就在于，在他看来，在宗教的统治下，人们的精神生活非常贫乏，主体的自我意识极其缺失，而这正是造成专制制度得以存在的思想基础。因此，他认为哲学上的反对派即青年黑格尔派必须团结起来，发展出作为反对派的自我意识，即自由的自我意识。当他在后期把批判对象直接转向私有制及国家时，他的解读思路依然停留在是人们的精神贫乏才导致了私有制的出现的层面上，因此，他依然坚守着主观唯心主义的社会批判思路。鲍威尔的最大问题是他颠倒了社会现实与思想观念之间的因果关系，看不到是现实的市民社会导致了人们的异化的思想观念。他的这种理论视域决定了他不可能真正找到解决这一问题的正确道路。

费尔巴哈尽管从一般唯物主义的角度超越了鲍威尔等人的主观唯心主

义哲学立场，但他同样也没有找到改造世界的正确道路。在对现实的利己主义社会的根源的解读上，费尔巴哈认为是基督教才导致了这种社会的出现。在他看来，以基督教为代表的宗教就是把自然当作为我所用之物来看待的，正因为如此，深信基督教的各民族在现实社会中才会从利己主义实践的角度，把自然当作他的最顺从的奴仆。因此，只要颠覆了基督教就能改变这种社会现状，也就是说，只要改变了人们在思维或观念领域中的状况，就能改变现实领域中的社会状况。正是在这种思想指导下，费尔巴哈认为在思维领域中把神学转变为人类学，就等于在实践和生活领域中把君主政体转变为共和国。这就是他把理论阐述的重点放在用人的本质来排挤神的本质的原因。显然，费尔巴哈在这一涉及社会发展的问题上同样颠倒了社会现实与思想观念之间的因果关系，从改造人性的角度来理解改造现实世界。他跟鲍威尔等人的不同只在于用人的本质来取代了自我意识，但在从历史唯心主义的角度来解释改造世界的道路问题上是相同的。

此时的马克思则已经具备了完全不同的理论立场，其理论视域中的"改造世界"既有以实践为基础的唯物主义逻辑依据，又有现实的革命主体。在他看来，现实的市民社会之所以呈现出非自由的、非人的、非社会的特性，其根源不在于人的观念的异化，而在于现实的私有制度及其被这一制度所决定的社会物质活动之中。对这种市民社会的改造必须建立在矛盾着的社会物质活动本身的发展之基础上。而这又是跟他在革命主体问题上明确地指向无产阶级联系在一起的。尽管必须承认马克思在这一阶段对无产阶级革命观念发展的复杂性还估计得不足，但应该看到的是，他已经明确地从历史必然性的角度来理解无产阶级的革命主体的地位。这样一来，马克思的"新唯物主义"就不仅仅在解释世界了，而是在探索改造世界的现实道路。

通过上面的分析，我们可以看出，国外学界那些通过抬高费尔巴哈的人类学唯物主义来贬低马克思历史唯物主义的学者，显然没能领悟到马克思哲学崭新的理论视域。当代资本主义在社会现象层面的确出现了一些新情况，它的确要比马克思当年所设想的复杂得多，但这并不是我们放弃历史唯物主义的解读思路，转向人类学唯物主义等其他学术思路的理由。我们应该做的恰恰是在这种复杂的语境中深化和发展马克思的历史唯物主义哲学,只有这样,当现实历史过程凸显出像不久前发生的全球性金融危机那样的新情况时,我们才不会手足无措。而人类学唯物主义尽管给历史过程设置了伦理规范,但客观历史过程是否真的像这种规范所指示的那样去发展,则是它所无法干预的。可以想象,费尔巴哈时代的德国人显然不会因为批判了基督教就能改变其利己主义的实践特性。正因为如此,对于把推翻资本主义制度当作其毕生使命的马克思来说,这种人类学唯物主义不仅不能满足他的理论需要,而且就其本质来说还是跟他的理论目的背道而驰的。马克思如果真的站到了人类学唯物主义的立场上,那么,他至多只是一个启蒙思想家,可处在历史唯物主义视域中的马克思却是一个致力于推进历史进步的革命家。

马克思对历史经验论的超越及其当代意义[①]

唐正东

历史经验论是相对于历史唯物论而言的,它是一种从经验现象的层面来理解历史过程的内涵、历史发展的动力及历史目标的获得路径的观点。客观地说,这种历史经验论在中外学术界都有所表现。在西方左派学界,尤其是法国、意大利等国的那些站在左派激进文化最前沿的学者,自20世纪60年代下半叶以来,往往是在跟本国的共产党及工会等传统左派力量的斗争中建构其社会批判理论的;因此,他们所强调的不是历史过程的本质内涵,而是日常经验实践本身所具有的推动政治运动的能力。应该说,这种思路对当代西方社会批判理论是产生了一定的影响的。在国内学界,尽管大家都是从历史唯物论的角度来建构社会历史理论,但由于事物的表现形式与事物的本质不会自动相同,因此,客观地说,不管是在对经典作家思想的阐释上,还是在对历史过程本身的理解上,历史经验论都尚有一定的影响。鉴于此,本文试图通过强调马克思对历史经验论的超越,来凸显历史唯物论与历史经验论之间的区别,并由此引申出这一理论质点在当下实践语境中的理论意义。

一

在马克思的哲学文本,譬如《德意志意识形态》中,的确有不少地方

[①] 原载《哲学研究》2009年第2期。

会给人以错觉，似乎马克思（与恩格斯一起）真的是站在历史经验论的理论立场上的，例如："在思辨终止的地方，在现实生活面前，正是描述人们实践活动和实际发展过程的真正的实证科学开始的地方。关于意识的空话将终止，它们一定会被真正的知识所代替"①——这里的确有"描述"、"实证科学"等字眼，但如果我们真的把马克思此时的观点定位在历史经验论的层面上，那就构成对它的误读了，因为不仅马克思真实的思路并非如此，而且我以为，甚至连马克思此时批判的对象即费尔巴哈，也不是简单地站在历史经验论的层面上的。为了更清楚地说明这一问题，我先把黑格尔、费尔巴哈在这一问题上的思路简单地梳理一下，以便我们能够在一个比较的语境中准确地把握马克思的思路。

当马克思在《关于费尔巴哈的提纲》中说"和唯物主义相反，能动的方面却被唯心主义抽象地发展了，当然，唯心主义是不知道现实的、感性的活动本身的"②时候，他肯定不是在经验事实层面说黑格尔不知道现实的、感性的活动，因为马克思不至于无视黑格尔在多个文本中谈到的有关经验层面的社会生活的观点。只要我们对黑格尔的阅读不局限于他的逻辑学，那么要想证明这一点是不困难的。

早在1802年的《德国法制》一文中，黑格尔就明确地指出了工业的进步、商业的统治以及城市的发展对人们的社会生活带来的影响："当那种不顾整体、只关心个别不独立东西的市民精神随着帝国城市的兴起开始成为一种势力，当这种内心个别化的精神要求有一种更普遍、更积极的结合时，当德国由于教养和工业的进步现在被推到十字路口，或者下决心听从普遍物，或者使联合完全分裂时，德国人原有的坚持个人自由意志、抗拒服从什么普遍物的性格取得了胜利，按其旧有本性决定了德国的命运。随着时间的流逝，大群国家发展了起来，商业及实业财富的统治也发展了起来……尤其是那种取得威望和政治地位的市民精神，于外在方面和内心方面都需要一种合法性。"③黑格尔在这里谈到了工商业的进步对思想上层

---

① 《德意志意识形态》（节选本），人民出版社2003年版，第17—18页。
② 《马克思恩格斯选集》第1卷，人民出版社1995年版，第54页。
③ ［德］黑格尔：《黑格尔政治著作选》，薛华译，商务印书馆1981年版，第62页。

建筑的影响。有意思的是,黑格尔在此文中还谈到了生存基础、利益等因素对司法等政治上层建筑的影响。在谈到司法改革问题时,他说:"为什么一些未予实行的事已经告吹,其原因一般地说来也不是别的,而就是导致帝国整个司法现状的原因,即:各等级代表虽也联合起来进行司法,但他们的生存(基础是)分离和自谋,在实行结合时彼此在自己生存上分毫不让;(它们)是联合了起来,但终究不想有某种共同的东西。"①跟后来的马克思相比,黑格尔在此处只不过没有得出生产关系的线索,因而没有得出经济基础的概念。尽管在理解工业的进步时有没有生产关系的线索事关历史观的全局,但凭借上述这一点,我们起码不能说黑格尔根本不知道现实的、感性的活动。

黑格尔实际上对单纯的思想演绎还是很反感的,例如在谈到当时德国的现状时,他说:"假使德国算个国家,它就只能是作为思想国而存在,但这个国家之为非存在又定然具有现实性。因此,如果说思想国可以自为存在,想要解决矛盾的法院权力机构的情况也还是这样:当它想把单单思想的东西运用于现实,从而想把思想加以实现,使现实符合这种思想时,结果却是连它们向现实的运用也依旧是种思想,因之一国借以是个国家的那种普遍秩序在其向现实转化中间竟被弄瘫痪了。由于这种秩序不具有让人加以实现的目的就毫无意义,所以它们向现实的转化本身也会作出安排,确定下来,但虽然如此,这种转化行动也还会又给弄成思想上的东西。"②

在1821年的《法哲学原理》中,黑格尔对经验事实层面的"现实的、感性的活动"的论述就更直接了。他不仅用专门的一章来阐述"市民社会",而且还较为清楚地指出:"抽象化引起手段和需要的细致化,从而也引起了生产的细致化,并产生了分工。个人的劳动通过分工而变得更加简单,结果他在其抽象的劳动中的技能提高了,他的生产量也增加了。同时,技能和手段的这种抽象化使人们之间在满足其他需要上的依赖性和相互关系得以完成,并使之成为一种完全必然性。此外,生产的抽象化使劳

---

① [德]黑格尔:《黑格尔政治著作选》,薛华译,商务印书馆1981年版,第58页。
② [德]黑格尔:《黑格尔政治著作选》,薛华译,商务印书馆1981年版,第55—56页。

动越来越机械化，到了最后人就可以走开，而让机器来代替他。"① 客观地说，这种观点已经很接近于从由分工所推动的生产力和交换关系的角度来理解市民社会的思想。那么，既然如此，黑格尔为什么还要回到他的唯心主义立场上呢？这是问题的关键，我们必须对它作出准确的回答。

我以为，以下两点原因使黑格尔不得不回到唯心主义的立场上。

首先，他在分析以工商业的进步为代表的市民社会的发展历程时，由于没能透过经验事实层面的交换关系而深入到本质性的生产关系的理论层面，因而，他无法构建出市民社会的本质矛盾观。这使他无法站在现实历史的发展层面来思考人类未来目标的获得路径。于是，他只能转而面向非现实历史性的"精神"的逻辑发展，来建构有关人类发展的理论框架。

其次，尽管在黑格尔的思路中，对自由的追求同样占有重要的地位，但与费尔巴哈等人相比，黑格尔始终认为个人在追求自由的过程中是不能绕开国家权力这个中心的："由于现在的国家幅员广大，实现每个自由人应参与决定和讨论国家事务的理想是完全不可能了。为要作为政府作出有关决定，并付诸实施，国家权力都必须集中到一个中心。"② 也就是说，"自由只有在通过法律把一个民族结合成一个国家时才是可能的"③。而何谓"国家"及其所能实现的"自由"？黑格尔认为这绝非是一般人的自我意识所能把握住的，"因为一般人在事件和对事件的自由理解之间塞进了许多概念和目的，而且要求发生的情况得符合这些概念和目的。如果说绝大多数情况无疑并不符合这些概念和目的，那他们还是吹嘘自己的概念，好像其中起支配作用的是必然性，而在所发生情况中起支配作用的倒是偶然，因为他们的概念，他们对事物的看法都是有限的，他们只把事物理解为个别孤立事件，而不是个别事件的一个完整系统，为精神所统治的系统。"④

黑格尔认为，在现实生活中也是这样。在市民社会中，个人的需要尽

---

① ［德］黑格尔：《法哲学原理》，范扬、张企泰译，商务印书馆1961年版，第210页。
② ［德］黑格尔：《黑格尔政治著作选》，薛华译，商务印书馆1981年版，第33页。
③ ［德］黑格尔：《黑格尔政治著作选》，薛华译，商务印书馆1981年版，第93页。
④ ［德］黑格尔：《黑格尔政治著作选》，薛华译，商务印书馆1981年版，第21页。

管得到了很大的满足,但这些需要都只是基于"偶然任性和主观偏好",对它的满足只会无止境地引起新的欲望。正因为如此,"市民社会在这些对立中以及它们错综复杂的关系中,既提供了荒淫和贫困的景象,也提供了为两者所共同的生理上和伦理上蜕化的景象"。① 所以,哲学家的任务既不在于对经验事实的研究,也不在于对个人的自我意识的研究,而在于对事物中的"永久东西"、"内在的脉搏"、"理性"的研究。在黑格尔看来,这种"理性"是作为独立的力量而使自己成为实在的;在这种独立的力量中,个人只是一些环节罢了。正是在这一意义上,他说"神自身在地上的行进,这就是国家"②。这便是黑格尔试图反思历史经验,但又找不着正确的反思道路,于是只能走向客观唯心主义的原因。

如果说理解黑格尔对历史经验论的超越相对比较容易的话,那么,理解费尔巴哈对这种历史经验论的超越就有一定难度了:因为,不仅马克思在《关于费尔巴哈的提纲》中说过,"从前的一切唯物主义(包括费尔巴哈的唯物主义)的主要缺点是:对对象、现实、感性,只是从客体的或者直观的形式去理解,而不是把它们当作感性的人的活动,当作实践去理解"③,而且就连费尔巴哈本人在谈到哲学应该如何接近经验时,也说过:"只有哲学把经验的活动也看做哲学的活动,承认视觉就是思维,承认感官也是哲学的工具。"④——国内学界的一些学者根据这些话,把费尔巴哈的唯物主义简单地指认为对经验现象的直接认定,并由此而得出这样的结论:马克思用感性的活动即对历史过程的经验描述,取代了费尔巴哈的感性的直观即对静态客体的经验描述,从而完成了历史唯物主义的理论跨越。但我以为,这种理解既误读了费尔巴哈的解读思路,又误读了马克思历史唯物主义的理论境域,因而是值得商榷的。

站在经验现象的层面上,把费尔巴哈的核心概念"人"理解为生物学意义上的人的观点,无法面对费尔巴哈哲学文本中的如下文字:"'能够把

---

① [德]黑格尔:《法哲学原理》,范扬、张企泰译,商务印书馆1961年版,第199页。
② [德]黑格尔:《法哲学原理》,范扬、张企泰译,商务印书馆1961年版,第259页。
③ 《马克思恩格斯选集》第1卷,人民出版社1995年版,第54页。
④ [德]路德维希·费尔巴哈:《费尔巴哈哲学著作选集》上卷,荣震华译,生活·读书·新知三联书店1959年版,第87页。

人从自然界抽出来吗?'不能！但直接从自然界产生的人，只是纯粹自然的本质，而不是人。人是人的作品，是文化、历史的产物。"① 到底应该如何来理解费尔巴哈的这种既不能从自然界抽出来、又不是直接从自然界产生的"人"呢？我以为，这里的关键在于：在关注费尔巴哈的"感性直观"概念的同时，必须注意到他的另外一个重要概念，即"表象和幻想的直观"。实际上，对费尔巴哈来说，经验现象只是一种"表象和幻想的直观"，而不是"感性直观"，正像他所说的，"感性事物并不是思辨哲学意义之下的直接的东西，亦即并不是说：感性事物是世俗的、一目了然的、无思想的、自明的东西。直接的感性直观反倒比表象和幻想晚出。人的最初的直观——本身只是表象和幻想的直观。由此可见，哲学，一般科学的任务……在于使平常的、看不见的东西可以看得见，亦即对象化。"② 可见，费尔巴哈所讲的感性直观是与经验直观有区别的。再进一步，导致上述这一点的原因又是什么呢？费尔巴哈认为这根源于在经验直观的层面，当人们去认识某个事物时，会把自己的本质放进事物之中，因而无法区别事物本身与事物的表象："人们最初所看见的事物，只是事物对人的表现，而不是事物的本来面目，并不是在事物中看见事物本身，而只是看到人们对于事物的想像，人们只将自己的本质放进事物之中，并没有区别对象与对象的表象。"③ 有意思的是，费尔巴哈此处的观点居然与黑格尔的观点有某些相似之处：从前面所引的黑格尔的文字中，我们已经了解到，黑格尔同样也认为一般人在对事物的理解时塞进了很多自己的概念和目的。当然，此处的相似性并不妨碍他们两人在解读超越经验直观的路径方面的相异性。

对于费尔巴哈来说，超越经验直观就是要回到事物本身、回到人类自身，而不是基于某种先在概念对事物作表象性认识。那么，如何才能避开

---

① ［德］路德维希·费尔巴哈：《费尔巴哈哲学著作选集》上卷，荣震华译，生活·读书·新知三联书店1959年版，第247页。
② ［德］路德维希·费尔巴哈：《费尔巴哈哲学著作选集》上卷，荣震华译，生活·读书·新知三联书店1959年版，第174页。
③ ［德］路德维希·费尔巴哈：《费尔巴哈哲学著作选集》上卷，荣震华译，生活·读书·新知三联书店1959年版，第174页。

表象性认识而回到事物本身呢？费尔巴哈在这里专门引入了"理性"的概念："思维、精神、理性，按其内容，除了说明感觉所说明的东西而外，并未说明什么其他的东西；它不过把感觉分散地、分别地告诉我的东西，又联系地对我说明，正因为如此这种联系才被叫作理性、而且就是理性。"① 此处的关键在于，对费尔巴哈来说，事物本来就是相互联系着的，只是由于认识者在认识它的时候加进了某种先在的概念或本质，它才变得分散和零乱。这便是费尔巴哈试图通过感性直观来达到事物本身的原因。

尽管与黑格尔相比，费尔巴哈不相信必须通过某种先在的逻辑中介才能让经验事实具有意义，但费尔巴哈毕竟不是拘泥于经验事实本身的。因此，我们有理由相信，当马克思说费尔巴哈只是从客体的或直观的形式去理解对象、现实、感性的时候，他并不是说费尔巴哈从来没有超越过经验现象的理论层面；马克思实际上是想表明，费尔巴哈由于不具备现实实践的理论思路，因而尽管他想要超越经验现象，但却根本不可能真正越出客体的层面来理解对象。

上述对黑格尔和费尔巴哈的分析给我们的启示是：马克思的历史唯物论不可能是对某种历史经验的描述；如果在他的思路中不存在对经验现象的反思的理论层面的话，那么可以说他甚至没有达到黑格尔和费尔巴哈的理论水平，而这当然是决不可能的。

二

其实，与黑格尔从先在的逻辑中介、费尔巴哈从感性直观的角度对经验现实的超越不同，马克思是通过解读历史过程内在矛盾的运动来理解对经验现实或经验历史的超越的。也就是说，在马克思看来，只要具有历史唯物论的审视角度，那就不难发现历史过程内部有一种不断剥离经验现象、不断凸显历史内在本质的过程。马克思的历史观只是准确地反映了这

---

① ［德］路德维希·费尔巴哈：《费尔巴哈哲学著作选集》上卷，荣震华译，生活·读书·新知三联书店1959年版，第252—253页。

一过程，而不是基于自己的某种先见来主观地解读这一历史过程。如果说马克思对经验现实的超越有某种中介的话，那么，这种中介绝不是先在的概念或感性直观，而是历史过程本身在本质层面上正在发生着的内在矛盾的发展过程，经验现象层面上的那些历史事实正是由于这种内在矛盾发展的线索而具有历史意义的。在这一意义上，我们的确可以把这种内在矛盾的发展过程视为马克思超越经验事实的"中介"。

在《德意志意识形态》中，当马克思（与恩格斯一起）首次对历史唯物论作出清晰的阐述时，他就是以上述这种方式来超越历史经验论的。尽管这一著作的主要目的在于超越历史唯心论，但我们在解读这一文本时，切不可忽视马克思超越历史经验论的理论层面，更不可把马克思的观点视为用历史经验论来超越历史唯心论。我承认，在这一文本中的确有不少似乎给认为马克思是历史经验论者的观点提供佐证的话语，譬如，在阐述了分工与所有制的历史发展线索之后，马克思说，"由此可见，事情是这样的：以一定的方式进行生产活动的一定的个人，发生一定的社会关系和政治关系。经验的观察在任何情况下都应当根据经验来揭示社会结构和政治结构同生产的联系，而不应当带有任何神秘和思辨的色彩"[①]；在阐述了周围的感性世界是工业和社会状况发展的结果之后，马克思说："只要这样按照事物的真实面目及其产生情况来理解事物，任何深奥的哲学问题……都可以十分简单地归结为某种经验的事实。"[②] 这里的关键在于，我们一定要看出马克思是在什么意义上来使用这种"经验"概念的。是在经验论意义上来使用的吗？我认为完全不是。试想，历史经验论的理论思路能够引出从生产活动的角度来解读社会结构和政治结构的理论思路吗？能够引出从分工和所有制的发展过程的角度来解读生产活动的变化过程的思路吗？不能。历史经验论的思路只能带来对影响每一个历史阶段的各种因素及其相互关系进行共时性的研究，譬如，在研究资本主义社会时，对影响这一社会形态的经济、政治、文化、宗教等因素进行共时性、结构性的研究。而一旦把解读视域拓展到历史过程的层面，那么，这种思路所能得出的只

---

① 《德意志意识形态》（节选本），人民出版社2003年版，第15—16页。
② 《德意志意识形态》（节选本），人民出版社2003年版，第20页。

能是历史学意义上的"历史",而不可能是基于某种内在逻辑的、历史哲学意义上的"历史",因为它无法透过各种因素之间的共时性、结构性关系而深入到历史过程的本质层面。

《德意志意识形态》中的马克思不属于这种历史经验论者,因为他在这里不但通过分工与所有制的发展线索清晰地阐述了生产活动的发展过程,也就是说,他是把生产活动的历史发展当作基于某种内在逻辑的发展过程、而不是历史事实之间的简单链接来看待的;而且,他还把这种发展过程与人类的解放联系起来:"'解放'是一种历史活动,不是思想活动,'解放'是由历史的关系,是由工业状况、商业状况、农业状况、交往状况促成的。"① 因此,当马克思说"按照我们的观点,一切历史冲突都根源于生产力和交往形式之间的矛盾"② 时,我们有理由相信,他是站在超越历史经验论的层面上来阐发自己的观点的;他在这一文本中所使用的"经验"概念,应当在"客观"的意义上加以理解。

当然,如果以后来的《1857—1858年经济学手稿》及同时期的其他经济学手稿为参照系,那么,我们必须承认,马克思在《德意志意识形态》中尽管超越了历史经验论,但对历史本质论的建构还尚未完成,这主要根源于马克思当时对分工和交换在资本主义阶段的发展过程了解得还不太仔细,正像恩格斯后来在谈到这一著作时所说的:"这种阐述只是表明当时我们在经济史方面的知识还多么不够。"③ 具体地说就是,马克思当时还不能很好地理解即使是在资本主义社会,分工和交换本身也仍然存在着一个不断发展的过程,即从企业内部分工到社会分工、从商品与商品的交换到资本与雇佣劳动之间的交换的发展过程。而能否看出这一点,事实上直接关系到马克思能否把"交往形式"真正推进到"生产关系"的理论层面。

客观地说,在《德意志意识形态》中,马克思还不能对企业内部的分工与社会分工之间的区别作出准确的辨识。在谈到资本主义大工业时,马

---

① 《德意志意识形态》(节选本),人民出版社2003年版,第19页。
② 《德意志意识形态》(节选本),人民出版社2003年版,第60页。
③ 《马克思恩格斯选集》第4卷,人民出版社1995年版,第212页。

克思尽管看到了"最广泛的分工"①，但他实际上没能越出某一部门内部"共同从事某种劳动的个人之间"②的分工的角度，来理解这种存在于资本主义大工业阶段的最广泛的分工。在1858年8—10月间写作的《政治经济学批判。第一分册》"初稿片断"中，马克思曾明确地指出："我们这里所指的分工，是整个社会内部的自发的和自由的分工，是表现为交换价值生产的分工，而不是工厂内部的分工（不是个别生产部门中劳动的分解和结合，而是社会的、似乎未经个人参与而产生的这些生产部门本身的分工）……社会劳动互相分离而转变为自由的、彼此独立的、只由于内在必然性（不同于那种通过有意识的分解和被分解者有意识的结合而实现的分工中的情况）而联结成一个总体和整体，这是完全不同的东西，是由完全不同的发展规律决定的，尽管社会分工的一定形式和企业内部分工的一定形式可以完全一致。"③应该说，马克思在《德意志意识形态》时期尚没能清楚地意识到这一点。

与此相类似，马克思在此时也没能越出简单的商品交换的理论层面来理解资本与雇佣劳动之间的交换。尽管在论述资本主义阶段时，马克思的确看到了资本对劳动的统治关系，但一方面，他仍然从"积累起来的劳动"的角度来理解"资本"④，而没能从"关系"或"过程"的角度来界定资本的本质内涵，因而实际上只是把劳资关系解读为积累劳动与直接劳动之间的关系。按照马克思后来的说法，这"就是只看到了资本的物质，而忽视了使资本成为资本的形式规定"⑤。另一方面，他仍然从各个个人通过交换而结合在一起的角度来理解资本主义的交换关系，这就使马克思实际上没有理解资本与雇佣劳动之间的关系是资本主义交换关系的最高发展阶段。

在《1857—1858年经济学手稿》中，马克思对这一问题作出了全新的解读："资本家和工人之间所进行的交换，完全符合交换规律，不仅符

---

① 《德意志意识形态》（节选本），人民出版社2003年版，第58页。
② 《德意志意识形态》（节选本），人民出版社2003年版，第12页。
③ 《马克思恩格斯全集》第31卷，人民出版社1998年版，第356页。
④ 《德意志意识形态》（节选本），人民出版社2003年版，第47页。
⑤ 《马克思恩格斯全集》第30卷，人民出版社1995年版，第213页。

合，而且是交换的最高发展。"① 而在《政治经济学批判。第一分册》"初稿片断"中，他对这一点的分析就更加深刻了："作为交换主体的个人的经济关系，在这里是简单地从它们在上述交换过程中所表现的形式上来考察的，而不涉及发展程度较高的生产关系。经济的形式规定正好构成这些个人借以相互交往（相互对立）的规定性。"② 也就是说，如果我们只是盯住了作为交换主体的个人之间的交换关系，那么，在我们的解读思路中实际上还没有真正出现生产关系的理论层面，因为只有把资本主义的交换关系上升到资本与雇佣劳动之间的交换关系的理论层面，才能准确地意识到这种交换关系是以资本主义生产关系的整个体系作为前提的。只有达到了这样的理解水平，生产关系的理论层面才能真正在对资本主义的解读视域中出现。《德意志意识形态》时期的马克思还没有达到这样的理解水平。

三

正因为如此，当马克思在《德意志意识形态》中凭借生产力与交往形式的矛盾运动的线索建构起对整个历史过程的解读时，他的确已经超越了历史经验论，并初步建构起了历史本质论的逻辑线索。但必须承认，他此时所理解的历史过程的内在矛盾，的确只是生产力与交往形式的矛盾，而不是生产力与生产关系的矛盾。当然，由于广义的生产过程包括生产、分配、交换、消费四个环节，因此，马克思此时以交换关系为核心内容的交往形式概念，在广义的层面上也可以说是生产关系概念。但我们在对它进行解读时，必须把握它的准确内容。而到了《1857—1858 年经济学手稿》中，情况则发生了很大的变化。尽管这一著作的核心内容不是研究历史过程，而是研究资本主义社会的，但从他对资本主义生产关系的解读水平中，我们完全可以推断出他此时所具有的对历史过程内在矛盾运动的理解水平。

如果套用曼纽尔·卡斯特在《网络社会的崛起》中对"信息社会"与

---

① 《马克思恩格斯全集》第 31 卷，人民出版社 1998 年版，第 69 页。
② 《马克思恩格斯全集》第 31 卷，人民出版社 1998 年版，第 347 页。

"信息化社会"的区分方法①,那么,我认为,马克思此时已经对"分工社会"与"分工化社会"之间的区别、"交换社会"与"交换化社会"之间的区别作出了明确的辨识。在很多社会形态中都存在着分工,因此,"分工社会"是一个外延较广的概念。但只有在资本主义大工业阶段,"分工"才真正实现了其自身,也就是说,整个社会才彻底建立在基于交换价值生产的分工之基础上,这种"社会化分工"在物质形式及社会形式上所产生的力量才真正渗透到社会生活的各个领域。同样,交换关系在很多社会形态中都存在着,因此,"交换社会"是一个外延较广的概念。但只有在资本主义大工业阶段,交换关系才真正实现了其自身,即拓展到了社会生活的所有领域,包括劳动力在内的因素都被卷入其中。这种"交换化社会"的重要特征是"生产者把自己的产品当作使用价值的一切直接关系都消失了;一切产品都是交易品……如果他不生产交换价值,他就什么也没有生产,因为他不能用手指着任何一件可以捉摸的使用价值说:这是他的产品"②。由于马克思作出上述这种区分"要以另外的更为复杂的并且同个人的自由和独立或多或少发生冲突的生产关系即他们的经济关系作为前提"③,因此,马克思的上述思想实际上意味着他已经明确地以生产力与生产关系的理论线索,来解读资本主义社会的内在矛盾,尽管他在这一著作的很多地方仍然以资本和雇佣劳动的交换关系为阐述重点。由此,当我们把解读视域推广到历史观层面时,我们有理由推断,在此时马克思的思路中,历史过程是由生产力与生产关系的矛盾运动所推动的,而且,这种矛盾运动并不呈现为它在所有社会发展阶段的平面式展开,而是呈现为一种带有层次感的、具体的、历史的矛盾形式的不断涌动与发展过程。它虽然最终发展成了资本主义大工业阶段的矛盾形式,但并不是说这种最终的矛盾形式在以前的所有社会形态中都同样地存在着。在马克思看来,在前资本主义的各个发展阶段,生产力与生产关系的矛盾具有各自不同的表

---

① [西班牙]曼纽尔·卡斯特:《网络社会的崛起》,夏铸九、王志弘等译,社会科学文献出版社 2001 年版,第 25 页。
② 《马克思恩格斯全集》第 31 卷,人民出版社 1998 年版,第 352—353 页。
③ 《马克思恩格斯全集》第 31 卷,人民出版社 1998 年版,第 353 页。

现形式。而从整个私有制社会的发展过程来看，这些各自不同的表现形式的确是交换关系的不发达形态，只是到了资本主义大工业阶段才达到了"价值关系和以价值为基础的生产的最后发展"①阶段。相比而言，此时的马克思才最终完成了对历史唯物论的理论建构。

  对上述这一点的强调，在当下中国的实践语境中应该说具有重要的方法论意义。由于真正的历史唯物论承认并尊重社会内在矛盾在不同历史时期所具有的不同的表现形式，因此，当我们在今天这个经济全球化的时代坚持中国社会主义道路的"特色"时，我们不是在背离而是在坚持历史唯物论的方法论原则；同时，真正的历史唯物论强调社会矛盾的发展本身具有某种内在的必然性，这对马克思来说意味着私有制阶段的社会内在矛盾的发展必然呈现为这种矛盾从不发达形态向发达形态的发展历程，而对我们而言，则意味着中国的发展无论面临哪一种实践语境都不能脱离社会主义的轨道，这是由社会主义社会的内在矛盾发展的必然性所决定的。所以，我们在今天坚持中国特色发展道路的"社会主义"特性，同样不是在背离而是在坚持历史唯物论的基本方法论。从这一审视角度入手，我们应该能对胡锦涛同志《在纪念党的十一届三中全会召开30周年大会上的讲话》中所说的"不动摇、不懈怠、不折腾，坚定不移地走中国特色社会主义道路"的重要思想有一个更为深刻的认识。

---

① 《马克思恩格斯全集》第31卷，人民出版社1998年版，第100页。

马克思的思想史效应及其意义[1]

胡大平

> 在某种意义上，我们都是马克思主义者：所有现代社会都想建立符合其理想的秩序，拒绝听任命运的安排。[2]
>
> ——雷蒙·阿隆

马克思对其身后的人文社会研究产生了持久而巨大的影响，几乎所有领域都可以发现马克思主义派别或马克思的支持者。对马克思的思想史效应进行理论化，无论对于马克思主义认知还是思想史研究来说，都具有重要的意义。

一、马克思的思想史效应

马克思既是科学家，又是革命家。在理解马克思巨大的历史影响时，这两者缺一不可。不过，迄今为止，特别是在思想史研究领域中，以"革命家"压倒"科学家"的认知倾向仍然是主流思维方式。因此，关于马克思主义理论性质、核心内容、思想史地位等重大问题的理解难免受到意识形态的影响并产生一些义气之争，不仅错失了许多重大的思想史问题，而且在某种意义上也压抑了从理论上深入研究马克思并揭示其当代性的新契机。

---

[1] 原载《学术界》2017年第10期。
[2] ［法］雷蒙·阿隆：《论自由》，姜志辉译，上海译文出版社2009年版，第1页。

或许，正是因为这一原因，近二十年来，文本学和思想史叙事成为国内相关马克思主义研究领域持续的动态。本文认为，那是两个必须认真关注的思想史研究基础方法论问题，亦是马克思主义自我理解的关键性难题。不过，要真正深化思想史研究的理论水平，而不是流于口号，需要严格的思想史眼光。当脱离思想和社会语境的抠字眼式术语"考据"成为想象中的学术水平标志，类型化的"以 X 解马"模式成为学术辩论的机智，就更需要提出我们必须面对的"思想史的事情"。思想史效应研究正是这类事情中的重要一种，它在马克思主义相关研究中经常零散地提及但却缺乏必要的理论化。

关于马克思引发的思想史效应，米尔斯早在 20 世纪 50 年代便严肃地指出，西方"相当多的现代社会科学一直在同马克思的著作反复进行未被人们注意的辩论"①。无疑，辩论的内容和形式都实际上直接受到了共产主义的"威胁"以及复杂的意识形态原因之影响，但无论如何，这个事实不仅表明了马克思的思想影响力，而且直接暗示了其原因：他比其他人更准确而深入地切中了现代社会的中心问题。在这一点上，马克思与他之前的哥白尼、达尔文以及之后的弗洛伊德等人具有相似的遭遇。与日心说、生物进化论以及无意识学说一样，历史唯物主义亦是一种世界观的变革，这使得马克思成为现代思想争论的中心。不同的是，马克思主义不仅从科学上触动了人类历史的全部自我理解，而且预言了人类历史千年未有之革命——即无产阶级解放——以及在这场革命中理论的命运——即改造世界，这使得其接受过程更加曲折与漫长。

不过，只要有充分的耐心和眼光，透过这一曲折和漫长的过程，我们将发现马克思实际上已经成为现代思想的中心并实质性改变了当代人文社会科学的逻辑。在人类学、历史学、政治学、社会理论、文艺学、哲学等这些领域，马克思主义早就成为主流研究的中心资源和核心范式。关于这些领域的成果，我们不再赘述，但有必要提及两个重要领域的争论。一个是历史研究领域，这个领域的例子说明，马克思主义成为主流叙事之一但

---

① ［美］C. 赖特·米尔斯：《社会学的想象力》，陈强等译，生活·读书·新知三联书店 2001 年版，第 88 页。

不见得需要严格的马克思主义标签,20世纪80年代,霍布斯鲍姆有过精彩的概述。① 另一个是经济学和管理学领域,下文将要展开讨论的罗斯托以及彼得·德鲁克例子说明,由于马克思主义的性质,它不可能改变微观经济学的话语,但它关于社会结构及其运行机制的宏观分析却是绕不过去的真知灼见。正是因为这一点,主流经济学与马克思的竞争是虚假的:一方面无视经济现实把马克思对现代社会批判性分析(例如关于剥削问题的研究)夸大为价值判断;另一方面则基于价值立场以现实社会主义失误将诸如计划和指令夸大为集权主义,进行理论上的敲诈。与之一致,正如马尔库塞早就指出的那样:"尽管自由主义及其倡导者在不同的国家或时期具有结构性变化,但其统一的基础是始终不变的:个人经济主体对私人财产的自由占有和支配,以及对这些权利的政治和法律保证。围绕着这个固定的中心,自由主义的全部特殊经济和社会要求都是可以修改的——甚至到自我取消的程度。因此,在自由主义统治时期,只要自由和私有财产的安全受到威胁,国家权威对于经济生活的强力干预就会频繁发生,特别是当这种威胁来自无产阶级的时候。专政和独裁国家倾向的观念并非不适合自由主义。"② 由于这些复杂的理论与现实势态,在面对思想史效应时,需要精心的理论准备。

有必要特别强调的是,马克思主义也在一些意想不到的地方开花结果。例如,在考古学领域,提出新石器革命和城市革命的柴尔德便是基于马克思主义方法论研究而产生巨大影响的典型。③ 在传播学中,伊尼斯不仅明确地表示不应遗忘包括马克思在内的先驱研究意义,而且其中心概念和思路与历史唯物主义高度一致④,而他的学生麦克卢汉关于"媒介是人

---

① 参阅《历史学家从马克思那里学到了什么?》《马克思和历史学》等,见[英]埃里克·霍布斯鲍姆:《史学家:历史神话的终结者》,马俊亚等译,上海人民出版社2002年版。
② Herbert Marcuse, *Negations: Essays in Critical Theory*, London: May Fly Books, 2009, p. 5.
③ [英]柴尔德:《人类创造了自身》,安家瑗等译,上海三联书店2008年版;[英]柴尔德:《历史发生了什么》,李宁利译,上海三联书店2008年版。
④ Harold A. Innis, *Empire and Communications*, Press Porcepic Limited, 1986, "Preface". 在《传播与偏向》中,他明确地说,"我的许多东西都带有马克思主义的味道。不过,我努力尝试的,是用马克思主义的解说来解释马克思。我并没有系统而严密地把马克思主义的结论推向极端,以显示它的局限性"。([加拿大]哈罗德·伊尼斯:《传播与偏向》,何道宽译,中国人民大学出版社2003年版,第165—166页。)

的延伸"这个中心观点便是套用了恩格斯著名的"工具乃肢体的延伸"命题。这些都是各个学科的经典,我们熟悉它们,但不见得关注它们与马克思主义之间的复杂关系。至于20世纪后半叶人文地理学以及新型的都市研究、文化研究,它们的生长本身就直接受益于马克思主义。多少令人意外但也不是不可理解的是,在建筑和城市规划领域中,新马克思主义逐步成为核心资源之一。① 在这些思想史效应参照下,就不难理解保罗·利科的一种说法了。他认为马克思、尼采和弗洛伊德对现代人觉醒具有重要意义,因为这三位思想家对虚假意识的批判,创造了一门有意义的间接科学。② 说到这里,可以小结:在多数学科中,马克思主义是能够经受学术和理论检讨的基本方法论,它为当代人文社会研究的发展作出了巨大的思想贡献,甚至可以说,我们在其中如鱼得水以至于忘记自己曾直接或间接地受益于马克思。

何以马克思在思想史上产生了如此影响?或许,一些反马克思主义者会认为,源自它的政治蛊惑、理论阴谋或乌托邦诱惑什么的。不过,这些理由是否站得住脚,提出它们的人自己也会明白。题首引语出自法国著名思想家雷蒙·阿隆,这句话准确地阐明了马克思主义影响力的基本来源之一。以其作为引子来强调马克思的当代意义具有特殊的说服力。因为,阿隆的流行形象乃是一名反马克思主义的自由主义者,其对萨特和阿尔都塞分别代表的人本主义和科学主义两种西方马克思主义思路的判决性批判具有重大的思想和理论影响。如果说,在这里,阿隆的判断根据是马克思的《路易·波拿巴的雾月十八日》,在其中,马克思指出,"人们自己创造自

---

① 意大利建筑史家塔夫里1973年出版的《建筑与乌托邦:设计与资本主义发展》被公认为是基于历史唯物主义视角讨论城市形态的著作。其1968年出版的《建筑学的理论和历史》是建筑学中的第一本具有独创性马克思主义立场的意识形态批评著作。20世纪80年代以后,受空间、地理和城市研究影响的马克思主义思潮研究,新马克思主义也逐步成为规划领域的核心资源之一,尽管在多数情境下,其面目模糊。卡斯伯特选编了这一领域部分重要作品,以《设计城市:城市设计的批判性导读》为题出版了一个读本,同时,他自己亦回应了读本所涉及的各个问题,出版了《城市形态:政治经济学与城市设计》,从而部分地呈现了这一领域新马克思主义动态。
② [法]保罗·利科:《解释的冲突:解释学文集》,莫伟民译,商务印书馆2008年版,第182—184页。

己的历史，但是他们并不是随心所欲地创造，并不是在他们自己选定的条件下创造，而是在直接碰到的、既定的、从过去承继下来的条件下创造"①，概括出历史创造所需要的革命理想主义和现实主义之辩证法，那么，在更大的范围，我们将看到，受这一观点激励的20世纪重要思想家可以说数不胜数。阿隆是站在右翼立场上公开表达自己对马克思尊敬的代表；列维-斯特劳斯是学院派的代表，他公开表明自己对马克思的终生钦佩；② 主张"第三条道路"的吉登斯则由其出发选择自己乌托邦现实主义立场。这些宗师级人物的例子都表明，马克思得到那些德高望重的思想家们的尊重，源自他精准地阐明了人类历史变迁的重大规律或经验。这正是作为科学家的马克思之可贵品质。在今天，我们回首向他行注目礼的时候，这一点应该成为基本的出发点。

二、思想史对马克思反应的模式及理论意义

从思想史效应角度观察马克思，并不只是为了简单地证明马克思的伟大。思想史的真正意义在于为我们自己从各个方面来剖析当代社会打开改造世界可能性提供方法论的支撑。对于马克思主义这样具有上述意义的学说和理论，思想史研究就要进一步判定其基本方法论和关于人类社会发展的基本见解，它们又如何影响了人类各方面的思想，从而为我们自己的态度选择提供重要的经验教训。就此来说，需要进一步深入其具体影响和争论。

我主张用一种结构化的思路来解读西方思想界对待马克思的典型态度。具体的方案是将其区分为八种：公开的挑战、虚假的竞争、无私的赞

---

① 《马克思恩格斯选集》第1卷，人民出版社1995年版，第585页。
② 他说自己17岁时第一次接触到马克思的著作，而从那时起，他"对马克思的钦佩始终不变"，每次"考虑一个新社会学问题时，几乎都要先重读几页《路易·波拿巴的雾月十八日》或者《政治经济学批判》"。参见 [法] 列维-斯特劳斯：《忧郁的热带》，王志明译，生活·读书·新知三联书店2000年版，第58页。

赏、实用主义式的利用、灵活的发挥、严格的注释、全球化语境下肆意的学术时尚消费以及真正的思想敬畏。关于这八种态度，本人曾经撰文简要地阐述过。① 在此，我对其不同的意义和价值作进一步解释。

公开的挑战。一种社会理论遇到公开挑战，并非坏事。甚至，在某种意义上，围攻的人越多（当然理论不是今天手机和网络上的情绪发泄和瞎起哄），其价值和意义可能越大，越是可能贴近社会生活的事实。这是因为，正如波普尔《猜想与反驳》提出的真理可证伪性标准暗示的那样，一种不能引起人们反驳（证伪）兴趣的理论与真理无缘（所谓不值一提的谬见）②，一个引起人们群起而攻之的理论往往比它的对立面更接近真理。这个道理并不难以理解。弗洛伊德曾说过，日心说、进化论和无意识学说是对欧洲自信的重创，它们打破了地球中心、人类中心以及理性主义的迷信，由于这一原因，它们也饱受质难。马克思主义比这三者更为复杂，它以彻底的启蒙信仰阐明了劳动创造人、暴力是历史进步的火车头、历史变迁不取决于个人的动机但最终会服从于人类的集体意志等重大命题。这也是其自觉地站在无产阶级立场上并将革命作为自己终生事业的基本原因。

值得注意的是，如果因为马克思主张暴力革命、阶级斗争就排斥它，在科学上，那将是欠诚恳的。西方进入现代性后，随着阶级对抗日益明晰，与之相伴，人文社会研究本身亦彰显出强烈的意识形态特征。无论是以商业原则为原型的契约论和功利论对专制主义和教会权威的挑战，还是接下来社会主义思想对日益成型的商业社会之个人主义弊端的反动，都是如此。马克思主义的诞生并不外在于这一历史。不同的是，它通过历史变迁客观规律的揭示而把启蒙规划的现代性解放推到了彻底的立场：以无产阶级解放为道路，打破既往的阶级和阶级对立，创造自由人联合体，使"每个人的自由发展"成为"一切人的自由发展"的条件。马克思主义不只是在目标和手段上达到了彻底性，而且特别重要的是，马克思恩格斯揭

---

① 胡大平：《作为科学家的马克思》，载《光明日报》2017年7月10日。
② 必须补充说明的是，人类的普遍认知总是受制于时代条件的，真理（特别是重大理论）的进步总是表现出先知的意义。因此，在思想史中，不乏存在一些因超出时代而被隐没在常识阴影之中的失踪者。当我们回首的时候，才意外地发现他们的光亮。

示了科学和意识形态在历史变迁中的作用,并毅然地站到了社会历史变迁要求的方向之上①,如《共产党宣言》明确宣告的那样,"不屑于隐瞒自己的观点和意图"。正是这一原因,它与包括资产阶级科学在内的一切旧有意识形态坚决地划清界限,并处在对立之中。反过来,从原教旨自由主义到新自由主义与马克思主义的势不两立不仅是一个不可避免的历史事实,而且没有人能够真正跳出这种意识形态对立。

从思想史角度说,指出这种对立不是要求我们作出非此即彼的选择,而是在这一基本对立中来观察它对我们所追逐的思想之事业的影响,它们对双方论战的问题以及论战形式可能产生的扭曲。资产阶级意识形态与马克思主义的对立,不仅构成马克思主义思想史效应中最显著的景观,而且它们双方都在这种对立中发展着。如果以"自由主义"这个泛称来描述资产阶级意识形态(在理论上,这实际上并不准确),那么自由主义在今天多种复杂的变体说明了它不是一成不变的,而马克思主义在中西方不同语境中的发展也见证了它亦是与时俱进的。对于马克思主义来说,最重要的问题可能并不是自我标榜取得了何种丰功伟绩,而是为什么较之马克思时代,这个世界更需要我们去改造它。这必然需要自我反思,毕竟马克思主义预言了新世界的到来但现实却是延宕的。就此而言,从思想史角度研究马克思主义的公开挑战具有极大意义,它呈现了我们自身在理论上的短处与不足。因为,我们的敌人比我们自己更了解和更尖锐地指明了我们的缺点。正是从这一角度说,今天马克思主义理论研究和建设工程仍然有一项基本的工作没有完成,即马克思主义反对派思想的历史研究。由于主旨限制,本文不可能展开论证,只能以下述问题作为例证来阐明我们从那些公开的挑战中可能并且应该学习到的东西。

---

① 在今天的语境中,似乎更需要突出强调一下马克思政治经济学批判的科学立场问题。在《资本论》第二版跋中指出:"法国和英国的资产阶级夺得了政权。从那时起,阶级斗争在实践方面和理论方面采取了日益鲜明的和带有威胁性的形式。它敲响了科学的资产阶级经济学的丧钟。现在问题不再是这个或那个原理是否正确,而是它对资本有利还是有害,方便还是不方便,违背警章还是不违背警章。不偏不倚的研究让位于豢养的文丐的争斗,公正无私的科学探讨让位于辩护士的坏心恶意。"参见马克思:《资本论》第1卷,人民出版社2004年版,第17页。

从米塞斯到今天，自由主义思潮对马克思主义提出了许多批评，但其中心却是社会历史发展是否存在客观规律这个基本问题。在这个问题上，它们的批评有一个特点，即一直都倾向把马克思主义逼入极端，将其描述成为"不必做任何事就能够实现共产主义"的历史主义或历史决定论者（即把对手变成独断论），将其描述为包罗万象的"大全"体系（即把对手变为全能崇拜），从而证明其在前提上的理性假设缺陷和在逻辑上对人的忽视。这本来是很容易回应的问题，但遗憾的是，从第二国际考茨基代表的"正统马克思主义"到苏联以"联共布党史教程"为底本的原理派马克思主义，都对马克思主义采取了错误的经济决定论和教条主义解释，把轰轰烈烈的历史变迁过程简化为数学公式，这反而为上述自由主义的公开挑战之合理性作了注释，严重影响了马克思主义的声誉。正是在这一思想史语境中，冷战结束后，尽管福山的"历史终结论"只是自由主义意识形态在当代的一种没有创造力的回声，却引发了巨大的学术和理论效应。这种反应给马克思主义提出的严肃课题是，必须避免教条主义和独断论，基于历史发展的客观规律具体地把握特定社会的特点。

这就需要我们正确地评估和阐明马克思主义关于客观规律的基本主张。在这个问题上，正如上述阿隆的引文直接表明的那样，马克思主义的普罗米修斯情结代表着的正是不愿成为规律和法则奴隶的那种抗争精神。这种精神与其关于辩证法是"革命的"和"批判的"性质阐述完全一致，贯穿于马克思对历史规律的理解上，简言之，便是：从历史运动角度打破关于社会理解的自然史崇拜，这种崇拜正是我们在常识上用命运所表达的东西。马克思说，"社会不是坚实的结晶体，而是一个能够变化并且经常处于变化过程中的机体"①，就是要打破以李嘉图代表的古典政治经济学把对抗看作"社会的自然规律"的教条，这个教条构成整个资产阶级意识形态的基本内核。探明这个内核，我们就不难理解为什么可以说以经济学和社会学主流代表的资产阶级意识形态是不彻底的和虚假的。

基于第一种效应，也不难理解"虚假的竞争"这种现象。罗斯托那样

---

① 马克思：《资本论》第 1 卷，人民出版社 2004 年版，第 12—13 页。

直接叫板马克思主义的经济学家极具典型意义。因为，其与正统马克思主义社会形态和历史过程理论相反的"经济增长阶段论"实际上是打着"反经济决定论"旗号的经济决定论，而按照他本人的解释，这种方法论乃是马克思恩格斯本人的看法。① 对于这种独特的"竞争"，需要在理论上追问的是，为什么西方主流经济学在"反《共产党宣言》"时无法避免经济决定论或技术决定论问题？罗斯托的特殊之处在于，通过引证马克思为自己开释，在直接意义上，他坦诚地面对了自己论证可能面临的逻辑矛盾。在更广泛的范围内，就如上述马尔库塞引文所强调的那样，多数自由主义者是不会顾及这一点的。例如，像哈耶克这样的反决定论者，把一切都交给自发市场时，实际上仍然是一种严格意义上的经济决定论者；有意无意地加入反《共产党宣言》行列的著名管理学家德鲁克，当他以生产力进步为依据预言比资本主义还要纯粹的后资本主义社会，也是变相的经济决定论者。为什么会产生这种悖论式现象？

之所以看来像悖论，原因在于我们对于马克思有关生产力和经济基础这样的概念以及它们在社会历史变迁过程中作用的曲解。首先，正如马克思政治经济学批判之拜物教概念阐明的那样，马克思将资本主义社会视为经济决定的社会。在这一意义上，他确实把经济决定论视为严格意义上资产阶级社会的真理，也正是在这一意义上他承认古典政治经济学的真理意义，即准确地反映了这个社会的本质。其次，马克思从来没有把现代社会的经济运动规律还原为人类历史生产力决定的一般图式，而是强调，它们作为历史发展的产物而"不是自然史上的关系，也不是一切历史时期所共有的社会关系"②。在提到资产阶级经济学的范畴时，马克思强调："对于这个历史上一定的社会生产方式即商品生产的生产关系来说，这些范畴是有社会效力的、因而是客观的思维形式。因此，一旦我们逃到其他的生产

---

① 罗斯托自己说："虽然增长阶段论是从经济方面观察整个社会的方法，但是它绝不意味着政治、社会组织和文化等方面只是建立在经济基础之上并且惟一的是从经济中派生出来的上层建筑。相反，我们从一开始就接受了马克思在最后承认的而恩格斯只是在晚年才完全承认的看法，即社会是互为作用的有机体。"参见[美]W. W. 罗斯托：《经济增长的阶段：非共产党宣言》，郭熙保等译，中国社会科学出版社2001年版，第2—3页。

② 马克思：《资本论》第1卷，人民出版社2004年版，第197页。

形式中去，商品世界的全部神秘性，在商品生产的基础上笼罩着劳动产品的一切魔法妖术，就立刻消失了。"① 最后，支持将特定社会形态理解为暂时性的生产力和生产关系之间辩证关系叙事，在其中，生产力指人类为了在对自然有用的形式上占有自然物质而对自然界进行改造过程中所能支配、控制的自然力。马克思在《资本论》及其手稿中已经讲得清楚，这个概念不是可以还原为任何实体（如计算机）的人与自然之间的能动关系和过程，作为一种不断变动的关系，它同样包含着合目的性维度，即出于人类自身发展的需要。正是在这一意义上生产力本身可以作为人类自由的客观标志（可能性），将其泛泛地还原为技术是成问题的，将一种技术与其在特定社会历史条件下的具体作用混同更是错误的。否则，在逻辑上，我们就不能回应这样的问题，例如，核技术、航空航天技术、信息技术及其在今天军事中的运用，它们代表着怎样的"生产力"呢？马克思通过生产力与生产关系之间的作用正是要解决人类历史地积累起来的自由可能性与特定生产关系决定的现实性之间的矛盾。然而，遗憾的是，无论是非马克思主义者还是教条的马克思主义者，都是基于特定生产关系的现实性来看待生产力并因此将其还原为这种关系决定的技术功能。所谓新技术与新经济的讨论，在逻辑上，只是沿着马歇尔从企业家技能或管理入手寻求资本、劳动、土地之外利润来源的方向，用技术、管理、知识这些东西替代了在马克思那里发挥作用的生产力。20世纪90年代许多试图从马克思主义角度来把握"新时代"的中国学者也采纳了这种框架，他们基于马克思主义原理像模像样地叙述新时代。然而，无论是中国的学者，还是德鲁克，都是他们自己试图绕过去的技术决定论的真正传人，并且庸俗地把马克思的"生产力"概念实体化了。可以确实地说，德鲁克正是属于那些简单地从马克思主义原理教科书获得有关马克思主义概念就任性地进行批评然而又不幸地陷入他们所批评对象框架的理论家。他们用虚假的竞争掩盖了自己对马克思主义的庸俗理解。这种反应给我们提出了一个严肃的理论问题，即如何从实质上完整准确地理解而不是基于某些概念或标

---

① 马克思：《资本论》第1卷，人民出版社2004年版，第93页。

签片面想象马克思主义。这样看来，无论是像熊彼特那样对马克思的无私赞赏①，还是像丹尼尔·贝尔和吉登斯等人在有关工业社会和后工业社会理论核心假设上对马克思主义的实用主义式利用，抑或像西方马克思主义者那样对马克思主义基本立场、观点和方法的灵活发挥，甚至如皮凯蒂《21世纪的资本论》那样可以说构成马克思主义严格注释的有影响研究，这四种态度说明了几个重要事实。

第一，如吉登斯所言，尽管马克思的著作以及其后正统马克思主义存在着缺陷，但马克思对今天的影响远远超出了同时代思想家②，他"对于社会学来说有着根本的重要性"③，或如贝尔所言，"如果我们设法说明资本主义工业社会的发展阶段，我们必须从马克思的预言开始"④。也就是说，虽然可以争论，但不能否认马克思主义关于资本主义或现代社会分析的科学价值。

第二，马克思主义的科学价值不是来自外在权威，而是它本身方法论和科学态度。就科学态度来说，不能不说一个往往被人们忽视的细节，即《资本论》正是通过官方的资料的分析发现了现代社会发展的自然规律。例如，《资本论》第一卷第十五章的分析，6万字的正文包含了240个注释，其中138条（超过三分之二）引用了各种蓝皮书，对此，美国著名社会学家卡尔·默顿评论道："事实上政府委员会的报告被如此多地引用，在之前从未有过，或许在这之后也不会有。"⑤ 这种态度说明了，马克思的著述是经得起科学分析的。我们并不指望它的对手有这种耐心，但我们自己却必须要有这种功夫。

第三，正如罗蒂说过，运用即解释，最好的解释总是运用，对马克思

---

① ［美］约瑟夫·熊彼特：《资本主义、社会主义和民主》，吴良健译，商务印书馆1999年版，第10页。
② Anthony Giddens, *A Contemporary Critique of Historical Materialism*. Vol. 1. Power, Property and the State. Berkeley: University of California Press, 1981, p. 1.
③ ［英］安东尼·吉登斯：《批判的社会学导论》，郭忠华译，上海世纪出版集团2007年版，第121页。
④ ［美］丹尼尔·贝尔：《后工业社会的来临》，高铦等译，新华出版社1997年版，第59页。
⑤ ［美］卡尔·默顿：《社会研究和社会政策》，林聚任译，生活·读书·新知三联书店2001年版，第261页。

主义科学性质的最好辩护不是建立什么包罗万象的形式体系（那是马克思本人所批判的黑格尔哲学风格）而是运用，无论在理论上推进对现代社会认识的深化，还是在实践上推动文明的进步。前者如西方马克思主义，从卢卡奇到阿多诺，再到列斐伏尔、哈维等这些思想家，他们的思想已经成为哲学、美学、社会理论、地理学等各个领域的一般财产；后者最重要的便是中国特色社会主义实践，它取得的被惊叹为"奇迹"的成果就是对马克思主义的最好辩护。

这三个方面，概而言之，亦是今天马克思主义理论家最需要注意的研究问题：规范而严谨的理论成果远比空洞的自说自话的真理更能为自己辩护；与时俱进的成果而不是既有的结论是马克思主义生命力所在。

还有一类在今天特别值得注意的现象，即全球化语境下肆意的学术时尚消费。贝克为我们形象地描述了这种消费，他指出，冷战结束后，在媒体上，"马克思如今不再是自由作家和批判的批判家，而是成了世界银行的雇员、全球化了的资本市场上的金融掮客或经济记者，用不同的笔名在《金融时报》、《纽约时报》或《明镜》上发表文章；《资本论》第四卷将作为看不到结尾的系列丛书以世界各种语言出版……在东西方冲突时期，曾作为'马克思主义的分析'和'阶级斗争的口号'在德国被纳入宪法保卫机关的管辖范围，并受到职业禁令的威胁的东西，今天在全世界各主要报刊中都可以看到——无任何不良后果。马克思主义的分析的失败与胜利——在《共产党宣言》出版150年以后——变得难以分辨。甚至可以说，失败被当作胜利：马克思已变得多余，因为尽人皆知他已失去马克思的本来意义，全球化也成了没有马克思的资本马克思主义的另一种说法"①。如果说这是在所谓"意识形态终结"语境中马克思主义在学术中的漫画化扭曲，那么，另一类结构不同然而同样的漫画化扭曲更值得注意，这便是作为资本主义批判之作的《资本论》被翻转成为市场经济辩护的作品。这种扭曲乃是马克思主义当代有效性的反讽证明，在这种学术消费中，马克思的声音越大，他所指明的改造世界的任务便越艰巨。它不只

---

① ［德］乌·贝克等：《全球化与政治》，柴方国等译，中央编译出版社2000年版，第2—3页。

是提出如何看待马克思主义的问题,而且直接提出今天人文社会研究的关切问题。对于马克思来说,他让我们重新面对恩格斯的评价,"马克思首先是一个革命家。他毕生的真正使命,就是以这种或那种方式参加推翻资本主义社会及其所建立的国家设施的事业,参加现代无产阶级的解放事业,正是他第一次使现代无产阶级意识到自身的地位和需要,意识到自身解放的条件"①;对于理论和思想事业来说,在法兰克福学派之后,我们则必须再度提出研究的目标与人类生存关切之间的关系问题。就本文的直接论题来说,也提出这个问题:我们是否能够简单地从媒体反应来认识作为科学家的马克思之当代意义。

实际上,某些媒体把马克思评为千年伟人,并不值得大惊小怪,如此强烈地影响其身后历史,超过马克思的人并不多,而由漫不经心的观众来重复这个事实并不会给马克思主义带来更多的荣誉;在西方找到许多马克思主义者,也不必故作惊讶,在经济政治社会问题仍然像大山一样存在的情况下,像马克思这样的批判理论家没有人关注才是怪事;在人文社会研究各个领域都发现马克思主义的观点,也没有什么可以沾沾自喜的,就像生态主义和女性主义那样,它们的流行恰恰见证环境出了问题和女性仍然没有得到现代性许诺的平等和自由。对于严肃的社会科学研究来说,在回应马克思的思想史地位和当代影响力这个问题时,需要严肃的前提。

三、敬畏马克思的意味

马克思所引发的思想史效应可能还有一些类型,在我们看来,一种需要特别重视的便是真诚的思想敬畏。本文之前已经提到一些重要例子,在此补充汉娜·阿伦特之例。她不是马克思主义者甚至对马克思也持批评意见,但她却在20世纪50年代美国麦卡锡主义氛围中公开地谈

---

① 《马克思恩格斯选集》第3卷,人民出版社1995年版,第777页。

论马克思,并且称他是"关注到我们至今仍陷于其中的困境"中的"伟大的先贤"①,"比孔德更胜任社会科学之父的称号"②。在她看来,支撑马克思整个理论体系的有三个前提假设,它们不是马克思的臆断,而是马克思对时代变迁的准确把握,并且正是它们形成了西欧政治哲学传统的断裂。这三个假设是:劳动创造了人;暴力是历史的助产婆;任何奴役他人的都不可能自由。她强调:"这些假设的每一条都表达了我们时代由以开始的重大事件之精髓。首先,作为工业革命的后果,不管财产和技能如何,工人阶级都要实现彻底的政治解放……其次,法国大革命和美国革命那样可怕的事实……(表明)只有借助暴力才能实现一种全新的政体;最后,法国和美国革命最具挑战性后果便是平等的观念,也即这样一种社会观念:不存在什么主人,也不应存在奴隶。"③ 在阿伦特看来,马克思是回应了现代社会首要问题的思想家,他是19世纪唯一使用哲学语言严肃地叙述了那个世界重要事件——劳动解放——的思想家。马克思对世界几乎所有的领域都产生了巨大影响,只是证明,我们仍然与马克思生活在同时代,也就是说,劳动和历史问题依旧没有解决。④

阿伦特不仅从思想史的角度为我们理解马克思提供了一种值得借鉴的思路,而且实际上也指出了思想史事业的要义所在,即面对那些关于人类生存和文明发展的长期主题。在这些主题上,不可能不存在争论,马克思成为争论的中心这个事实正是其把握了问题之核心的明证。因此,真正的问题并不在于阻止争论,而是在这种争论中真正领会和把握马克思思想的价值。这一点对于马克思主义的理论研究来说尤为重要,因为,庸俗的马克思主义,与同样庸俗的以其作为范本而否定马克思主义的反马克思主义

---

① Hannah Arendt, "Karl Marx and the Tradition of Western Political Thought", *Social Research*, Vol. 69, No. 2, Summer 2002, p. 281.
② 参见美国国会图书馆阿伦特手稿公开电子版,地址 https: //www. loc. gov/search/? in = &q = Han‒nah + Arendt + + + Karl + Marx + and + the + Tradition + of + Western + Political + Thought. & new = true.
③ Hannah Arendt, "Karl Marx and the Tradition of Western Political Thought", *Social Research*, Vol. 69, No. 2, Summer 2002, pp. 288 - 289.
④ Hannah Arendt, "Karl Marx and the Tradition of Western Political Thought", *Social Research*, Vol. 69, No. 2, Summer 2002, p. 280.

者，在科学上，既缺乏思想的真诚性，也谈不上科学的严谨性。

从思想史角度说，敬畏马克思，意味着：

第一，像马克思本人那样，把历史发展放到一种与整个人类发展阶段有联系的长期框架中进行研究，把马克思的著作与他集中关注的较短时期、特定题目和特定问题以及具体的历史事件联系起来，从而理解他的成就，把握他的历史研究方法。这样，我们就既不会粗俗地把马克思主义说成是不需要时空条件的绝对真理，也不因为它诞生于19世纪而以时空条件改变为借口而拒斥它。

第二，不要重复他对自己时代问题的诊断和给出的答案，而要直面其提出的问题，并探寻我们自己深入历史发展矛盾不断地打开新文明视野的道路。这也正是作为科学家的马克思对我们的召唤。

第三，不能离开革命家来谈论作为科学家的马克思，必须坚持改造世界旨趣，投身到社会主义伟大事业之中。当然，这并非说不要理论，而是说必须始终明确理论是为实践服务的。就这一点来说，吉登斯的下述观点值得许多马克思主义理论家认真对待，他强调："我们必须恪守马克思主义的原则，即：如果没有同制度的内在可能性结合起来的话，寻求社会变迁在实践上就没有什么作用。正是借助于该原则，马克思才使自己与乌托邦主义鲜明地区别开来；但是这些内在的可能性本身要受到现代性的反事实性的影响，因此在'现实的'和空想的理论之间，并不需要一种刻意的分割。我们必须用一种比马克思所处的时代更有说服力的方式，使乌托邦的理想与现实保持平衡。"①

从人类社会研究的各种部门科学和领域情况看，马克思一直是当代思想不可超越的地平线。当然，在这里，仍然有必要澄清这个误解，即在一些人看来，似乎马克思主义拥有唯我独尊的地位才能作出这种结论。马克思主义始终承认，人类文明是以多样性方式发展的，即便具有同质性的工业社会在全球的形成，亦不曾减弱文明的丰富多彩。马克思在《共产党宣言》中预言资产阶级"按照自己的面貌为自己创造出一个世界"，并非如

---

① ［英］安东尼·吉登斯：《现代性的后果》，田禾译，译林出版社2000年版，第136页。

今天鼓吹全球化的作家那样为全球资本的同质性辩护，而是相反，主张在资产阶级创造的巨大生产力和社会财富的前提下实现人的全面而自由的发展，社会和文化意义上的多样性将是这种发展的外在标志。马克思主义因为其科学视野而获得人们的广泛认同，但它绝不主张天下只有一种色彩，更不会试图包办或替代各种具体研究。正是在推动那样的自由发展中，马克思主义将会获得更多人的认同。

历史唯物主义视域中的马克思主义人类学①

胡大平

按照卢卡奇关于马克思主义性质的表述,"对马克思主义来说,归根结底就没有什么独立的法学、政治经济学、历史科学等等,而只有一门唯一的、统一的——历史的和辩证的——关于社会(作为总体)发展的科学"②。这意味着,不能将马克思主义简单地还原为今天的某种学科视角。不过,具有普遍性诉求的历史叙事(即历史科学),马克思主义与史学、社会学、人类学等学科始终保持着融合和冲突关系,并且在各个学科内部占据着特殊的位置。实际上,与这些学科的互动,亦是马克思主义在理论上不断走向深入的基本路径之一。就此而言,理解这些互动的历史,亦是马克思主义自我理解的重要途径。本文聚焦于马克思主义与人类学的关系③,通过马克思主义形成、20世纪50年代以后马克思主义人类学兴起以及80年代以后马克思主义与人类学在现代社会批判事业中融合三个阶

---

① 原载《武汉大学学报(人文科学版)》2016年第6期。
② [匈]卢卡奇:《历史与阶级意识》,杜章智等译,商务印书馆2004年版,第95页。
③ 关于马克思主义与人类学的关系,从20世纪70年代后期开始,在西方已经产生了一些文献综述与专题论述。例如,萨林斯在1976年的《文化与实践理性》(赵丙祥译,上海人民出版社2002年版)中以两种不同的理性作为框架回应过围绕历史唯物主义展开的有关人类学争论;莫里斯·布洛克于1983年从人类学角度提供了一项至今仍然是极为深刻的研究(布洛克:《马克思主义与人类学》,冯利等译,华夏出版社1988年版);乔治·E.马尔库斯、米开尔·M. J. 费彻尔在1984年的《作为文化批评的人类学》(王铭铭等译,生活·读书·新知三联书店1998年版)中以政治经济学问题的重要性为基点简要地描述和分析过相关动态;莱顿在1997年的一项研究中简要地梳理过马克思主义人类学在欧美学界的主要动态(罗伯特·莱顿:《他者的眼光:人类学理论入门》,蒙养山人译,华夏出版社2005年版)。

段，阐明马克思主义与人类学之间的对峙不是关于所谓"原始社会"基本特征和性质的判断之争，而是以这种社会结构为依据概括出来的普遍的文化模式（或文明理论）与历史唯物主义在人类历史的发展规律——人类社会的一般前提（结构）、社会形态变迁的动力和机制（历史）、文明的意义（主体）等基本问题——层次上的竞争。不过，在现代社会（资本主义）判断上，马克思主义与人类学一般看法具有高度的一致性。由于这一点，两者的融合和相互促进成为当代人文社会科学的重要趋势之一。由是观之，推进马克思主义与人类学的联盟，正是拓展历史唯物主义当代视域和推进社会批判理论深入的重要途径。

一、历史唯物主义的形成与人类学

一般认为，马克思恩格斯有关人类学的研究在历史唯物主义的形成和发展过程中具有基础性作用，特别是马克思晚年历史学笔记和恩格斯的《家庭、私有制和国家的起源》等相关研究拓展了历史唯物主义的基础，扩大了他们的视野。但是，包括第二国际在内的相关研究，马克思主义经典作家及其早期学生对早期社会的关注，与今天流行的人类学学科旨趣有着较大的差异，他们只是利用这一领域的成果来捍卫马克思主义的科学性和说明资本主义生产方式的暂时性。①

在此，我们不再重复有关研究，而只是强调如下两点对于今天理解历史唯物主义与人类学至关重要的问题。

第一，无论是为人的本质提供论证的哲学人类学，还是今天包括体质人类学和文化人类学等多个子领域的学科，它们都与历史唯物主义具有不解之缘，但马克思主义无意识建构自己的人类学。人类学的基本旨趣便在于揭示社会或文化之不受时间影响的普遍前提，作为历史科学，历史唯物

---

① 胡大平：《人类学与马克思主义的形成》，载《吉林大学社会科学学报》2015 年第 5 期；《人类学与马克思主义社会批判理论的总体性框架》，载《南京大学学报（哲学·人文科学·社会科学）》2015 年第 4 期。

主义必然要遭遇这个问题并给出自己的答案。正是因为这一点，列维-斯特劳斯强调，马克思首先肯定了历史学，其次也肯定了人类学，这两种研究方法是不可分割的。① 对于历史唯物主义来说，特殊的是，按照经典作家对其科学性质的理解，一方面，它不会在历史之外寻求人性的支点，因此，无意识发展自己的哲学人类学；另一方面，它对早期人类经验的兴趣，绝非寻求对人类历史"一般发展道路"的解释，而是科学分析由于历史发展多样性道路造成的无产阶级解放在不同地域的实际条件。就前一方面说，正如我们看到的那样，历史唯物主义基本思想在《德意志意识形态》（草稿）中最初较为完整的表述，与对费尔巴哈的批判是同体的，它明确地与后者的哲学人类学划清了界限。因此，恩格斯关于历史唯物主义乃是哲学终结之后的产物这个观点，即历史哲学向历史科学的转换，其基本思想应该包含对一切试图在历史之外定义人的本质的哲学人类学进行批判这个重要立场。就后一方面说，1867年《资本论》第一卷出版后，马克思至死亦未完成第二、三卷以及其理论史计划，但却费力去研究古代社会或者所谓"亚细亚生产方式"问题，绝不是出于在理论上提供完备的世界通史需要，而恰恰源自对西欧之外不同社会发展道路和革命条件的考察需要。正如他对俄国问题的关注，这种需要乃是社会历史向他提出的。不正是在1877年"给《祖国纪事》杂志编辑部的信"中，他明确表达自己对"一般发展道路的历史哲学理论"或者"一般历史哲学理论这一把万能钥匙"的拒斥吗？② 也正是在这一意义上，卢卡奇将其历史唯物主义的最重要目的理解成"认识现在"③。

第二，固然，恩格斯《家庭、私有制和国家的起源》等文献提供了马克思主义关于早期社会的看法，从而夯实了历史唯物主义的历史基础，但

---

① 参阅［法］克劳德·莱维-斯特劳斯：《结构人类学》，谢维扬等译，上海译文出版社1995年版，第一章。
② 《马克思恩格斯选集》第3卷，人民出版社1995年版，第342页。
③ 在《历史与阶级意识》第1版序言中，卢卡奇如此强调。在正文中，他又指出："历史唯物主义最重要的任务是，对资本主义社会制度作出准确的判断，揭露资本主义社会制度的本质。"参见［匈］卢卡奇：《历史与阶级意识》，杜章智、任立、燕宏远译，商务印书馆2004年版，第41、312页。

其目标恰恰不在于从细节上提供马克思主义关于人类历史细节的看法,从而建构某种终结性的完备的理论体系。恩格斯本人已经清晰地解释了自己的写作原因,摩尔根"发现和恢复了我们成文史的这种史前的基础,并且在北美印第安人的血族团体中找到了一个解开了希腊、罗马和德意志上古史上那些极为重要而至今尚未解决的哑谜的钥匙"①,他的研究代表着原始历史观中的革命,亦证明历史唯物主义之科学性。因此,恩格斯并非像今天人类学研究那样,试图通过异文化之家庭、性、亲属关系和社会组织原则来证明欧洲并非"自古华山一条路",而是通过以血族关系为基础的古代社会向以阶级对立为基础的文明社会之变迁来实现两个重要目标:阐明唯物主义历史观之科学意义以及揭示现代社会之历史形成、打破其自然性和永恒性神话。

必须注意的是,在完成这两个目标的过程中,恩格斯的文本展示了一种特殊的张力。一方面,他把自己和马克思在《德意志意识形态》中发展出来的四种生产理论——即"原初的历史的关系的四个因素"②,或者,人类生存的四个前提性事实——重新概括为两种生产理论,劳动代表的生活资料以及由此必需的工具的生产以及家庭代表的人自身的生产。在恩格斯看来,这便是直接生活的生产和再生产之内容,它们是历史中的决定性因素。依据古代史资料,恩格斯说明了人类历史的两种形态或阶段:主要受家庭(血族关系)支配的古代社会,主要受私有制支配的文明社会,它们代表着劳动的不同发展阶段。在这种区分中,我们看到了不同地区和不同时代受制于不同的主导原则,这意味着经济决定论或暴力决定论所代表的那种单一因素决定的线性史观是站不住脚的。另一方面,在历史变迁之原因分析中,恩格斯始终坚持这一历史唯物主义基本立场,即以劳动生产率为代表的生产力进步是所有变迁归根结底意义上的原因,甚至是直接的原因,而这一点往往与经济决定论纠缠在一起。例如,在谈到私有制产生时,他自己也承认"至于畜群怎样并且在什么时候从部落或氏族的共同占

---

① 《马克思恩格斯选集》第4卷,人民出版社1995年版,第3页。
② 《马克思恩格斯选集》第1卷,人民出版社1995年版,第81页。

有变为各个家庭首长的财产，我们至今还不得而知"①，但他实际上还是从劳动生产率的提高与分工之间的关系作出了经济决定论的解释，一个实际上循环的解释。在这个问题上，实际上，18世纪末的古朗士早就提出了一个重要的问题。他指认，在西方私有权的起源分析上，"自然顺序就是先使收成私有化，然后才是土地，而希腊人的顺序却正好相反"②。那种自然秩序，在15世纪的印第安人那里仍然存在着，但它恰恰不是欧洲人的选择。古朗士从宗教信仰角度提供了一种更具说服力的解释。与私有制问题一致，在人群聚集形态及其变化问题上，文化因素与经济因素在不同的地域情况也是有差异的。这在今天仍然是人类学所面临的基本难题之一。在恩格斯的分析中，问题同样地被简化处理了。例如，他提出这么一个问题："几个亲属胞族构成一个部落。在阿提卡，共有四个部落，每个部落有三个胞族，每个胞族有三十个氏族。这样细密的集团划分，是以有意识的和有计划的干涉自然形成的秩序为前提的。至于这是怎样发生的，什么时候发生的，发生的原因何在，希腊历史都没有提到，希腊人自己关于他们的历史所保存下来的记忆仅仅追溯到英雄时代为止。"③产生问题的现象与古朗士的描述一致，但解释原因时，略加讨论语言后，恩格斯立即把问题转向财富——这是历史唯物主义关于私有制与国家起源分析的焦点，即剩余产品的生产和占有问题。这个问题，也是20世纪人类学和相关领域批评历史唯物主义的核心问题。不论那些批评是否正确，有一点是可以肯定的，恩格斯并没有完备地触及细节，因此在处理有关问题时确实过于简化了。并且正是由于这一原因，恩格斯的实际论证过程存在着一些明显的跳跃，能够解释国家的发展，但不能充分地说明希腊人口呈现那种聚集的原因。在整个文本中，恩格斯实际上通过欧洲、北美、亚洲等地区的早期社会资料的相互参照（即比较研究），描述了一个在世界各地逻辑一致的历史变迁模式。这正是成问题的地方。因为他的比较实际上是以异地经验来解释本

---

① 《马克思恩格斯选集》第4卷，人民出版社1995年版，第161页。
② ［法］菲斯泰尔·德·古朗士：《古代城市》，吴晓群译，上海人民出版社2006年版，第90页。
③ 《马克思恩格斯选集》第4卷，人民出版社1995年版，第102页。

地经验之缺失的环节，然而那种缺失的环节往往正是历史发展的偶然性之所在，并且正是这种偶然性本身造就了文明的丰富性。在今天，我们已经充分认识这一点。在理论史中，这是泰勒之后人类学所回应的主要问题之一。遗憾的是，在恩格斯这里，对欧洲历史之普遍性的怀疑还没有出现，他的首要目标仍然是以摩尔根等人的早期社会研究成果来捍卫唯物主义历史观并完善其关于历史的解说。就此而言，他的研究与后来的人类学也相去甚远。

当然，尽管恩格斯的研究存在着内部张力，但这并不影响其价值。如果对照《反杜林论》第二编关于暴力论的三章，我们同样可以看到，恩格斯关于野蛮时代和文明时代之对立以及前者向后者的过渡之分析，其关于分工、商品生产和奴隶制之间关系的揭示，不仅已经充分照顾了欧洲内部发展的不同道路（例如从氏族到国家之雅典、罗马和德意志人三种形式），而且逻辑上揭示了殊途同归这个事实所蕴含的问题，即现代社会的一般经济条件，这正是《资本论》的主题，亦是我们所必须面对的基本历史问题。就此来说，《家庭、私有制和国家的起源》一文构成了《资本论》的补充，它代表着唯物主义历史观的拓展。在这种拓展中，体现着唯物主义历史观的独特方法论，即马克思在《〈政治经济学批判〉大纲》"导言"中以"人体解剖对于猴体解剖是一把钥匙"这个比喻所表达的方法。这也说明一个问题，对于马克思主义来说，如果不能科学地解剖现代社会，对古代世界的正确理解也是不可能的。甚至，我们可以说，正是这个原因，马克思主义关于古代社会史的研究或者回应今天以学科化方式提出的所谓"人类学"问题，必须建立在《资本论》基础之上。这正是我们评价马克思晚年古代社会史研究所必须坚持的原则。然而，遗憾的是，许多马克思主义研究都没有重视这个问题。由此，不能不谈及恩格斯这一文本的政治意义。

在这个文本中，恩格斯并没有从正面完整地展开对现代资产阶级社会的批判，但他在引论中却强调摩尔根"对商品生产社会，对我们现代社会的基本形式进行了批评，而且还用了卡尔·马克思才能说的话来谈论这一社会的未来的改造"[①]。在更大范围内，包括1884年发表的《论原始基督

---

① 《马克思恩格斯选集》第4卷，人民出版社1995年版，第16页。

教的历史》等文章，恩格斯晚年从不同角度谈论早期社会时，都是试图从历史变迁角度来说明现代社会和现代工人运动之命运的。正是这一原因，恩格斯的历史研究始终坚持了服务于现实斗争需要这一原则，其研究本身始终体现了唯物主义历史观改造世界之旨趣。借助这一特点，我们可以锁定古代社会史或者人类学研究在整个马克思主义理论中的性质和地位。

从第二国际至苏共"二十大"，主流马克思主义曾涉及古代社会所代表的人类学研究，但并非要发展出马克思主义的人类学，而是依据包括人类学在内的进展来捍卫马克思主义的科学性。以拉法格为例，他的《财产及其起源》（1895年）便可以视为"人类学"的专题研究。在第二国际时代，无产阶级阶级斗争策略始终是争论的焦点问题，为什么这些领袖却一有空闲便研究古代社会、宗教和思想的起源问题呢？拉法格提供了一个解释，他强调："资本形式比较晚出现这一现象提供了最好证据，证明所有制不是静止的、不变的，而是像一切物质的和精神的秩序的现象一样是在发展着和经历着各种不同的形式，由一种推向另一种。"① 简言之，这不是出于人类学的兴趣，而是利用古代史研究的成果来说明资本主义生产方式的暂时性。同样，普列汉诺夫也使用了不少有关非洲部落研究的资料来解释马克思主义的基本观点，例如奴隶制与生产力发展水平之间的关联②。至于以马克思主义来指导古代史或人类学研究，或者像考茨基那样，出于"写一部包罗万象的世界史的念头"③，完整地提供一份从史前史到今天的科学体系，那已经是另一回事了。

二、马克思主义人类学的兴起

从上文讨论看，马克思主义无意建构自己的人类学，试图把马克思打

---

① ［法］拉法格：《财产及其起源》，王子野译，生活·读书·新知三联书店1962年版，第29页。
② ［俄］普列汉诺夫：《马克思主义的基本问题》，载《普列汉诺夫哲学著作选集》第3卷，生活·读书·新知三联书店1962年版。
③ ［俄］卡尔·考茨基：《一个马克思主义者的成长》，叶至译，生活·读书·新知三联书店1973年版，第12页。

扮成发展了人本质学说的人类学家①也没有多大的价值，不过 20 世纪的学术史，还是提出了"马克思主义人类学问题"，如何看待这个事件呢？

严格意义上的马克思主义人类学，不仅是西方马克思主义的产物，而且只是到了 20 世纪 70 年代初法国莫里斯·戈德利埃（Maurice Godelier，也有人翻译成莫里斯·郭德烈）才能说成为一种动态，尽管在这之前，克洛德·列维-斯特劳斯（Claude Levi-Strauss，也有人翻译成克劳德·莱维-斯特劳斯）的结构人类学已经实质地打开了马克思主义的人类学视域。

一般来讲，直到 20 世纪 50 年代西方学术界才陆续出现一些基于唯物主义历史观回应文化人类学经典主题的研究，例如沃斯利（Worsley）②，但并没有出现严格意义上的马克思主义人类学作品。当然，柴尔德（Vere Gordon Childe，1892–1957）的考古学亦可视为研究马克思主义史前社会的成果，他丰富了从经济基础角度理解历史变迁的社会史研究③。只是，这些成果在今天的马克思主义人类学以及相关争论中并没有显著的位置。

更为特殊的是巴塔耶（Bataille），他在 1933 年发表的《耗费之观念》一文中引入莫斯关于赠予的研究，把经济学上所称的非生产性活动置于中心地位，另辟蹊径对资本主义社会进行批判。巴塔耶认为，必须把消费区分为两个不同的部分：一是由保存生命和维持个体生产性活动所需要的最少必需品所代表的部分，这是维持生命和进行生产的基本条件；另一个是所谓"非生产性耗费"，它们包括奢侈、仪式、战争、崇拜、纪念碑的建造、游戏、表演、艺术以及其他反常性行为（例如，脱离了生殖目标的性活动），这些消费都没有超越自身的目的。④ 相似的区分，在古典政治经济

---

① 例如，[匈] 乔治·马尔库什：《马克思主义与人类学·马克思哲学关于"人的本质"的概念》，李斌玉等译，黑龙江大学出版社 2011 年版。
② P. M. Worsley , "The Kinship System of the Talensi: A Revaluation", in *The Journal of the Royal Anthropological Institute of Great Britain and Ireland*, 1956, 86 (1), pp: 37–75. 这个文本在人类学内部被视为马克思主义立场的研究。但值得注意的是，沃斯利在这个文本中并没有直接评论马克思或马克思主义，而是坚持经济基础与上层建筑之间的关系批评福忒斯把社会结构与经济割裂开来的做法。
③ 柴尔德多数文本都已中译，其中重要代表作如，[英] 戈登·柴尔德：《欧洲文明的曙光》，陈淳等译，上海三联书店 2008 年版。
④ Georges Bataille, *The Bataile Reader*, Fred Boting & Scot Wilson (eds), Oxford: Blackwel Publishers Ltd, 1997, p. 169.

学那里就已经存在了。不过,整个经济学都倾向于压抑后者,而在巴塔耶看来,财富的耗费而非生产才是经济学的真正主题。在生产逻辑中,消费只是实现生产目标的工具,它导致拜物教问题。在这里,他实现了与马克思的对接。巴塔耶认为,马克思的原创性在于,他试图仅仅以否定的形式,即通过克服物质障碍,来实现一种道德成就。这导致人们认为他只关心物质财富。不过,巴塔耶强调,马克思主义的基本主张是把(经济的)物之世界整个地从(对经济来说)外在于物的每种要素的束缚中解放出来,换句话说,正是通过达及暗含在物之中的可能性之界限,马克思决心把物还原成人之状态以及把人还原成他自己的自由性情①。

巴塔耶与马克思的关系,这是一个需要进一步争论的问题。无论如何,他借助于人类学资料拓展了现代社会之物化的批判,无论对人类学还是对马克思主义,都提出了一些新课题。在法国语境中,巴塔耶的这种做法产生了复杂影响。对于马克思主义来说,他将关注重心从资本运动的一般规律——在其中,资本生产的内在矛盾决定其不可避免的危机和崩溃这个问题又始终处在焦点——转移到通过非生产性活动(即代表自由的耗费)克服拜物教的可能性。正是这一点奠定了后来人类学之中马克思主义视角的基本地平。

列维-斯特劳斯之结构人类学的兴起代表着马克思主义与人类学关系的重大转折。一方面,他借助于马克思主义改变了人类学格局;另一方面,则通过人类学实际地改变了西方对马克思主义的解释和表述。尽管他本人并没有形成系统的对马克思主义的解释,但对萨特《辩证理性批判》的批判,不仅摧毁了人本主义的基础,而且开辟了近代哲学之主体路线批判的新思路,后来的阿尔都塞和福柯,正是在这一思路上崛起的,他们许多重大的判断都可以在列维-斯特劳斯这里找到源头。

由于问题的重要性,需要我们就他与马克思的关系做一点澄清。列维-斯特劳斯不止一次声称,不仅自己的研究方法,而且还有许多重大观点都来自或得益于马克思。例如,他说过,"甚至结构概念也是从马克思和

---

① Georges Bataile, *The Acursed Share: An Esay on General Economy*, Volume I: Consumption, New York: Zone Books, 1991, p. 135.

恩格斯以及其他学者那里借用过来的。这样做，目的是在辩证唯物主义基础上推进上层建筑研究"①。如果这一点属实，那么就应该将其纳入马克思主义的理论谱系，尽管其后来的研究内容和方法很难被主流马克思主义接受。他曾经断言，"马克思本人就建议我们揭示作为语言以及人与世界之间关系的基础的象征体系"，并强调自己的象征理论直接受益于马克思的《政治经济学批判》，因此是唯物主义的。②甚至，"在《人种与历史》中所论述的在静止的历史、波动的历史与累积的历史之间的区别是能从马克思本人那里推导出来的"③，马克思《资本论》关于亚细亚社会的论述提供了关键性证据。不管列维-斯特劳斯关于马克思的理解是否可靠，他关于自己与马克思关系的判断是否准确，至少他的主观意图是推进马克思主义在人类学领域的发展；更重要的是，他的这个结论是绝对正确的：正是关系体系决定了一个社会的面貌，人类学是一种关于关系的一般理论，而马克思主义最核心的贡献之一也是从关系的角度揭示人类历史变迁之谜，其生产力和生产关系都是关系，而生产力和生产关系之间的关系又构成生产方式。当然，在历史唯物主义的理解史中，存在着两个极化的误读，一是主流马克思主义代表的把生产方式分析不恰当地还原为经济决定论；二是西方马克思主义代表的把唯物辩证法发挥为阶级意识决定论，萨特的辩证理性批判将这一主体哲学路线推至极端。列维-斯特劳斯以结构作为切入点，基本意图便是避免这两极而将马克思对现代社会物化批判转换成科学语言。我们看到，尽管无法将列维-斯特劳斯的结构人类学归结为马克思主义，但对萨特的批评和关于结构因果性的分析最终还是在马克思主义内部产生了爆破效应，亦决定了随后产生的人类学之马克思主义视角的范围和方法。

在列维-斯特劳斯之后，戈德利埃可能是最重要的马克思主义人类学

---

① 参阅列维-斯特劳斯本人的解释（［法］克劳德·莱维-斯特劳斯：《结构人类学》，谢维扬等译，上海译文出版社1995年版，第362页）。
② ［法］克劳德·莱维-斯特劳斯：《结构人类学》，谢维扬等译，上海译文出版社1995年版，第104页。
③ ［法］克劳德·莱维-斯特劳斯：《结构人类学》，谢维扬等译，上海译文出版社1995年版，第367页。

家代表。作为一名马克思主义者,戈德利埃坚持认为历史唯物主义作为革命理论的有效性,但在人类学课题上,他亦坦然承认,马克思恩格斯接受的许多结论过时了。撇开细节不论,在他看来,传统人类学以及马克思主义遭遇的最大挑战,便是越来越多的证据表明人类历史发展是多样的而非单一的。为解决这些问题,戈德利埃把社会发展道路的多样性作为马克思主义人类学研究的基本方向[1]。他不仅就许多细节进行突破,例如修正了马克思的"亚细亚生产方式"概念,将之拓展为包括非洲古王国在内的更广大地域从非阶级社会向阶级社会过渡的社会形态,而且在总体上形成对诸如"占统治地位的因素"分析等重大方法的独特理解,特别是他对阿尔都塞派结构主义式的马克思主义解读和列维-斯特劳斯结构人类学作出了认真的回应,强调马克思分析之结构特色在于将矛盾概念置于结构的历时性分析理论之中心[2]。这些问题一直贯穿着戈德利埃的研究,并最终促使他形成了对人类社会根基进行重新评估的观点[3]。

其1973年出版的《马克思主义人类学视角》,是最具价值的全部马克思人类学文献之一。在这一文本中,他不仅评估了马克思关于原始社会思想之当代意义,而且对包括"社会经济形态"等在内的重要概念工具之意义作出了澄清;更重要的是,他试图把马克思关于历史变迁和现代社会的批判贯穿到人类学研究之中,从而升华人类学之当代视野。总的说来,他认为,没有对结构之本质的任何偏见,马克思第一次揭示了功能差别的等级和结构因果性,它们在任何情况下都执行着诸如亲属关系、政治、宗教那样的功能,一个结构可能支持的功能也不存在数量上的限制。马克思所做的事情并不比这更多。但是,马克思提供的基本假设和方法论程序具有"一般的示范价值",它"不仅是我们时代的认识论地平,而且实际上提供了主要的指南"。不过,马克思主义无论是在人类学所直接面对的所谓"原始社会"问题上,还是对现代社会的基本理解,都没有提供完整的结

---

[1] Maurice Godelier, "The Thought of Marx and Engels Today and Tomorow's Research", in *International Journal of Sociology*, 1972, 2 (2/3, Summer/Fall) (Structuralism and Marxism: A Debate).

[2] Maurice Godelier, "Comments on the Concepts of Structure and Contradiction", in *International Journal of Sociology*, 1972, 2 (2/3, Summer/Fall) (Structuralism and Marxism: A Debate), p. 182.

[3] [德] 莫里斯·郭德烈:《人类社会的根基》,董芃芃等译,中国社会科学出版社2011年版。

论。因此,"将马克思的唯物主义作为社会科学中的批判工作之认识论地平,我们必须创造一些新的方法来探究那个将形式、功能、接合模式和等级体系以及特定社会结构产生和消失等等联系在一起的不可见的原因网络"①。

20世纪70年代以来,尽管像戈德利埃那样同时对马克思主义和人类学都有深刻见解的马克思主义人类学家凤毛麟角,但把马克思主义作为一名人类学家或者试图把马克思主义与人类学结合起来推动文化理论进展的做法却也不少。其中,马文·哈里斯(Marvin Harris)是比较引人注目的一位,其《文化唯物主义》(1983)在业界引起了广泛的重视。这本书的英文副标题是 The Struggle for A Science of Culture,这清晰地表明其旨在为文化研究建立一种可靠的普同模式。不过,它最多只是借助了马克思关于经济基础和上层建筑关系的理论方法论②,而很难谈得上在马克思主义理解和人类学视野拓展方面有何明显的贡献,甚至连人类学同行都认为其与马克思的观点毫不相干③。因此,哈里斯的这种做法并不值得重视。相反,值得重视的倒是那些并没有在整体上打出马克思主义旗号却在方法论上实质性地挪用马克思主义而产生影响的研究。20世纪80年代以来,无论是马克思主义领域还是人类学领域,试图以某种方式激活马克思的资源,这是一种十分显著的动态。在前一领域,连伊格尔顿(Terry Eagleton)都提出马克思主义是一种"政治人类学(political anthropology)"的主张④;在后一领域,帕特森(Thomas Carl Paterson)的《马克思,人类学家》(*Karl Marx, Anthropologist*)则是较新的代表性文献⑤,它试图完整地对马克思著作及其意义进行人类学解读。这种动向充分表明:在人类学与马克思主义的双向互动中进一步打开对当代社会的洞察,不只是加深了人类的自我理

---

① Maurice Godelier, *Perspectives in Marxist Anthropology*, Cambridge: Cambridge University Press, 1977, p. 2.
② [美] 马文·哈里斯:《文化唯物主义》,张海洋、王曼萍译,华夏出版社1989年。
③ [英] 莫里斯·布洛克:《马克思主义与人类学》,冯利等译,华夏出版社1988年版,第151页。
④ Terry Eagleton, *Marx and Freedom*, London: Phoenix, 1997, p. 23.
⑤ Thomas Carl Paterson, *Karl Marx, Anthropologist*, Oxford: Berg, 2009.

解，而且有助于推动人类克服物化的历史进程。

三、在马克思主义与人类学的融合中
推动现代社会批评

随着文化人类学视野和方法的深化，特别是结构主义对整个人类学的影响以及当代民族志研究的兴起，马克思主义作为方法论在人类学中得到了广泛的应用。乔治·马尔库什（George Marcus）① 等人的《作为文化批评的人类学》便对政治经济学与民族志之间的历史互动作出了有价值的解释。在这种互动的历史中，"作为一种对具有政治经济学旨趣的民族志的必要补充，悠久的马克思主义写作传统中十分完整而明晰的资本主义理解分析框架，仍是最强有力的大体系背景意象"②。在这种情况下，泛泛指认马克思一般理论影响，这种做法越来越失去理论的意义。例如，我们强调西敏司（Sidney Mintz）的《甜与权力》以及阿俊·阿帕杜莱（Arjun Appadurai）的研究与马克思主义旨趣和方法高度契合，除了那种迂腐的学院气息，有多大价值呢？毋宁说，新的势态对马克思主义提出了一个至关重要的问题：如何与各种具体研究结合形成对当代有穿透力的分析，通过理论的想象力促进思想的进步，并由此为介入改造世界的政治经济实践打开新的通道。这也正是人类学本身所思考的问题。1986年《写文化》发表之后，在人类学研究中隐而不现的诗学和政治学走到了前台，意识形态争论不复是学科发展的障碍。至少围绕马克思主义的争论，不再成为问题了。因此，我们希望以三类不同的案例来说明在现代社会批判事业中马克思主义与人类学融合的可能趋势。

第一个案例是萨林斯（Marshall Sahlins）的《文化与实践理性》。这一著作是很独特的。首先，它是纯理论性的人类学成果，即那类对既往民族志成果的再解读，这类研究的重要意义在于通过方法论的重新评估推进研

---

① 也译为"乔治·马尔库斯"。——编者注
② ［美］乔治·E. 马尔库斯、［美］米开尔·M. J. 费彻尔：《作为文化批评的人类学》，王铭铭、蓝达居译，生活·读书·新知三联书店1998年版，第126页。

究的反思。其次，它亦是对历史唯物主义的人类学解读，这种解读实际上亦是以人类学成果对马克思主义许多重大观点的检验。再次，这个成果的基本旨趣在于重申文化人类学关于文化之意义理性的理解，并以此推进对现代资产阶级社会的批判。所有这些特点结合在一起，便造成了其特殊价值。简言之，萨林斯区分了两种文化理论（即意义理性与实践理性之对立），而在马克思的话语中，他亦发现它们的对应形式。所以，他区分出两种马克思主义，一种是与作为文化批评的人类学同路的历史唯物主义，另一种则是资产阶级意识合谋的经济决定论。萨林斯不是职业马克思主义研究者，因此，我们无法要求他对马克思主义内部的这种分裂作出合理的解释。我们亦可以说，客观上，他准确地描述了整个马克思主义理解上存在着的那种分野，人本主义的对经济决定论的解释，甚至青年马克思反对老年马克思的思潮。对于萨林斯来说，似乎在马克思思想的全程，交织着他所称的两个环节或两种要素，要对马克思主义进行取舍是十分困难的。因此，我们亦无法指望萨林斯以人类学家的身份为我们指出一条简单的道路。对我们来说，这一成果的真正价值并不在其直接结论，而是这项研究本身提出的问题。为什么会在马克思主义这里以及人类学学科内部存在着相似的分野？为什么这两者不可能并行不悖？将马克思作极化理解以及对文化作单向度理解，将会丢失什么东西？这正是今天需要我们反思的问题，我们不能通过将之归结为马克思文本的矛盾而将问题取消。从人类学角度来说，"把社会放置在历史中，把生产置放在社会中，马克思在人类学科学尚未诞生之时就已为它构成造了大致的思路"①，如果萨林斯的这一论断是确实的，那么，需要我们追问的是，在马克思的政治经济学批判那里，为什么会同时出现对物化现象的深刻批判以及似乎（至少在表面上）与物化逻辑一致的经济决定论？对这些问题的深究将有助于我们深入唯物主义历史观本身，理解其从直接的物质生活生产和再生产出发理解特定社会历史条件之形成的动力和机制以及在那种条件下社会生活的性质，从而把握其辩证法的精神实质。简言之，萨林斯提出的问题使我们看到了人类

---

① ［美］马歇尔·萨林斯：《文化与实践理性》，赵丙祥，上海人民出版社 2002 年版，第 220 页。

学与历史唯物主义通过相互比较和借鉴而打开对历史变迁的洞见和对当代社会进行批判的视野，尽管他本人并没有完成。

第二个案例是西敏司的《甜与权力》。《甜与权力》是关于我们今天餐桌上一种普遍食物——糖的人类学研究。在书中，他指出，"英国工人第一次喝下的一杯带甜味的热茶，这是一个重要的历史事件，因为它预示着整个社会的转型，预示着经济和社会基础的重塑"①。尽管这是一个夸张的说法，但它在方法论上道出了历史研究的真谛：那些最初看起来微不足道的、偶然的、然而最终却成为日常生活普遍事实的那些事件，它们记录了人类物质生活生产中那些重大的、最终影响了人性的结构性变化，因此，通过这些物与人之间的关系，我们能够发掘自身的历史。这就把我们的历史眼光投向那些决定今日社会的结构变化。通过西敏司的研究，我们看到，欧洲的需求定义，加勒比海地区生产结构的变化，这两者之间的变化是同一过程的不同方面，它们都涉及资本主义的历史。西敏司并没有说自己的研究与马克思有何相通之处，然而这却是一本在严格意义上与历史唯物主义旨趣和方法一致的研究，它比绝大多数打着历史唯物主义旗号进行的人文社会研究都要具备马克思主义的气质。这让人想起马克思与摩尔根的关系，恩格斯曾经如此清晰地描述了这一关系，"摩尔根在美国，以他自己的方式，重新发现了 40 年前马克思所发现的唯物主义历史观，并且以此为指导，在把野蛮时代和文明时代加以对比的时候，在主要点上得出了与马克思相同的结果"②。我们并不急着以此类比得出结论：西敏司以现代社会生活之中一个如此普遍而平凡的物——糖——证明了唯物主义历史观是卓越的科学。这一结论是不需要证明的，更不是重要性之所在。我们面临的问题始终是如何作出一项好的历史唯物主义研究，而不是历史唯物主义好不好，或者要不要历史唯物主义。在相当长的时间里，许多马克思主义理论研究把重心赌在后一方面的论证上，走得如此之远，甚至过度发挥了经院式论证而抛弃了马克思本人的教导："人的思维是否具有客观

---

① ［美］西敏司：《甜与权力：糖在近代历史上的地位》，王超等译，商务印书馆 2010 年版，第 210 页。
② 《马克思恩格斯选集》第 4 卷，人民出版社 1995 年版，第 1 页。

的真理性，这不是一个理论的问题，而是一个实践的问题。人应该在实践中证明自己思维的真理性，即自己思维的现实性和力量，自己思维的此岸性。关于思维——离开实践的思维——的现实性或非现实性的争论，是一个纯粹经院哲学的问题。"①

可以说，西敏司的这项成果，在人类学内部以出其不意的方式强调了马克思的意义。说"出其不意"，并非因为其讨论的问题与马克思在表面上风马牛不相及，而是因为，他并没有留下多少关于方法论的论证，是真实再现了那一方法论的价值。在人类学传统中，一直倚重于对"初民社会"的特殊偏好，虽然这种偏好产生了许多卓越的研究，它们为理解和改变今天树起了一面面明镜，但正如从巴塔耶到鲍德里亚对法国莫斯人类学观点的过度发挥，我们不仅不能借助于这些镜子反射的光照亮今天的世界，而且对它们的迷恋往往使我们错失进入现代社会的机会。与之相对，西敏司谦逊地主张"关于当下的人类学"，他问道：还有什么比对一种装饰每张现代餐桌的食物进行历史探究更缺乏传统意义上的"人类学味"呢？然而他又是如此坚定地强调："正是这种对家用的、日常物品进行研究的人类学可以帮助我们澄清世界是怎样从它曾经的样子变为它现在的模样，澄清它在变化的同时又是如何在某些层面上保持内在的一致性的。"②在历史学领域，布罗代尔不是以相似的思路说明了我们所称的资本主义或现代社会是如何形成的吗？③ 历史唯物主义的旨趣当然不是解释世界，不过其对世界的改变难道不是以此作为基础的吗：揭示世界之变迁，洞穿其中变与不变之物，从而把握我们自己创造历史的可能性机会？

第三个例子是布若威的研究。作为当代具有影响力的马克思主义理论家之一，布若威（Michael Burawoy）是非常特殊的。这种特殊性在于，他身在学院，但却非诞生于学院。如他自己所言，他的马克思主义"不是通过与世界保持距离而得来，而是通过进入它的内部——矿井、机械车间、

---

① 《马克思恩格斯选集》第 1 卷，人民出版社 1995 年版，第 55 页。
② ［美］西敏司：《甜与权力：糖在近代历史上的地位》，王超等译，商务印书馆 2010 年版，第 12 页。
③ ［法］费尔南·布罗代尔：《十五至十八世纪的物质文明、经济和资本主义》，顾良等译，生活·读书·新知三联书店 2002 年版。

钢铁厂、香槟酒厂和家具厂——在赞比亚、美国、匈牙利和俄国,在资本主义和社会主义、殖民主义和后殖民主义之中"①。因此,无论关于生产政治学的研究还是公共社会学主张,在布若威的理论中都深刻地体现了反思性民族志的精神,他将之视为打开社会主义新视野的方法之道。20世纪80年代末以来,布若威在下述两个层次都体现了马克思主义在当代的重要意义。一是布若威带领自己的研究团队,把视野投向这个问题:现代都市的日常生活是如何在那些表面上超出人类控制的制度影响下持续地变化的。他们深入社会运动、工厂、新移民、教室和社区,以人类学田野调查的方法从微观层次上来再现当代社会变迁中的权力和抵抗②。二是从微观拓展到宏观,超越民族国家来思考当代世界变迁。布若威主张应该关注那些活生生的全球化经验,即全球力量、全球联系和全球移民支持、适应、抑制和争夺既存秩序的方式。在布若威看来,建立在精细的劳动分工、有组织的阶级间关系以及规模经济之上的经济秩序,聚焦于民族国家的政治秩序以及同容忍和相对同质的身份联系在一起的文化秩序,这些既有的秩序正在被弹性积累、全球—地方间互动以及新的杂交身份替代,因此要使民族志研究适应于新的变化。③正是基于微观与宏观的研究,布若威主张有根基的政治学,通过它来实现马克思主义的关切:劳动者的解放。

通过上述三个例子,可以认为,是否有必要像帕特森那样把马克思称为人类学家,是否有必要发展出马克思主义的人类学,这些问题是大可讨论的。不过,这些问题并不重要。马克思主义并非一成不变,人类学亦不断发展着,它们各自的内部在今天都具有多种甚至对立的自我理解。因此,试图把它们之间的关系固定在某种刚性的边界之中和单向的路线之上已经不再是恰当的做法。真正的问题是,通过理论上的互动,在当代社会的理解和批评上形成有说服力的见解从而推动人类改造社会的实践之发

---

① [美]迈克尔·布若威:《制造同意》,李荣荣译,商务印书馆2008年版,第2页。
② Michael Burawoy, *Ethnography Unbound: Power and Resistance in the Modern Metropolis*, Berkeley: University of California Press, 1991.
③ Michael Burawoy, *Global Ethnography: Forces, Connections, and Imaginations in a Postmodern World*, Berkeley: University of California Press, 2000.

展。就此而言,布洛克的那个强调具有特别重要的意义:马克思主义人类学不是仅仅出现于马克思主义创始人著作中的理论,而是应该被重新创造的理论。①

---

① [英]莫里斯·布洛克:《马克思主义与人类学》,冯利等译,华夏出版社1988年版,第197页。

人类学与马克思主义的形成

胡大平

马克思主义与人类学的关系在20世纪70年代后期西方已有不少研究,萨林斯在《文化与实践理性》中以两种不同的理性作为框架回应过围绕历史唯物主义展开的人类学争论,马尔库斯和费彻尔在《作为文化批评的人类学》中以政治经济学为基点简要地描述和分析过相关动态,而莱顿则在1997年的一项研究中简要地梳理过马克思主义人类学在欧美学界的主要动态。从整体情况看,尽管严格意义上的马克思主义人类学著述并不丰富,但马克思主义与人类学之间的关系,特别是20世纪80年代人类学的方法与视野发生重大的变化(泛称后现代转折)之后却是一个十分显眼的话题。因此本文的目标虽旨在回应人类学对历史唯物主义提出的核心挑战,但我们的叙述却从马克思主义与人类学之间交流、融合或结合的历史开始。

一、马克思的人类学关注与"历史科学"思想

历史唯物主义,按照恩格斯的解释乃是哲学终结之后的产物,即历史哲学向历史科学的转换。恩格斯的这个解释,隐含着一个后来才逐渐显示其重要性的风险:这种转换,保留了传统历史哲学之普遍性诉求(这乃是

---

① 原载《吉林大学社会科学学报》2015年第5期。

科学的品质），但它并没有提供完整的历史解释，这似乎是一个"污点"。为涂掉这个"污点"，拉法格、考茨基等第二国际的理论都曾在准备不足的条件下冒着更大风险向代表着更大时间范围的早期社会和代表着更大空间范围的宗教等领域突进，以期把马克思主义上升至人类社会普遍真理的高度，后来的教条主义则反其道而行之，干脆把体系化的原理作为万能钥匙来叙述各种通史。在正统马克思主义领域中，其与人类学的关系便是在这一结构中展开的：它既是自己真理性前提的一个部分（所谓"史前史"依据），又是自己所必须征服的一个历史领域（所谓在整个历史进化中的早期社会问题）。为什么会产生这种现象？它与马克思恩格斯自己对早期社会的研究成果的关注在逻辑上是否一致？在此，我们围绕历史唯物主义的性质与马克思恩格斯人类学关注之间的关系这个中轴作一简要评论。

提到马克思与人类学的关系，都会提到马克思的晚年笔记，马克思去世后，恩格斯还利用马克思的晚年笔记出版了《家庭、私有制和国家的起源》一书。面对这个事实，我们禁不住要问：

1867年《资本论》第一卷出版后，至死马克思亦未完成第二、三卷以及其理论史计划，为什么他反复费力去研究古代社会？关于这一点，通常的解释是，随着马克思主义产生广泛影响，他不得不面对所谓东方社会问题，因为俄国社会民主党直接提出了这个问题。应该注意到，在马克思的生涯中，历史一直是其关注的重心。因此，尽管其晚年对人类学问题的集中关注具有特殊原因，但在唯物主义历史观的表述和传播中，这也并非例外。在直接的意义上，恩格斯的《家庭、私有制和国家的起源》第一版序言清晰说明了这一点。恩格斯说："不是别人，正是卡尔·马克思曾打算联系他的——在某种限度内我可以说是我们两人的——唯物主义的历史研究所得出的结论来阐述摩尔根的研究成果，并且只是这样来阐明这些成果的全部意义。原来，摩尔根在美国，以他自己的方式，重新发现了40年前马克思所发现的唯物主义历史观，并且以此为指导，在把野蛮时代和文明时代加以对比的时候，在主要点上得出了与马克思相同的结果。"[①] 也

[①] 《马克思恩格斯选集》第4卷，人民出版社1995年版，第1页。

由此出发，我们提出一个涉及马克思主义科学性质及其理论特点的大问题。作为思想上的革命，马克思主义提出了全新的历史科学纲领，但并没有也不可能在细节上一次完成，形成像黑格尔哲学全书那样的完整体系，古代社会或者人类学研究在其传播和发展史上，承担着双重功能：既完成这一纲领关于欧洲代表的现代性之前多样性社会的解说，又夯实纲领本身的历史基础。不过，我们并不能直接从这一结构出发就能够把握马克思主义对待人类学态度的独特性。这是因为，这并非马克思主义在科学上所面对的独特问题，而是任何试图占据科学位置的普遍史都无法回避的。对于马克思主义来说，其科学性乃是一个需要在黑格尔辩证法意义上来理解的问题。一方面，科学"只是思维用来掌握具体、把它当做一个精神上的具体再现出来的方式"，作为思维，科学绝不等同于实在，其形式也"决不是具体本身的产生过程"；另一方面，作为思维，科学绝不会仅仅是思维的自我运动，其内容是由历史决定的。抽象并因此普遍的形式与具体并因此特殊的内容之结合才会产生具体科学。在此意义上，马克思反对适用于任何历史的一般历史哲学，将《资本论》视为限于西欧的现代资产阶级社会研究。

在表面上看，这里涉及的是形式（逻辑）和内容（历史）之间的关系。在形式上，马克思与黑格尔并没有实质性差别，他们之间的分歧核心在于内容，这也正是在辩证法问题上马克思唯物主义与黑格尔唯心主义之区别的关键所在。值得注意的是，这个问题本身并不在于黑格尔否认真实的历史而马克思则以其为前提，而是他们对历史本身的看法差异：黑格尔将历史视为理性的自我展开（所谓客观唯心主义），而马克思将之视为人类物质生活的生产和再生产。马克思在《德意志意识形态》中首次表述了这个立场，马克思形成这个立场是多方面努力的结果，首先是对黑格尔法哲学的批判使得他获得了必须从市民社会入手来理解国家的唯物主义思路；更重要的是，面向现代社会的政治经济学研究以及包含整个历史的研究对马克思的思想产生了重大影响。

这一全部历史研究的意义在哪？当然，无论哪种历史学主张，都不能避免的是：必须能够逻辑一致地说明历史全程，或者反过来说，以历史的基本经验说明其有效性。在这一点上，马克思主义亦不例外。不过，这并不是问题的重心。因为，正是按照新的历史观，问题的焦点不再提供诸如"生产力决定生产关系"那样一种放之四海而皆准的原理，即"一般历史哲学理论这一把万能钥匙"。诚然，在方法论上，这是马克思历史观的基本观点，但正是基于这一观点，在不同的生产力条件下，社会历史发展的主导力量是不一样的。固然，"随着新生产力的获得，人们改变自己的生产方式，随着生产方式即谋生的方式的改变，人们也就会改变自己的一切社会关系。手推磨产生的是封建主的社会，蒸汽磨产生的是工业资本家的社会"①。不过，尽管"手推磨"是"封建主的社会"的基础，但在这样的社会中，直接决定社会历史变迁的并非是手推磨而是暴力，甚至，我们已经看到，离开暴力，蒸汽磨对手推磨的替代，都是不可能的。这意味着，正是从生产力的归根结底意义上的决定作用出发，社会历史的变迁将不总是受制于单一因素，或者更严格地说，历史发展过程中的决定因素在不同的历史时期将是不同的，反过来说，之所以产生我们观察到的那种阶段性历史特征乃是因为它们是由不同的决定力量产生的。

  从理论上讲，这是由于"生产力"这个归根结底意义上的决定因素之本质决定的，它不是一个常量，而是变量。作为由人掌握、控制并按照自身的作用于自然的自然力，它是不断积累着的。不同水平的生产力塑造了不同水平的生产关系和社会形态。简言之，马克思基于辩证法，从历史内部的矛盾出发说明了人类创造历史的客观机制，从而打破了传统历史观的窠臼：在历史之外寻求神秘主义本体的神定论、宿命论；以自然为依托的循环论；诉诸意志或观念的目的论、英雄决定论，等等。在直接的意义上说，黑格尔的理性史观代表着克服这些传统史观的企图，客观化了的理性几乎包含了上述全部传统内容。因为，理性就是客观规律与主体精神之同一。固然，如费尔巴哈和马克思批评的那样，包括历史哲学在内，黑格尔的全部哲学都具有泛逻辑神秘主义的特征，但其辩证法却打开了从内部揭开历史变迁之谜的科学大门。马克思的唯物主义历史观便是其继承者，它

---

① 《马克思恩格斯选集》第1卷，人民出版社1995年版，第142页。

实现了从历史本身来解释其客观规律的历史科学目标。这种突破，既刷新了史学的面貌，亦给马克思主义本身带来了许多新的课题。前一个方面，例如把历史研究的目标定位在"现在"（即改造世界上），需要专门的讨论。就后一个方面来说，由于马克思主义在马克思恩格斯那里实际上是未完成的，这些课题便在其发展的不同阶段上反复涌现，并且由于独特的历史语境，这些课题本身在不同条件下的提出方式，在许多时候，又压抑了其原始意味，这使得问题显得扑朔迷离。马克思主义与人类学的一般关系，马克思晚年古代社会史研究的意义，恩格斯《家庭、私有制和国家的起源》之性质等，围绕这些问题的争论之所以产生，原因之一是缺乏关于唯物主义历史观之基本性质、特点以及其在马克思恩格斯著述中实现方式的理解。

二、历史唯物主义的方法论意义及其与人类学的关系

马克思晚年古代社会史研究以及恩格斯《家庭、私有制和国家的起源》等著作的产生，都与这个事实直接相关：马克思恩格斯反复强调自己推动的思想革命在于提出了全新的历史观，但他们却未能提供一个基于新历史观的通史。在马克思的理论生涯中，根据不同时期的理论旨趣展开了充分的专题史、国别史研究，我们可以从其留下笔记认定他具有提供一幅世界通史的冲动，但并没有实现。这对唯物主义历史观的传播和接受有复杂的影响，甚至对于《资本论》的科学性质和内容亦有重要影响。《资本论》第一卷发表后，在进一步研究和出版后续卷的紧张工作之间，马克思为什么花了大量精力研究前资本主义生产方式？直接的原因便在于此。

在《资本论》第一卷中，为了说明资本主义生产方式的历史性质及其形式特点，马克思不止一次引入了古代世界作为参照。例如，在说明资本主义的协作形式时，他引入"在古代世界、中世纪和现代的殖民地偶尔采

用的大规模协作"作为参照,强调不同的前提与后果。① 从方法论的角度来说,这种做法同时也包含了对资产阶级古典政治经济学的批判。在古典经济学家那里,较为流行的做法是试图从古代世界亦存在分工、协作、交换等事实出发强调货币经济的自然性和永恒性,从而"抛弃了对'社会结构'的分析,也就是'政治经济学'的'去政治'分析。从哲学上来看,这是放弃了对社会历史本质——'物质存在'的追问,而热衷于实证主义的现象描述"②。而马克思的做法是将其视为一种在历史地产生(这意味着其亦会历史地消亡)的独特而暂时的社会形态。也正是这种至关重要的分歧,需要马克思对古代社会给出科学的解释。这一点随着其《资本论》的传播越发迫切。在这其中,特别是俄国人的回应具有特殊的意义,1877年"给《祖国纪事》杂志编辑部的信",1881年"给维·伊·查苏里奇的复信"等文献都记录了这一点。俄国人回应的特别之处在于,他们基于俄国相对落后的社会经济状况直接提出了《资本论》的适用范围问题。

就此问题来说,马克思不仅需要解释"限于西欧各国"的"历史必然性"的《资本论》之科学意义,而且必须面对俄国发展何去何从这个问题,这迫使其直接面对在早先研究中已经触及的以"亚细亚生产方式"这个问题为代表的古代社会史问题。显然,马克思只是留下一个潜在的计划和一些笔记而未能完成研究本身。固然,诚如流行解释说明的那样,这代表着马克思把唯物主义历史观贯彻到古代史的努力,也体现了以古代史研究成果来丰富和发展唯物主义历史观的努力,但我们不能拘泥于其摘录、札记中的那些片断,将之发展成某种人类学框架,或者将之视为马克思关于古代史的最终结论。正如马克思本人在"给《祖国纪事》杂志编辑部的信"中明确指出的那样,不恰当地抬高他与贬低他一样,都是可恶的。面对查苏里奇的提问,马克思试图给出一个有说服力的和完整的回答(即澄清俄国公社的性质问题),但显然他当时无法做到这一点,三个复信草稿说明了其中原因。以俄国公社的历史性质这个问题为例,在第一草稿中,

---

① 马克思:《资本论》第1卷,人民出版社2004年版,第388页。
② 王浩斌:《古典经济学的多重视角及其对马克思主义的挑战》,载《南京大学学报》(哲学·人文社会·社会科学)2004年第6期。

他坦诚地说道:"各种原始公社的解体的历史,还有待于撰述。"不过,他强调,"把所有的原始公社混为一谈是错误的;正象地质的形成一样,在这些历史的形成中,有一系列原生的、次生的、再次生的等等类型"①。这便在方法论上指出了解决这个问题的路径。

显然,马克思并不满意第一草稿中关于公社的具体结论,所以有了第二草稿。在二稿中,关于方法论的表述又进了一步,他强调:"地球的太古结构或原生结构是由一系列不同时期的沉积组成的。古代社会形态也是这样,表现为一系列不同的、标志着依次更迭的时代的阶段。俄国农村公社属于这一链条中最新的类型。"②显然,马克思强调俄国公社是历史变迁链条中的一个环节和类型。在三稿中,马克思则说,"并不是所有的原始公社都是按着同一形式建立起来的。相反,它们有好多种社会结构,这些结构的类型、存在时间的长短彼此都不相同,标志着依次进化的各个阶段。俄国的公社就是通常称作农业公社的一种类型。"③在这个表述中,俄国公社的特殊性得到了强调。然而,正是在这一点上,马克思无法进行下去了。因为,"它的情况非常特殊,在历史上没有先例"④。尽管马克思试图在欧洲普遍情况参照下说清其特色并以此为根据判断其走向,但他也没有完成(手稿最终在某处中断了)。由此,我们并不难以理解最终的复信马克思实际上并没有作出结论,而是把作出答案交给了俄国人自己。他说:"在《资本论》中所作的分析,既没有提供肯定俄国农村公社有生命力的论据,也没有提供否定农村公社有生命力的论据,但是,我根据自己找到的原始材料对此进行的专门研究使我深信:这种农村公社是俄国社会新生的支点;可是要使它能发挥这种作用,首先必须排除从各方面向它袭来的破坏性影响,然后保证它具备自然发展的正常条件。"⑤这个例子具有丰富的含义。在其中,最为重要的东西之一便是,唯物主义历史观从特殊的社会性和暂时的必然性角度来面对具体的社会类型时,无论是资本主义

---

① 《马克思恩格斯全集》第19卷,人民出版社1963年版,第432页。
② 《马克思恩格斯全集》第19卷,人民出版社1963年版,第444页。
③ 《马克思恩格斯全集》第19卷,人民出版社1963年版,第448页。
④ 《马克思恩格斯全集》第19卷,人民出版社1963年版,第451页。
⑤ 《马克思恩格斯选集》第3卷,人民出版社1995年版,第775页。

这种现代的经济关系，还是俄国公社这种古代的特殊类型，都聚集于其"条件"。因为，在马克思看来，"极为相似的事变发生在不同的历史环境中就引起了完全不同的结果"①。这便回到上述关于唯物主义历史观的基本结论：作为历史科学，它恰恰拒斥了一般规律或"万能钥匙"。

现在，我们可以基于这一点来澄清马克思与人类学的一般关系了。在马克思的古代社会史研究和今天学科化的人类学——即旨在通过原始的异文化来揭示高于欧洲社会经验的更加普遍的文化结构的田野调查——之间，尽管在素材上是一致的，也能够在其中找到不少相似的结论，但没有实质性关系。就此来说，把马克思打扮成人类学家，并没有多少理论意义。同时，马克思主义与其之前的康德—费尔巴哈的人类学也没有什么关系，后者只是人本主义哲学的表述。它代表着传统哲学的一贯做法，即将人的本质作为自己的普遍前提或对象。也正如费尔巴哈所表明的，这样的人类学，其意义在于两极：一是关于人性或人的本质的假设，为某种学说之科学性主张提供确定的前提；二是作为人本主义旨趣，为某种学说之伦理价值提供保障。②费尔巴哈将黑格尔之后的新哲学与人本主义或人类学直接联系起来，代表的只是一种动向，即反对抽象的理性假设抬高感性的地位。我们在马克思的《1844年经济学哲学手稿》中也可以清晰地看到这个特征。不过，必须强调的是，尽管马克思可能终生都没有放弃《1844年经济学哲学手稿》中表达的那种伦理关怀，但唯物主义历史观拥有与之完全不同的旨趣、视野和方法。因此，在今天，试图把马克思打扮成发展了人本质学说的人类学家，也没有多大的价值。

由于后一种人类学在今天的马克思主义研究中似乎也代表着一种新突破的思路，但它实质上是一种唯心主义哲学的变体，所以有必要多评论几句。无论马克思主义之前唯心主义历史观唯心到何种地步，它们的唯心都不在于否定历史本身的客观性质或变迁的规律性，而在于对其所做的想象性解释。这种想象性解释的典型做法之一便是寻求像自然那样的人性或历

---

① 《马克思恩格斯选集》第3卷，人民出版社1995年版，第342页。
② [德]路德维希·费尔巴哈：《费尔巴哈哲学著作选集》上卷，荣震华等译，商务印书馆1984年版。

史的本体，费尔巴哈即是典型代表。关于这个问题，恩格斯在《路德维希·费尔巴哈和德国古典哲学的终结》一文中已经作出清晰的分析。在这里，我们重申其结论之一，唯物主义历史观"结束了历史领域内的哲学"[①]，因此，不可能与那种以人类学名义沉渣泛起的哲学为伍。基于此，恩格斯的《家庭、私有制和国家的起源》这一完成亡友遗愿著作，其性质和意义也毫无遮蔽地敞开。恩格斯无意像我们这样操作一个学术话题，当他谈到家庭、古代人的性、亲属关系、氏族时候，心里想的是所谓文明时代的商品生产、奴隶制和物化，前者正是后者的镜子。在恩格斯看来，摩尔根代表着原始历史观中的革命。这是因为，他"发现和恢复了我们成文史的这种史前的基础，并且在北美印第安人的血族团体中找到了一个解开了希腊、罗马和德意志上古史上那些极为重要而至今尚未解决的哑谜的钥匙"[②]。与后来的人类学研究旨趣完全不同，恩格斯称赞摩尔根的时候，他绝不是试图为人们描述一个不同于今天欧洲的原始的异国情调。他试图通过以血族关系为基础的古代社会向以阶级对立为基础的文明社会之变迁来阐明两个重要问题。一个是理论上的，即唯物主义历史观之科学意义；另一个是政治上，即揭示现代社会之历史形成，打破其自然性和永恒性神话。前者是建构，后者是批判，二者共同构成了马克思主义理论的内部张力与活力之源。

---

① 《马克思恩格斯选集》第 4 卷，人民出版社 1995 年版，第 257 页。
② 《马克思恩格斯选集》第 4 卷，人民出版社 1995 年版，第 3 页。

超越个体性哲学原则：
马克思哲学在思想史上的重要标志[①]

唐正东

任何哲学都是时代精神的精华，这是对哲学这门学问的本质的揭示。而哲学的思维原则是哲学学说的前提及其本质的具体体现。西方近现代哲学史上的诸多哲学流派在本质上坚持的是个体性的哲学原则，即是从抽象的个体的人出发，去理解人的本质，观察社会和历史，从而建构其哲学理论体系的。这是跟它们所依托的时代精神的特质直接相关的。马克思的重要贡献表现为对个体性哲学原则的超越，以社会历史性原则为基础开创了哲学发展的一种新向度。这是19世纪中叶欧洲以社会主义革命为核心的时代精神的一种必然表现。本文试图循着这一线索重新解读马克思哲学的本质，以期研究的进一步深入。

一

从表面上看，除文艺复兴时期以外，西方自近代以来的哲学家很少有人直接地以个体性作为自己的哲学原则，甚至在这之前的中世纪基督教学说也是以非个体性的基督神性作为自己的理论核心的。但究其本质，我们所看到的却是一条明确的个体性哲学原则的线索。基督教伦理观念是由传

---

① 原载《哲学研究》1998年第6期。

统的希伯来启示宗教和希腊理性主义融合而成的,它以一种独特的方式继承了希腊精神中对个体自由的关注的线索。基督信仰尽管是围绕着对神性的说明展开的,但它所站立的理论出发点却是个人灵魂的拯救。这也就是说,支撑整个基督教学说的是明确的个体性思维原则。这种宗教学说是与中世纪的人们在等级森严的社会状态下无力扭转乾坤因而只能从灵魂获救的角度来抒发自己的自由情怀的时代精神相一致的。始于15世纪中叶的文艺复兴运动应该说只是基督教伦理精神转向近代市民—资本主义精神过程中的一个转折点。这一时期的思想家是以严格的个人自由作为自己的理论核心的,个体性思维原则直接出现在思想的前台。这表明,典型意义上的市民—资本主义时代精神尚未成熟。真正的"市民"是无法与社会脱离开来的,但在资本主义社会发展的初期,思想家们显然还没有清晰地认识到这一点。

随着在现实社会形态上资本主义制度的不断胜利以及在自然科学方面的不断进步,在文化形态上,以16世纪的宗教改革和17世纪的笛卡儿"我思"哲学的胜利为基础,18、19世纪的欧洲进入了一个崭新的资产阶级启蒙时代。这一时期的哲学思想体现了典型的市民—资本主义精神。这具体表现为社会性观念的确立。18世纪的法国唯物主义者尽管在对人的社会本能的理解上存在着很大的差异,但一个共同的特点是把人的这种社会本能理解成批判宗教神学和使人获得解放的理论基础。达朗贝尔在其《哲学原理》中的下述这段话很好地凝炼了法国启蒙思想的核心:"哲学家唯一的责任是把人置于社会中,并在社会中引导他们。而传教士的任务则在于使人拜倒在圣坛底下。"[①] 18、19世纪的德国启蒙哲学家也是这样。受到卢梭思想影响的康德把个人的解放奠基在社会性的思想基础之上:"人的天赋使命是什么?高度的教化。何种状况能使这一点成为可能?市民社会。"[②] 黑格尔在从绝对精神历史发展的角度对个体与集体(社会)结合方式的论证中,其人的社会性的线索也是非常明显的。费尔巴哈尽管把

---

① 转引自[德]卡西尔:《启蒙哲学》,顾伟铭等译,山东人民出版社1988年版,第242页。
② 转引自[俄]古雷加:《德国古典哲学新论》,沈真、侯鸿勋译,中国社会科学出版社1993年版,第86页。

自然的人视为其理论的核心，但他也"把人的实体仅仅置放在社会性之中"①。

但是，法德启蒙思想家是否真的把社会性的原则竖立为自己的哲学原则了呢？我们的回答是否定的。与文艺复兴时期的思想家相比，这些思想家在哲学的主题对象上的确完成了从个体理性向社会理性的转变，但其中不变的是支配其哲学思考的理论立足点——个体性的原则。18、19世纪的法德启蒙哲学是当时业已成熟的市民—资本主义精神的理论表达，它所追求的是个体的市民和公民理想。尽管由于历史背景的不同，法德哲学家在对上述时代精神的阐释方面有所不同，但立足于个体性的哲学运作思路却是共同的。法国启蒙思想家致力于为个人提供一种符合人的自然理性的政治规范或社会制度，德国启蒙哲学家则把主要精力放在为个人制定一种与人的本性相符的道德规范上面。这在法德启蒙思想的两位代表人物——卢梭和康德身上有很好的体现。以康德为例，在《实践理性批判》中，康德一方面赋予了道德在整个实践领域中的建构性地位，但另一方面他却并不研究道德作为社会意识的一种形式的起源和发展问题，这种"绝对道德"在本质上只可能是一种针对个人的道德规范。黑格尔的哲学有一点特殊性，但依然没有超出上述这种思维线索。如果说在康德的理论中，道德就是个体受全体控制的话，那么，对黑格尔来说，真正的理性（道德）则在于把个体提高到全体的水平。从表面上看，黑格尔的哲学思路似乎已经不再是个体性的了，在《精神现象学》中，黑格尔不仅谈到个体精神的发展问题，还谈到人类精神的发展问题，但这只是一个"现象"。因为作为黑格尔思想出发点的是：个体意识的运动再现了社会意识的历史。这也就是说，黑格尔在考察社会意识的发展时并没有发展出一条区别于个体性哲学原则的新的理论思路。

建立在对市民—资本主义时代精神的反映的基础之上，哲学事实上是不可能超出个体性的理论立脚点及基本原则的，即使它谈论再多的社会、人类概念也是如此。与这些哲学家相比，当时的英法古典经济学家是从另

---

① ［德］路德维希·费尔巴哈：《费尔巴哈哲学著作选集》下卷，荣震华译，商务印书馆1984年版，第435页。

一个角度来理解市民—资本主义时代精神的。如果说卢梭、康德主张的是一种抑制的个人主义的话，那么，经济学家所主张的则是一种张扬的个人主义，两者所共同的是个体性的思维视点。如果再把他们与中世纪的基督教伦理观念相对比，我们可以发现，卢梭、康德的贡献在于用世俗的社会道德原则代替了前者的宗教超验原则，但基督教伦理观念所竖立其上的个体性思维原则在后者那里却没能得到改变，即个体身份的基石从神性的正义转变到了理性道德的正义，但个体身份本身的立足点却没变。从本质上说，也只有从个体性出发才可能建构起形而上学的概念运作体系，不管是神学的还是理性形而上学的，因为对个体的本体论存在的关注是这种理论唯一可选择的发展道路。如果立足于真实的个人之间即具有真实历史身份的人与人（如工人与资本家）之间的社会关系，那么，哲学理论必然致力于研究这种社会关系的来龙去脉及发展规律，因为只有对个人身上所负载的社会关系的研究才是真正的对个人本体论命运的关注。这样一来，一条崭新的历史认识论线索便会清晰地涌现到思想的前台。可是在卢梭和康德那里，这一理论层面是没有的。于是，"历史"在他们的理论中自然也就不可能具有属于其自己的内涵，它只是用来实现道德、政治理想的工具而已，正像基督教理论把历史视为实现神性的工具一样。黑格尔的历史观开辟了历史认识论的新视域，但其唯心主义的外壳最终葬送了历史认识论的命运，在最终的意义上，历史对黑格尔来说同样也只是实现悬设理性的一种工具。"思辨从自身中提出自己的哲学思想，而不去顾及存在的事物，它带着这些思想来接触历史，它把历史作为一种素材来对待，它不是维护历史的原状，而是让历史去迎合这些思想，先天地构造出历史。"①

以个体性哲学原则为基础的理性学说一旦在现实矛盾面前无法自圆其说，那么它必将顷刻瓦解。自19世纪中叶开始的德国哲学的变革便清晰地说明了这一点。但不同的人，依托于不同的时代精神，所进行的哲学变革也是不一样的。如果依然立足于个体性的哲学原则，所关注的依然只是个体的本体论存在和命运问题，那么，答案只可能围绕着以下三条线索来

---

① ［德］黑格尔：《世界历史的哲学》第1卷，莱比锡1944年，第1页。

展开：(1) 用人的非理性来代替人的理性；(2) 重新走向神学的启示；(3) 走向历史相对主义。尼采、舍勒、狄尔泰便是这三条线索上的代表人物。海德格尔的此在存在论在某种意义上似乎超越了上述三条线索的理论层面，但只要依然立足于对个体的本体论存在的关注，那这种超越也就不可能是根本性的。事实上，海德格尔自己也承认神学是自己思想的源泉，"没有这一神学之源，我也许根本不会走向这条思路。我的神学之源将一直持续到将来"①。他甚至还直接地称"我是基督神学家"。在当代西方新马克思主义者那里，个体性的思维视角也没能得到改变。哈贝马斯的交往行动理论的确是以主体之间的关系为基础的，但他的"主体"并不负载现实社会关系的内涵，只是一般的人，而不是具有真实社会身份的人。从他的主体与主体之间的关系中引出的是主体间性的概念，而不是社会关系的内涵。因此，哈贝马斯以庞大的哲学运作所建构起来的"理性的联盟系统"也就不可能真正进入一条以社会性为原则的哲学线索之中。

真正以社会性原则为基础开辟哲学新视域的是马克思。依托于19世纪中叶社会主义革命的时代精神，马克思在另一个方向上把哲学推进到了一个新的高度。尽管所要解决的问题是一样的，在《1844年经济学哲学手稿》（以下简称《手稿》）中，马克思把这一问题界定为以"六大矛盾"为核心的"历史之谜"，但马克思的哲学运思却是与比他稍后一点的尼采、舍勒、狄尔泰截然不同的。马克思既没有走向非理性主义和神学启示，也没有走向历史相对主义，其重要原因就在于，作为对社会主义革命的时代精神的反映，马克思坚定地认为只有现实社会关系的变革才是个人解放的真实途径。因为，个人是寓于社会关系之中的，解决个体的存在论命运问题首先必须解决社会关系的进步与发展问题。这样一来，哲学的立脚点和根本原则在马克思那里也是自然而然地从个体性转变到了社会性上面，哲学从原来的对个体命运的关注转向了对社会关系尤其是生产关系的历史发展过程及其内在规律的关注。由于马克思是透过现实社会关系的视角来展开对人类历史的研究的，因而，历史主义在马克思那里没有沦为狄尔泰式

---

① ［德］海德格尔：《走向语言之途》，林根1959年，第96页。

的历史相对主义，而是展现出了一幅现实的人们在生产关系的变革中不断获得解放的真实图景。马克思的社会性哲学原则同时还必然带来自己的理论与无产阶级利益要求的相互一致，因为只要从真正的社会关系的角度来理解资本主义制度下人的解放问题，那就必然看到负载着资本主义社会关系的工人是实现这一目标的唯一主体。因此，马克思哲学的革命性特征不是一种外在的向度，而是与他的理论紧密相关的一种内在视域。马克思所推动的哲学革命与这些崭新的思维向度是直接相关的。

二

上述新的哲学原则在马克思思想中的形成经历了一个复杂的发展过程。深受法国启蒙思想影响的马克思从来不是一个个人主义者，但个体性的思维原则在青年马克思很长一段时间的哲学运思中同样占据了主导的地位。这里首先要强调的是，必须把哲学的主题与哲学的立足点及思维原则区别开来。1845年之前，马克思哲学的主题的确是非个人的，《莱茵报》时期的国家理性、人民性，《手稿》时期的"类"，这些都是非个人的，即使是《博士论文》时期的自我意识，由于是以哲学的世界化和世界的哲学化为基础的，因而也不是单纯的个体性主题。但透过这些现象可以看出，支配马克思这一时期哲学运作的是个体性的思维原则。思维原则的不同，是把这一时期的国家理性、类概念与马克思1845年之后的社会关系概念区别开来，把马克思1845年之前所谈的"实践"与在这之后所谈的实践概念区分开来的必要前提，同时也是我们深刻地理解马克思哲学本质的必要前提。

青年马克思踏上理论舞台的时代是德国激进的民族主义让位于民主主义的时代。费尔巴哈的人本学唯物主义是这种民主主义时代精神的产物。马克思是从《莱茵报》时期开始走上民主主义的道路的。在这之前的《博士论文》时期，马克思用自我意识的线索展开了现实批判的图景，严格地说，这时的马克思还只是处在民主主义思想的孕育阶段（费尔巴哈在这时也还没提出人本学唯物主义的观点）。从 1842 年开始，马克思逐步地接受了费尔巴哈在 1841 年所提出的人本学唯物主义观点。在《莱茵报》时期，这种接受还是在黑格尔唯心主义国家观的支配之下进行的。这具体表现为，尽管马克思在《评普鲁士最近的书报检查令》中就已经吸取了费尔巴哈的类概念，把类与个体的关系作为批判书报检查令的基本哲学线索①，并且在这一时期的其他著作中，马克思在许多地方也都是用人民性、人民精神等概念来阐释"国家"的内涵的，但在整个《莱茵报》时期，黑格尔国家观在马克思哲学思路中还是占主导地位的。经过《莱茵报》后期的"苦恼的疑问"，马克思自《德法年鉴》时期开始批判地接受了费尔巴哈的人本主义哲学思路，并把它运用到对现实政治国家的批判之中，国家概念被类概念所取代。在《手稿》时期，通过对资产阶级政治经济学的批判性研究，马克思还从劳动的角度极大丰富了类概念的内涵。但现在的问题是，支配马克思这一时期哲学思考的理论立足点及根本原则到底是什么？

仔细分析便不难发现，马克思此时所依据的恰恰是个体性的思维原则，他是立足于单个人的视角来表达自己的革命呼声，来理解自由出版物、理性国家以及"真正的社会"的本质的。这是 1845 年之前马克思哲学运作中的一条主导线索。《莱茵报》时期，关于自由出版物，马克思说，正像"每一滴露水在太阳的照耀下都闪耀着无穷无尽的色彩"一样，自由出版物也应当能让每一个个体的自由个性都得到发挥。关于"国家"，马克思说，它应当"把个人的目的变成大家的目的……使个人和整体的生活打成一片，使整体在每个个人的意识中得到反映"②。在《黑格尔法哲学批判》中，马克思说，封建的等级制之所以要被扬弃，就是"因为它不是从个人劳动的本质产生的，而且对个人来说也不是建立在硬性规定的法律之上并对个人保持稳固关系的客观共同体"，"等级只是个人的外在规定"。③《德法年鉴》时期，马克思尽管已经具有了无产阶级革命的理论线索，把无产阶级当作"物质武器"，但个体性的思维原则依然没有改变，

---

① 参见《马克思恩格斯全集》第 1 卷，人民出版社 1960 年版，第 19 页。
② 《马克思恩格斯全集》第 1 卷，人民出版社 1960 年版，第 118 页。
③ 《马克思恩格斯全集》第 1 卷，人民出版社 1960 年版，第 345 页。

马克思事实上是从无产阶级是人的个性的最彻底的丧失这个角度来理解无产阶级的历史作用的。在这里，一方面，马克思所要论证的是无产阶级的理论要求，可另一方面，他所站立的理论出发点却依然是并不负载任何真实社会关系的个人。这种"不合拍性"在《巴黎笔记》及《手稿》时期仍然持续着。马克思在这一时期尽管始终是围绕着"社会"概念来展开自己的经济学批判思想的，并且也提出了一些和《关于费尔巴哈的提纲》（以下简称《提纲》）中的思想相似的观点，例如，"人的本质是人的真正的社会联系，所以人在积极实现自己本质的过程中创造、生产人的社会联系、社会本质"[1]，但马克思接着又说："社会本质不是一种同单个人相对立的抽象的一般的力量，而是每一个单个人的本质，是他自己的活动，他自己的生活，他自己的享受，他自己的财富。"这段话恰恰和《提纲》中的"人的本质并不是单个人所固有的抽象物，实际上，它是一切社会关系的总和"截然相对；一个是从个人、个性的角度来理解"社会"，另一个则是从社会关系的角度来界定个人。这两种不同的思维方法必然带来两种截然不同的哲学观点，前者是从人的个性自由出发来悬设一个理想的社会目标，并以此为基础对现实社会进行伦理的批判；后者是从现实社会关系的历史沿革中找到规律性的东西，在此基础上对现实社会制度的必然灭亡性作出科学的论证，为人的解放提供一条现实的途径。在马克思这时的思路中，资本主义的生产过程之所以是异化的，那是因为这种生产活动并没有使人的个性得以实现，建立在这种生产过程之上的劳动产品并没有使人的个性物化、对象化。而真正的"生产"应该是"反映我们本质的镜子"，"我在我的生产中物化了我的个性和我的个性的特点"，同时，又由于我的产品被你所使用，因而，对你来说，你应当能"意识到和感觉到我是你自己本质的补充，是你自己不可分割的一部分"，我和你之间的这样一种关系就是真正的"社会"的关系。就人的个性的丧失而言，工人是最彻底的，所以，工人阶级必然起来担负起扬弃私有财产的历史使命。很明显，马克思此时还没从工人阶级所独有的社会历史关系的角度来阐释无

---

[1] 《马克思恩格斯全集》第42卷，人民出版社1979年版，第24页。

产阶级革命的必然性问题。在《神圣家族》中,这一问题应当说还没能得到彻底的解决。

马克思后来在《提纲》中提出了一个非常精彩的概念:"人类个体"。马克思说,费尔巴哈"撇开历史的进程,孤立地观察宗教感情,并假定出一种抽象的—孤立的—人类个体",他把人的本质"理解为一种内在的、无声的、把许多个人纯粹自然地联系起来的共同体",并说,这样的唯物主义"至多也只能做到对'市民社会'的单个人的直观",因为它的立脚点是"市民"社会。① 1845 年之前,马克思尽管从来不曾想过要把自己的理论停留于对市民社会的直观的水平,但事实上,在哲学的立足点和基本原则方面,他却没能超出这种"人类个体"观念的束缚。究其原因,这是因为马克思没能从根本上超越 18 世纪启蒙时代的思想对它的影响,而资产阶级启蒙思想的一个特点就是从个体出发来理解"社会"的意义及价值问题,这不仅反映在法、德启蒙思想家那里,也反映在英国古典经济学家的思想中。此时的马克思所要表达的是无产阶级的革命要求,可他没能意识到,他所采用的哲学方法却没能摆脱资产阶级意识形态的干扰。在《神圣家族》中,马克思还把 18 世纪的法国唯物主义视为社会主义思想的理论基础,而 18 世纪法国唯物主义者恰恰是从个体出发来理解社会的改造问题的,这便决定了马克思此时还不可能在根本上超越个体性的哲学原则对他的影响。马克思要想建立跟作为一个阶级而存在的无产阶级的革命要求直接合拍的哲学理论,首先必须深入地理解无产阶级在资本主义社会中所处在的真实社会关系,而这当然是有赖于他对资产阶级政治经济学的更加深刻的批判性研究。1844 年期间马克思对资产阶级政治经济学的研究显然还没达到上述的理论要求,因为,从主导的线索来看,这一段时期的经济学研究主要是为马克思的人本学批判提供了"控诉的对象"。

1845 年是马克思哲学思想发生重要转折的一年。自到达布鲁塞尔之后,马克思经历了一段重新阅读资产阶级政治经济学著作的时期。从现有的马克思"1844—1847 年笔记本"来看,在写作《提纲》之前,马克思

---

① 参见《马克思恩格斯全集》第 3 卷,人民出版社 1956 年版,第 5 页。

不仅再次阅读了许多的经济学著作（在阅读面上当然比一年之前要宽得多），而且还认真地阅读了以布雷、汤普逊为代表的英国欧文主义者（也有人称之为李嘉图式社会主义者、经济学社会主义者）的著作。布雷、汤普逊等人的一个最大特点是：立足于经济学的分析来展开对资本主义制度的批判，尤其是汤普逊，他事实上已经具有了一条从生产力和分配关系的矛盾的角度来批判资本主义社会的理论线索。① 当然，正像其他的空想社会主义者一样，汤普逊所站立的理论立足点也是个体性的，正因为如此，他才会把眼光只盯住分配关系的调整。但布雷、汤普逊等人所提供的立足于经济学的批判思路无疑给马克思最终超越人本学唯物主义以及与之相对应的个体性的哲学原则提供了重要的帮助，它使马克思最终意识到，只有从现实的生产实践出发才可能得出与无产阶级的革命要求直接合拍的哲学理论。这一理论支点的获得使马克思彻底看清了费尔巴哈与施蒂纳之间争论的本质，并从根本上超越了他们的理论视界。因此，当马克思在《提纲》中说，"社会生活在本质上是实践的"，"旧唯物主义的立脚点是'市民'社会；新唯物主义的立脚点则是人类社会或社会化了的人类"时，他所表达的的确是他由衷的感受。《提纲》中"实践"观点的获得标志了马克思在哲学原则方面完成了从个体性向社会历史性的转变，之后不久所完成的《德意志意识形态》（以下简称《形态》）是这种新哲学观的系统表达。很显然，脱离了无产阶级革命的理论视域，马克思哲学的这种新视界是根本无法加以理解的。

三

立足于上述这条线索，我们就可以理解马克思理论活动中的一个重要特征：1847年之后马克思把主要的精力转向了政治经济学的研究。应该说，这是马克思在新的哲学原则指导下的一种合乎规律的思想发展。既然

---

① ［英］汤普逊：《财富分配原理的研究》，可参见《马克思恩格斯全集》第24卷（人民出版社1972年版）第360页的转引摘录。

马克思是从历史性的社会关系的角度来理解工人的解放以及人类的解放问题的,那么,在明确了这种哲学世界观之后,马克思所要做的当然应该是对资本主义生产关系的深度解剖,分析一下它到底是如何阻碍生产力的发展的,这就是马克思在《资本论》中所做的事情。因此,经济学研究应该是马克思哲学研究的自然延续。这里面根本不存在什么马克思两个理论研究领域的"断裂"问题。当然,如果我们不能看出马克思成熟时期的哲学是依托于一个崭新的经济学研究视域的,如果我们只是根据西方近现代哲学的一贯逻辑把马克思的哲学界定为一种对个体的生存本体论关注,如果我们仅仅把马克思哲学的革命性向度理解为一种外在的向度,那么,马克思在哲学上是人本主义的,在经济学上是实证主义的,马克思后来转向实证主义是因为受到恩格斯的影响等等所谓的"两个马克思的神话"以及"马克思反对恩格斯"的观点便会应运而生。结合马克思晚年的人类学探索,"三个马克思的神话"当然就会涌现出来,似乎青年马克思是人本学的,中年马克思转向了冷峻的经济学分析,当晚年马克思发现了东方社会发展道路之后便再次"升华"出了早年的人本学思想。这种观点的一个最大缺陷是没有深入到马克思思想发展的整体境域之中来理解其哲学的本质内涵,既然如此,当然也就不可能看出马克思在研究主题及对象方面的转变是其思想发展的合乎规律的结果。

从根本上说,马克思经济学研究的主题与其哲学研究的主题是一致的,如果要说有什么区别的话,那只是马克思在经济学的研究中把问题提得更具体化、更贴近现实生活了。1845 年的《提纲》中马克思提出了"实践"的概念,但是如果没有了生产力、交往形式之间的矛盾运动的内容,那"实践"就是一个空洞的概念。事实上并非只有马克思才提"实践",且不说西方思想史上的一些理性主义哲学家,即使是一些宗教神学家也谈"实践",德国当代著名的神学家默茨明确地提出基督教是一种着重于人的主体的历史性实践神学,"基督教绝非首先是一种须尽可能保持其'纯粹性'的教义体系,而是彻底地去生活的实践!"[①] 马克思既不是

---

① [德] 默茨:《超越市民宗教—论基督教的未来》,慕尼黑 1980 年,第 41 页。

黑格尔也不是默茨，所以在他的思想中必然出现一个从《提纲》到《形态》的过渡。在《形态》中，马克思从历史哲学的高度对生产力和交往形式的矛盾运动作了深刻的分析，从而使《提纲》中的内容得到了充分的展开和系统的表述。从哲学的层面而言，《形态》已经是马克思成熟的哲学思想的一个标志。不过，我们必须注意，从历史哲学的高度对资本主义社会的批判是一种宏观的总体批判，它尽管已经提供了批判资本主义社会的基本线索和方法，但如果没有对资本主义经济关系的具体的、内在的分析和研究，仅靠历史哲学的一条线索事实上还不能构成对资本主义制度的最为有力的批判。正因为如此，在马克思的思想过程中，哲学研究转向经济学研究是非常顺理成章的，并且这也是更深入的哲学研究。马克思的经济学研究是在与其哲学研究同一个方向上的继续"跑步"，所以，晚年的马克思根本无须再回到哲学上来。马克思一生的两大发现：唯物史观和剩余价值学说是有紧密的内在联系的，它们共同构成了科学社会主义的理论基础。

从上面的分析中我们可以清楚地看出，准确地把握马克思哲学中的社会（历史）性原则，既是理解和领会马克思所推动的哲学革命的真正意义的前提，也是我们理解马克思一生的理论活动之间的内在关系的前提，更进一步地说，当然也是我们今天发展马克思主义哲学的基本前提。在国内学界事实上已经产生了关于马克思哲学的许多不同观点的"知识气候"中，明确这一点应当说是非常重要的。

存在范畴与马克思主义哲学的本体论问题

孙伯鍨

一

纵观西方哲学的历史,在不同派别的哲学家那里,对"存在"一词的理解和使用其意指很不相同,大致说来可区分为下列几种。

第一种是把"存在"理解为现象世界背后的不变的本质,认为纷繁复杂的现象世界不过是假象,是人们的主观意见,它们并不真正地存在着,真正地存在着的是处于这种现象世界背后的本质世界,它是唯一的、不变的。很明显,这是在"本体"的意义上使用存在一词。这种作为与现象世界相对立的本体意义上的"存在",既不是认识活动的原因,也不是认识活动的结果,由于它和现象世界相脱离,因而也就和人类的认识活动相脱离,是从人们心灵深处孵化出来的超验之物。人们所以需要它,是因为它可以成为精神的寄托,心灵的港湾,就像人需要上帝和不朽灵魂一样。这样理解的"存在",不仅在古代哲学中有,在近现代哲学中也并不罕见。例如在康德哲学中,作为认识所不能达及的"物自体"以及上帝、灵魂、自由这类超验之物,就被当作本体论设定存在于现象世界的彼岸。康德批

---

① 原载《南京大学学报(哲学·人文科学·社会科学版)》2002年第3期。

判并限制理性，其目的就是为了重建对这些超验之物的信仰。

第二种是把上述存在概念进行逻辑学的改造，完全纳入纯粹理性的范畴之内，不再把存在视为隐藏在现象世界背后只能被信仰不能被认识的本质，而是把现象和本质统一起来，并为此建立了一种从本质世界向现象世界推演转化的逻辑概念的演绎体系。大家知道，在黑格尔哲学中存在范畴就是这样被理解和使用的。在黑格尔那里，"存在"作为其整个体系的开端，既无所不包，又空无一物。说它无所不包，是因为它潜在地包含了其体系的全部内容；说它空无一物，是因为它不具有任何一物的具体规定性。它看似一个矛盾，一个简单的词语或逻辑矛盾。然而黑格尔正是抓住了这个矛盾，把原本被当作静止的、永恒的超验之物的"存在"变成了具有无限潜质和生命活力的世界始基，一步一步地从贫乏的抽象走向丰富的具体。在黑格尔哲学中，被巴门尼德作为神秘本体的"一"，变成了最高的思维抽象，而康德所不能给予理性认证的"上帝"、"灵魂"和"自由"则由绝对精神、自我意识和纯粹的思维活动所取代。由于这一切努力，黑格尔终于能够以存在为开端，以概念的逻辑演绎为方法建构起一种包罗万象的哲学体系。在西方哲学史上，这可以说是体系哲学最大的成功，但也是它的最后的流产。因为整个黑格尔哲学体系无论其开端、展开或结局都是在泛逻辑主义这个由哲学家本人所设定的思想路线中完成的，换句话说，不过是黑格尔自觉地运用其思辨思维所作的一次全方位的逻辑演练。从这个意义上说，黑格尔的"存在"同样不是指存在着的具体事物，不是指某一事物的存在或不存在，甚至也不是指抽去了一切特殊规定性的共相或一般，而是预示着一切科学开端的逻辑抽象。如果我们把黑格尔哲学体系限定在逻辑学和认识论的视域之内加以审视，黑格尔的存在概念实有其深刻的合理之处。

第三种是把"存在"理解为存在着的存在物实体。这种观点认为：作为哲学范畴的存在，即从本体论上加以定位的存在，只能是存在着的存在物，而不能是关于存在物的逻辑抽象或理念。只有存在着的存在物才是第一的和唯一的实体、本体。在西方哲学史上，持这种观点的首推亚里士多德，后来的近代唯物主义哲学家大都也持这种观点，认为世间唯一存在的东西是"有形实体",以此区别于一切想象和超验之物。为了把这个思想表述得更明确,他们更主张用"物质"一词来代替存在范畴。但由于近代唯物主义哲学家对物质一词的理解基本上决定于自然科学的研究状况,因而其局限性也日益明显。费尔巴哈在批判黑格尔哲学的过程中,一方面指出黑格尔所说的存在不是存在本身,而只是存在的思想对应物,但他也并不直接主张用"物质"来代替"存在",而是强调用感性的、对象性的存在来取代纯思想的存在。这是费尔巴哈的唯物主义优越于自然科学唯物主义的地方。然而尽管费尔巴哈扩大了存在问题的考察视野,并且首先把作为感性存在感性对象的人本身当作其哲学的出发点,但由于他只是把人当作感性对象而不是感性活动,因而他仍然只是把事物、现实、感性当作客体即直观的对象去理解,而不是当作人的感性活动即实践去理解。这就是说,费尔巴哈虽然用感性对象性的存在取代了黑格尔的抽象思辨的存在,但由于缺乏能动的原则,它既无生命也无历史,只能作为有别于思维的客体获得直观的形式规定性,正如物理学家或化学家对于物质客体通常所持的看法那样。这种直观的非实践的认知方法一旦被运用到历史中来,它的局限性就立即暴露出来。马克思说,当费尔巴哈是个唯物主义者的时候,历史在他的视野之外,而当他去探讨历史的时候,他就绝不是一个唯物主义者。为什么呢?因为他一方面拘泥于感性直接性,另一方面又拘泥于直观。拘泥于感性是说他只是把事物、现实当作区别于思想的实体或对象,而不是活动过程和历史来把握;拘泥于直观是说他认为周围世界的奥秘只能靠哲学家和科学家的头脑来揭示。例如,当费尔巴哈力图揭示人的本质而诉诸(哲学的)直观时,他得到的是人的宗教"依赖感",即"类意识"。这种深藏于人的本质之中的"依赖感"或"类意识",成为他整个道德伦理学说的理论逻辑基础。正如马克思恩格斯指出的,尽管费尔巴哈不是以个体而是用类的眼光来考察人,但除了感情的联系之外,他对于人与人之间的社会关系完全是陌生的,所以当他有时也使用"社会"一词来表达人们是相互需要的时候,他所说的"社会"并不包含任何现实关系的内容,就像他通常使用的"类意识"、"类存在"来表示人是相互依赖的一样。由此可见,费尔巴哈一开始就强烈地要求用感性原则来颠覆黑格尔的抽象存在，但是由于他的思维方法的直观性和形而上学性，因而在最终结果上，他并没有真正摆脱黑格尔式的思辨和抽象，他所把握到的人和事物，并不是现实存在的人和事物，而依然是关于人和事物的抽象词句。施蒂纳正是抓住了这一点不无理由地批判了他的致命错误。

在存在论（本体论）问题上，费尔巴哈可以说是近代形而上学唯物主义的一个典型代表，他把自然界和人看作最高原则，坚持以感性原则反对黑格尔和一切唯心主义的思辨，主张用人的本质来解释宗教、伦理和一切社会生活的本质，但是事与愿违，他得到的恰恰是他所竭力反对的。费尔巴哈的唯物主义是如此，那些根本不懂历史为何物的自然科学的唯物主义就更是如此。关于这一点，我们特别需要记住马克思的一句话："那种排除历史过程的、抽象的自然科学的唯物主义的缺点，每当它的代表越出自己的专业范围时，就在他们的抽象的和唯心主义的观念中立刻显露出来。"①

二

现代西方"存在主义哲学"对存在问题持一种特殊的理解。在现代西方存在主义特别是海德格尔哲学中，存在问题重新被提到了首位。正如马克思批评近代形而上学唯物主义的缺点是排除人对自然的能动关系（实践）、排除历史过程，只是从客体的或直观的形式去理解事物、现实、感性一样，海德格尔也坚决反对科学实证主义把主体和客体分离和对立起来的传统形而上学的思维方式。海德格尔认为，上述这种把主体和客体分离和对立起来的观点使得人们只关注存在着的存在物，而忽视了存在物是如何存在的这个更根本的哲学问题，造成了长久以来人们对"存在的遗忘"。海德格尔认为，近代的科学实证主义把主体对客体的认知凸现为哲学的主题，执着于对存在物的追问，而不是对存在物如何存在的追问；只询问存

---

① 马克思：《资本论》第 1 卷，人民出版社 1972 年版，第 410 页。

在物是什么，而不问存在物是如何。前者仅属于认识论问题，后者才属于存在论问题。然而不解决存在论问题，认识论问题便失去基础，是无根的哲学。依照海德格尔的观点，由于自柏拉图、亚里士多德以来的西方哲学特别是近代哲学的上述局限性，西方传统的本体论（存在论）并没有触及本体论问题的深层基础，因为被它们视为世界之真实基础的仅仅是存在物、精神事物或物质事物，而不是存在本身。因此，必须把本体论的研究从存在物推进到存在本身。

海德格尔认为，如果要从对存在物的询问追溯到对存在的询问，那就必须追问说"存在"的人，在"人"那里"存在"意指什么？如果说人的言说方式直接透露着人的存在（生存）方式，那么揭示"存在"的奥秘首先就必须透过语言分析以展露人的存在方式即生存结构来进行。而这里所指的人既不是抽象一般的人，也不是某个特定的具体的人，而是既抽象又具体、既普遍又特殊的人，它类似黑格尔所说的"定在"，海德格尔称之为"此在"。对"此在"的存在结构的描述就成了海德格尔的所谓"基础本体论"的内容。

粗看起来，海德格尔对传统形而上学和科学实证主义的批判与马克思对抽象的自然科学唯物主义的批判颇有相似之处，并且在存在论上都主张把人的存在问题上升到理论上的优先地位。但是这种类似并没有掩盖二者实质上的分歧，这种分歧既表现在基本观点上，也表现在基本方法上。因为马克思所说的人的存在是指人的有别于动物的生命活动，即人的现实生活的生产和再生产活动。从这里出发，才能进而论述到人的历史、人的社会生活的全部过程和多方面的内容，才不致用僵硬的、封闭的静止和孤立的观点来理解人和事物，而是用总体性的辩证观点来理解人和事物。而海德格尔所说的作为"现存在"的人（此在）则是由一种"根本情绪"所支配的人，因此他对"此在"的生存论分析就是为了揭示这种"绝对地与个人有关"并且挥之不去的情绪构成。在他那里，存在的基本方式或结构就是无名的忧虑、不安、恐惧。他认为人与其设法逃避这种不安，不如坦然地面对它，最彻底的方法就是先行到死中去或向死而生。尽管海德格尔也十分认真地谈到"在世界之中"，及人与他人的"共在"这些话题，但无论是人与世界，还是人与人之间的关系他都没有作出真正的分析。他认为，所有这些都是通过人对自身根本情绪的领悟、体验融合在此在的生存结构之中，人是通过其固有的根本情绪的"显现"、"显露"而领悟到他的在世存在的。这样一来，无论是作为存在着的人，还是作为存在着的外部世界，就都失去了它们作为存在物的自身规定性，一切事物都被融合在"存在"这个神秘的"一"中而得以领悟、体验和澄明。"存在"，就像没有发光体的光芒（阿多诺语），它照亮了一切，唯独把自己留在黑暗之中，成了永远猜不透的哑谜。

海德格尔作为西方传统形而上学特别是近代哲学的革新者，在存在论问题上所做的一切，并没有真正革除传统思维方法的根本弊端，而是企图一举废除概念思维，取消对外部世界的认识，拒斥科学知识，主张通过非理性的直觉（显现、显露、呈现）来解决（确证）存在问题，为此，他必须求助于深藏在人的心灵之中的根本情绪，将其视为自在的、永恒不变的先验结构，在传统形而上学的废墟上重新设定一种绝对之物，它的合法性理应遭到广泛的质疑。

三

马克思主义哲学和以往的一切唯物主义一样，也是从存在和思维的关系这个角度来把握存在范畴的，对它来说，存在和思维、物质和精神的关系问题是同一序列的问题，因而存在范畴和物质范畴也是同一序列的范畴。但是在如何解决存在和思维的关系问题上，以及在如何描述存在的自然、历史和社会规定性问题上，马克思主义哲学则完全不同于近代唯物主义。不过，鉴于存在一词的模糊性和不确定性，以及它在各种不同哲学派别中被广泛地使用，因此马克思主义哲学很少在一般意义上使用存在概念。但是在历史领域内，在考察社会生活现象的过程中，马克思和恩格斯则始终一贯地使用了"社会存在"一词，并对它作出了明确的概念规定。

作为一切形而上学的反对者，马克思决不从抽象的存在概念出发进行思辨的思考，对于什么是"真正的"存在或"真正的"人这样的形而上学问题，他一概当作旧的思辨哲学的话题弃之不问。他在批判黑格尔以后德国哲学的思辨结构时指出，德国哲学的批判理论总是把人的现实存在和人的本质（概念）割裂开来，把现实存在的人视为"非人"而只有符合人的概念的人才是"真正的人"，因此它总是抛开人的实际生活过程而一味地探询"人本身"。人是什么？人本身是什么？这种德国哲学的提问方式正是马克思和恩格斯在《德意志意识形态》一书中加以批判和克服的形而上学。马克思以费尔巴哈为例说道："费尔巴哈谈到的是'人本身'，而不是'现实的历史的人'。'人自身'实际上是'德国人'。"①

说到人首先要说到人的存在，说到世界也首先要说到世界的存在。离开或先于人的存在而奢谈人的本质，这是哲学唯心主义的思维特征。但这里的"存在"是指人的现实的存在，或者说，是存在于一定社会历史条件下的现实的人，而不是和现实历史相脱离的抽象。费尔巴哈是最早接触到人的存在问题的德国哲学家，但由于他的唯物主义的直观性和形而上学性，他同样未能越出近代唯物主义思维方法的局限。因此，马克思对费尔巴哈的批判包含了对一切旧哲学的批判。然而对"存在"一词的含义，马克思和现代西方存在哲学也有着根本不同的理解。在马克思那里，人的存在首先指的是人的个体生命的存在，其中包括"这些个人的肉体组织，以及受肉体组织制约的他们与自然界的关系"②，但人的生命活动不同于动物的生命活动，因而人的存在方式也根本不同于动物的存在方式。"动物和它的生命活动是直接同一的。动物不把自己和自己的生命活动区别开来。它就是这种生命活动。人则使自己的生命活动本身变成自己的意志和意志的对象。他的生命活动是有意识的。这不是人与之融为一体的那种规定性。"③那么，人的生命活动根本不同于动物的生命活动的原因是什么呢？

---

① 马克思、恩格斯：《德意志意识形态》，见《马克思恩格斯全集》第 3 卷，人民出版社 1960 年版，第 48 页。
② 马克思、恩格斯：《德意志意识形态》，见《马克思恩格斯全集》第 3 卷，人民出版社 1960 年版，第 23 页。
③ 马克思、恩格斯：《德意志意识形态》，见《马克思恩格斯全集》第 3 卷，人民出版社 1960 年版，第 96 页。

是生产。用马克思的话说，人的生活是生产生活，而动物则不是。"可以用意识、宗教或随便别的什么来区别人和动物。一旦人们自己开始生产他们所必需的生活资料的时候……他们就开始把自己和动物区别开来。人们生产他们所必需的生活资料，同时也就间接地生产着他们的物质生活本身。"① 生产使人从动物界提升出来，同时也就从整个自然界提升出来，这意味着人开始把整个自然界作为自己的对象。于是以人（主体）为一方，以自然界（客体）为另一方形成了人和自然界之间的关系。需要说明的是，这种关系首先不是认知关系，不是一方以思维概念理性出现，另一方以客体、对象、感性出现的关系，而是以物质交换为内容的实践关系，只是随着实践关系的出现并在它的基础上才有理论（认知）关系的出现。按照马克思的观点，动物和它赖以生存的自然环境是直接同一的，动物不把自然界当作自己的对象，因而也不把自己当作主体。动物和自然界之间的关系不是作为关系而存在的。"凡是有某种关系存在的地方，这种关系都是为我而存在的；动物不对什么东西发生'关系'，而且根本没有'关系'；对于动物来说，它对他物的关系不是作为关系而存在的。"②

无须借助于任何形而上学就可以通过经验的事实确定，生产劳动对于人的存在具有本源性、奠基性的意义。一旦把人的存在问题放在生产的基础上加以考察，把人的生存问题当作人的现实生活的生产和再生产过程来研究，人和自然界之间的关系问题就是首先应当加以关注的根本之点。一旦"从历史运动中排除掉人对自然界的理论关系和实践关系，排除掉自然科学和工业"，就不可能达到即使是最初步的对历史现实的认识。任何要想从人的生存活动中取消主体和客体关系的哲学企图都是不可思议的。就人的存在或生存而言，既不能把这种关系归结为纯粹的主体活动，也不能归结为单纯的客体运动，而是主体对于客体、人对于自然界和社会的能动关系。纯粹的主体和纯粹的客体都是形而上学的思辨的产物，在实际生活

---

① 马克思、恩格斯：《德意志意识形态》，见《马克思恩格斯全集》第3卷，人民出版社1960年版，第24页。
② 马克思、恩格斯：《德意志意识形态》，见《马克思恩格斯全集》第3卷，人民出版社1960年版，第34页。

过程中是不存在的。从这一点来说，笛卡尔以后的西方近代哲学把主体等同于纯粹的思维，把主体对客体的关系等同于单纯的认知关系，并且长期摇摆于主观唯心主义和机械唯物主义之间，始终不能正确解决人的认识活动的本源问题，其原因并不在于"存在的遗忘"，不在于用对存在物的关注遮蔽了对存在的关注，而在于没有把人的认识活动置于实践活动的基础之上来研究。须知人对自然界的理论关系是决不能脱离人对自然界的实践关系孤立地加以思考的。由此也可以得出下述结论，决不能像存在哲学所主张的那样，为了建立人的存在的哲学理论，必须取消主体和客体的对立和矛盾，并且从根本上取消认识论。正如上面已经阐明的，以生产活动为基础的人的社会存在，永远不可能取消人和自然界之间的矛盾，使人返回与自然浑然一体的动物界。

在社会存在问题上，马克思决不是凭借哲学的洞见来寻找和发现能够从中演绎出整个社会生活的绝对和先验之物。他的哲学和唯心主义哲学不同，"它不是在每个时代中寻找某种范畴，而是始终站在现实历史的基础上，不是从观念出发来解释实践（康德、黑格尔、海德格尔等人也都谈到实践——笔者注），而是从物质实践出发来解释观念的东西"[①]。同时，对于物质实践，马克思也不像形而上学唯物主义和科学实证主义那样，进行原子般的、取样式的个案分析，而是进行发生学的、全过程和多方位的历史性的研究。他从最简单的生产劳动出发揭开了人对自然界的双重关系，即以物质能量交换为内容的实践关系和以信息交换为内容的理论关系。生产劳动不仅创造着物质产品，同时也创造着精神产品，这两种产品从一开始就不仅具有生产者的个人特质，而且直接具有社会性。正是这种社会有用性导致生产者各自以不同的产品参与社会内部的交换。于是，在人与自然界的关系之外，以劳动产品交换为内容的人与人之间的关系就随着生产的进步一同发展起来。正如人与自然界的关系具有实践和理论的二重性一样，人与人之间的社会关系也同样具有实践和理论的双重内容。如果说，人与自然界的关系首先制约着人与人的社会关系，那么反过来，后者也这样那

---

① 马克思、恩格斯：《德意志意识形态》，见《马克思恩格斯全集》第3卷，人民出版社1960年版，第43页。

样地制约着前者。在历史发展的总画面中,人们看到的是上述各种关系(因素)的错综复杂的相互作用,其中无论是单个的人的因素(主体)还是物的因素(客体),都不能孤立地起作用,就像单个原子不能在化学过程中显示其独特的作用一样。作为一种历史哲学理论的历史唯物主义,唯一能够加以确定的只是,承认现实生活的生产和再生产是人类历史中起决定作用的东西。我以为,这个可以理解为马克思哲学关于社会存在问题的权威说明。

在马克思主义哲学中,存在是对应于意识而言的,社会存在是对应于社会意识而言的。由于生产和交换自始就具有社会性,因而人的意识从来也都是社会的产物,这就是说,是以社会生活为中介的,并且越到后来这种中介过程就越复杂,越是成为不可捉摸和无法穿透的。正如马克思说过的,起初,意识还作为一种现存实践的意识,想象某种真实的东西,后来,它竟能够展开双翅"真实地想象某种东西"。这就是说,意识开始"摆脱世界而去构造纯粹的理论、神学、哲学、道德等等"。不过,"意识在任何时候都只能是被意识到了的存在,而人们的存在就是他们的实际生活过程"。如果在全部意识形态中人们和他们的关系就像在照相机中一样是倒现着的,那么这种现象也是从人们生活的历史过程中产生的,颠倒了的社会关系必定产生错乱的社会意识,非理性的偶像崇拜和拜物教的根源就在于社会关系的非理性和充斥于日常生活中的物化、异化现实历久不衰的宗教情结,非理性形而上学思潮的崛起,证明当今的资本主义社会仍然是充满着矛盾和对抗的、不可预测的社会。下面这段话可以看作是马克思关于社会存在论问题的最精练最完整的表述:"从直接生活的物质生产出发来考察现实的生产过程,并把与该生产方式相联系的、它所产生的交往形式,即各个不同阶段上的市民社会,理解为整个历史的基础('存在'——笔者);然后必须在国家生活的范围内描述市民社会的活动,同时从市民社会出发来阐明各种不同的理论产物和意识形式,如宗教、哲学、道德等等,并在这个基础上追溯它们产生的过程。这样做当然就能够完整地描述全部过程……"①

---

① 马克思、恩格斯:《德意志意识形态》,见《马克思恩格斯全集》第 3 卷,人民出版社 1960 年版,第 42 页。

四

　　上文谈到，在马克思恩格斯等人的经典文本中从未提及本体论这个术语，但所有马克思主义者都这样那样地把马克思主义哲学称为唯物主义，包括新唯物主义、现代唯物主义、辩证唯物主义和历史唯物主义等等。近20年来，随着对马克思哲学文本研究的深入和重新解读，国内不少学者倾向于把马克思主义哲学称为实践唯物主义，少数学者甚至认为它就是实践本体论或实践哲学。现在的问题是，所有这些不同的提法是否同时也具有本体论上的含义，如"辩证唯物主义"主张的是"自然物质本体论"或"物质本体论"，"实践唯物主义"和"实践哲学"主张的则是实践本体论？如果是这样，那首先就必须弄清楚，在马克思主义哲学中有没有一般意义上的本体论？如果有，又该如何理解这种本体论？

　　马克思主义哲学作为一种新唯物主义比以往任何时期的唯物主义都更加彻底地贯彻了下述思想路线，这就是坚持存在对意识、物质对精神的本原性，或者说，在存在和意识、物质和精神的关系问题上承认存在或物质的第一性、意识和精神的派生性。如果说，这里的"本原"或"第一性"的东西指的就是"本体"，那么所谓马克思主义哲学的本体论也只能限于在认识论的范围之内来谈论。列宁就曾指出过，物质和精神何者是决定性的问题只有在认识论的范围之内才有绝对的意义，超出这个范围就是相对的了。因为意识不仅能够反映世界，而且能够创造世界。马克思主义哲学从未在终极原因、终极本质或真理的意义上探讨过世界本体，它压根儿就没提出过世界（自然界和社会）的本原、始基或本质是什么这样的形而上学问题，它也从来没有对世界作出过本体（本质）世界和现象世界这样的形而上学的划分。在马克思主义哲学中也不存在从某种绝对之物（被当作本体的某个范畴）出发的概念演绎体系。哲学唯心主义常常指责马克思主义哲学把"物质"当作"绝对"，其实在马克思主义看来，"物质"仅仅是区别于意识的一切存在之物的概括和总称，根本就没有"物质自身"这种东西,"物质"作为哲学范畴决不能构成现实的自然界和现实的人类社会的本体或本质。各种自然现象的本质、动因和运动规律要从自然界内部去寻找,从各种自然现象、过程和关系的相互作用及其演变的历史中去寻找,这里不存在任何终极原因,因而它们也不属于哲学的研究对象。马克思主义哲学所提供的只能是正确的世界观和方法论,而世界观和方法论绝不等同于传统意义上的本体论。马克思主义哲学不是体系哲学,因而不承认有什么最高原因(最高原因只能是相互作用)或绝对实体(绝对实体只能是形而上学的抽象),因而也不承认作为体系哲学的绝对开端在方法论上,马克思主义哲学既不主张还原到不可还原的纯粹之物(无论是精神还是物质),也不主张从不可还原的先验之物出发建构整个世界。它根本就不知道什么"事物本身"以及如何才能"回到事物本身",而是始终站在现实历史的基础上,并且把自然史和人类史紧紧地联系起来加以观察,不是从杜撰出来、想象出来的最高哲学范畴出发来解释甚至建构现实的东西,而是从现实的东西出发来揭示其中的关系和联系并上升为理论的东西,下面这段话可以看作是马克思恩格斯对他们创立的历史唯物主义方法论特质所作的最好说明:"对现实的描述会使独立的哲学失去生存环境,能够取而代之的充其量不过是从对人类历史发展的观察中抽象出来的最一般的结果的综合。这些抽象本身离开了现实的历史就没有任何价值,它们只能对整理历史资料提供某方便,指出历史资料的各个层次间的连贯性。但是这抽象与哲学不同,它们决不提供适用于各个历史时代的药方或公式,相反,只是在人们着手考察和整理资料……的时候,在实际阐述资料的时候,困难才开始出现。这困难的克服受到种种前提的制约,这些前提在这里根本是不可能提供出来的,而只是从对每个时代的个人的实际生活过程和活动的研究中得出的。"① 马克思主义哲学不是作为独立的体系哲学而显示其思想和文化价值的,作为一种科学的世界观和方法论它当然有其理论和逻辑体系,但这种体系不同于任何体系哲学,其中也不存在任何与其世界观和方法论相独立的传统意义上的本体论。

---

① 马克思、恩格斯:《德意志意识形态》,见《马克思恩格斯全集》第3卷,人民出版社1960年版,第30页。

本体论意识在历史唯物主义认识论中的消解与转型[1]

唐正东

尽管国内学界在马克思哲学的基础是实践这一点上并无多大的异议,但透过对马克思实践概念的斑驳陆离的解释,一种奇怪的现象凸显了出来:一些看似差异很大并且在学术刊物上经常爆发争论的观点其实是貌合神离的。譬如,以反对"物"本为基础的实践人道主义、"类哲学"观点与有些同志从自由自觉的实践活动的角度对实践唯物主义所作的生存论解释之间的关系就是如此。而一些看似一致的观点之间却存在着非常重要的本质区别,譬如,同在实践唯物主义的概念下,有些同志从存在论的角度把马克思的实践概念理解为人的自我生成,而有些同志却从现实的历史的具体的实践活动的角度来阐释这一概念。在我看来,这里实际上存着这么一个问题:什么是马克思"实践"的唯物主义内涵?尽管绝大部分同志都坚持认为自己的解释是唯物主义的,但最后观点上的不同事实上已经很明显地昭示了对马克思哲学的理解已经产生了不同的角度。概括起来,我以为,无非是以下两个角度:本体论(或生存论)的角度和历史认识论的角度。笔者是明确地站在后一种阐释角度上的。为了避免在过去的学术讨论中常有发生的在不同的哲学话语体系中的"自说自话"现象,本文要论证的一个观点是:马克思历史哲学的本质不可能是本体论,而只能是一种历史唯物主义的认识论。这自然跟对马克思《1844年经济学哲学手稿》(以

---

[1] 原载《南京大学学报(哲学·人文科学·社会科学版)》1998年第1期。

下简称《手稿》）中人本学观点的评价问题联系在一起。

在《手稿》中，马克思的确主要是从人的存在论即本体论的角度来理解哲学的内涵的，在此时的马克思看来，哲学的内容就在于揭示人作为人（与动物相区分）的本质内涵，即人的生存论意义。学术界有些同志认为，马克思在这一层面上的唯物主义与黑格尔、鲍威尔等人的唯心主义的区别在于，后者是从精神的角度来界定人的本体论的，而前者在界定人作为人的内涵时包括了现实生活中的内涵。我以为，如果只从这一角度来理解马克思所推动的哲学革命的内容，那么必将大大降低这一哲学革命所具有的意义。这里的关键在于能不能看到历史哲学在马克思手里从本体论向历史唯物主义认识论的转变，看到与无产阶级革命相对应的哲学（马克思的哲学）跟与资产阶级革命相对应的哲学之间是有理论层面上的不同的。

社会历史哲学的本体论化在资产阶级哲学家那里是顺理成章的。作为封建专制贵族的意识形态的宗教宣称世界是由上帝决定的，并且一旦决定就不会再改变。资产阶级的革命性在现实活动中表现为政治斗争，在哲学理论上则表现为针锋相对地提出：世界的本质不是神而是人，世界的这种人的本质不是一蹴而就的，而是不断地发展而来的。正因为宗教的本质是本体论的，所以，资产阶级理论家从本体论的层面来理解哲学也就不奇怪了。当德国古典哲学家把"法国人的思想翻译成德国思想家的语言"的时候，这种人学的本体论具有了两大特点：一是把法国的"人"转变成了德国的"思想"、"精神"；二是增强了从历史的角度研究"人"的观点。以无产阶级革命为思想背景的马克思在哲学上的贡献难道只是用现实历史中的一些素材替代了德国古典哲学在内容上的空虚性吗？不是，资产阶级扛着人道的大旗，他们可以而且也必然用以动物为参照系的人的生存论内涵来对其革命的必然性作哲学的论证，至于"人"内部即现实社会历史的内部还发生了一些什么样的关系，他们则不管了。而马克思所论证的无产阶级革命是明确地以阶级性为原则的，处在资本主义阶级关系之中的无产阶级所关心的不是与动物界相比人类社会应该是个什么样子，而是自身所处的生产方式到底出了什么问题，为什么工人辛苦劳动却只得到很少的工资而资本家却能不劳而获？这里实际上是一个生产方式的历史发展问题。因此，作为无产阶级意识形态的马克思的哲学必须要从这一角度入手才能找到自己真正的"场所"。如果还从生存本体论的层面上去论证无产阶级革命，那么，马克思的哲学就无法回答以下两个问题：第一，"为什么劳动并不从来就是它应当成为的东西，为什么它现在就应当成为这样的东西，或者说为什么它应当成为那种直到现在都由于必然性而还没有成为的东西呢？"① 第二，讲了一大通人的生存论本质决定了无产阶级革命的必然性，然而，你知道"国家的经济情况和政治局势把这个国家导向何处"？②

马克思用历史认识论开创了哲学的新局面。这是无产阶级革命对哲学所提出的要求。在《德意志意识形态》中，马克思明确地指出，"对现实的描述会使独立的哲学失去生存环境"，"市民社会是全部历史的真正发源地和舞台"，我们仅仅知道一门唯一的科学，即历史科学。联系到当时处在"德意志意识形态"中的哲学家都把理论自称为"德国科学"③，马克思的意思已经很明显了：自己的哲学与过去的本体论哲学是根本不同的。在马克思看来，第一，生存本体论哲学本质上是一种调和的哲学，这跟无产阶级的革命性哲学是不可同日而语的。以动物为参照系的人自然是一种类的人，既然如此，推翻资本主义社会的必然性从何而来？从人性出发可以走向对现实的批判，但为什么偏要推翻现实制度而不能对之进行改良呢？从黑格尔哲学对宗教的容忍以及青年黑格尔派思想家的观点中我们可以看出，生存本体论的哲学恰恰是与改良、调和的观点相合拍的，正像马克思所说的，"因为它所关心的既然已经不是实在的人而是'人'，所以它就丧失了一切革命热情，它就不是宣扬革命热情，而是宣扬对于人们的普遍的爱了"④。第二，生存本体论哲学的伦理学、价值论的理论支点根本不是无产阶级革命的真实的理论支点，真正造成革命之必然性的是现实的实践即生产实践本身，正如马克思所说，我们应当重视"竞争和大工业的革命方面"⑤。

---

① 《马克思恩格斯选集》第3卷，人民出版社1995年版，第571页。
② 《马克思恩格斯选集》第3卷，人民出版社1995年版，第578页。
③ 《马克思恩格斯选集》第3卷，人民出版社1995年版，第535页。
④ 《马克思恩格斯选集》第3卷，人民出版社1995年版，第537页。
⑤ 《马克思恩格斯选集》第3卷，人民出版社1995年版，第615页。

马克思在《手稿》时期尽管在政治上站到了无产阶级革命的立场上，但他显然还没有找到能够真正为无产阶级利益说话的哲学话语体系。这是一个在当时的马克思思想中客观存在的矛盾。说到底，这是在用资产阶级的哲学话语体系为无产阶级的利益要求说话，其不协调性是显而易见的。这是在很大程度上跟马克思理论研究的进度直接相关。马克思在《德法年鉴》时期完成了向共产主义立场的转变，但这并不自然带来哲学话语体系的转变。法国的空想社会主义者中的有些人（如圣西门的弟子安凡丹，马克思早在12年前就读过此人的著作）尽管也涉及了政治经济学的内容，但他们基本上是从政治的角度、从社会重组的方面来阐述其观点的。根据马克思后来的认识，只有从经济内容本身出发才可能达到对资本主义社会真正实证的分析，因为资本主义社会中的一切关系都从属于经济关系。真正以经济内容为线索来分析资本主义社会的是英国的空想社会主义者即欧文及其弟子们。他们大多以李嘉图的劳动价值学说为基础，尽管并没有因此而得出科学社会主义的结论，但其中也不乏一些思想较为深刻者，其中最为突出的是欧文的信徒汤普森。他在《财富分配原理的研究》一书中对劳动并没有享受到它生产的全部果实这一思想的理解，要比欧文深刻得多，某种程度上为关于剩余价值的讨论开辟了道路。但是，我们知道，在《手稿》时期，马克思所掌握的社会主义文献基本上是德法两国的空想社会主义文献，对英国的社会主义理论还不甚了解，再加上他对古典经济学本身的研究也才刚刚开始，因此，马克思此时的知识积累还不足以在他的思想中牵引出一条能够排掉生存本体论思维的新的哲学线索。这一使命是在1845年春天时完成的。马克思在《手稿》中的思想基本上是"德法联盟"的产物，一年之后的历史唯物主义认识论则是"德法英三方联盟"的结果（列宁关于马克思主义哲学来源的论断是非常正确的）。

本体论意识在马克思哲学中的消解并不意味着从此以后它就被一脚踢开了，这种把对人类生存的关注与对社会历史的实证分析完全割裂开来的做法在对马克思哲学的研究方面是行不通的。正像海德格尔以其无与伦比的语言和思想方式所阐明的那样，"克服"在"经受"的意义上意味着"痊愈"和"承受"。生存本体论在1845年之后马克思的哲学中被消解了，但它并不是被忘记了，真要这样，马克思就走向了实证主义认识论了。相反，它是被转型成了马克思历史认识论的内在因素。历史唯物主义认识论之所以选择生产力生产关系的矛盾运动为基本线索，一个重要的原因就在于为了最终达成对资本主义社会的内在批判。在马克思的方法中，历史考察之点和现实超越之点是内在统一的。对人类生存的关注在历史唯物主义认识论中表现为对人类历史的审视角度的获得。马克思哲学的科学性与革命性的统一就是从中得到展示的。在当前学界的不少同志主张越出"知识论的谱系"对马克思的哲学进行重新定位的"知识气候"中，指出这一点应当说是很重要的。